汽车专业“十三五”规划教材

汽车电气设备

主　编　屈治富　陈惠群

哈爾濱工程大學出版社
Harbin Engineering University Press

内容简介

本书以电气典型维修项目为内容，共八个项目，主要包括电源系统，启动系统，点火系统，汽车照明系统，信号系统检修，仪表报警系统，雨刮、电动车窗的检修，中央门锁与防盗系统。

本书既可以作为职业院校汽车运用与维修等专业教学使用，也可以作为汽车维修人员和汽车技术爱好者自学用书。

图书在版编目（CIP）数据

汽车电气设备 / 屈治富，陈惠群主编. -- 哈尔滨 : 哈尔滨工程大学出版社，2019.8（2023.8 重印）
ISBN 978-7-5661-2440-1

Ⅰ. ①汽… Ⅱ. ①屈… ②陈… Ⅲ. ①汽车－电气设备－职业教育－教材 Ⅳ. ①U463.6

中国版本图书馆 CIP 数据核字（2019）第 192288 号

责任编辑　王俊一
封面设计　赵俊红

出版发行　哈尔滨工程大学出版社
社　　址　哈尔滨市南岗区南通大街 145 号
邮政编码　150001
发行电话　0451-82519328
传　　真　0451-82519699
经　　销　新华书店
印　　刷　玖龙（天津）印刷有限公司
开　　本　787 mm×1 092 mm　1/16
印　　张　12.5
字　　数　320 千字
版　　次　2019 年 8 月第 1 版
印　　次　2023 年 8 月第 2 次印刷
定　　价　39.80 元
http：//www.hrbeupress.com
E-mail：heupress@hrbeu.edu.cn

前　言

汽车作为人类文明发展的标志，从 1886 年 1 月 29 日发明至今，已有 130 多年的历史。近几年来，世界知名汽车企业进入国内汽车市场，大大促进了国内汽车技术的进步与发展。随着国民经济综合实力的提高，我国汽车生产量和销售量都在迅速增大，汽车拥有量也大幅度上升。由于汽车拥有量的急剧增加和汽车技术的快速更新，导致汽车运用与维修行业的服务对象与维修作业形式都发生了新的变化，使得技能型、应用型人才非常紧缺。在这种情况下，编写一本适合培养新型汽车技能人才的书显得十分重要。

本书以现代学徒制人才培养模式的实际要求出发，以培养学生解决实践问题的能力为本，重点培养学生汽车维修的实践能力，具有职业教育鲜明的特点。

（1）以现代学徒制为中心。通过学校、企业深度合作，教师、师傅联合传授，更加注重技能的传承。由校企共同主导人才培养，设立规范化的企业课程标准、考核方案；参照实际工作任务的工艺流程，经过教学加工形成学习任务的实施步骤；同时还列举了任务实施过程中的常见问题，帮助学生更清晰、更明确地理解学习任务。

（2）以实践为主线。一切教学任务来源于实际工作过程中的典型生产任务，本书颠覆以理论为主、实践为辅的传统教学模式，把学习重点放在实践部分，理论知识够用即可。

（3）以资源库为支撑。本书含有内容丰富、数量巨大、知识全面的素材库，分为理论教学、结构认知、实操演示和虚拟实训四部分。本书的编写引用了资源库中的大量多媒体素材，条例清晰，内容全面。

（4）以实用性为原则。本书以工作过程为导向，形成以项目课程为主体、理论与实践一体化，专业教学标准与职业资格标准相融合的教材，与实际的典型工作任务相吻合，具有很强的实用性。

本书由屈治富、陈惠群担任主编。本书编写过程中得到许多同行和专家的指点，也从许多文献中得到了有益的启发。中鑫之宝汽车服务有限公司丁海洋、杨昆峰和刘东付出了艰辛的劳动，对本书的完成起到了至关重要的作用，在此对他们表示最衷心的感谢。本书的相关资料和售后服务可扫封底的微信二维码或登录 www.bjzzwh.com 下载获得。

限于编者经历及水平，书中难免有不妥之处，恳请各位专家及读者提出宝贵意见，以便进一步修订更改。

编　者

目　录

项目一 电源系统

项目导入

汽车电源系统向全车所有的用电设备供电。如果汽车缺少了电源系统，将无法启动，用电设备也都无法工作，比如夜间行驶没有照明，夏季车内无法使用空调制冷等。无论是从安全还是从舒适度的角度来考虑，电源系统都是至关重要，必不可少的。

项目目标

通过本项目的学习，应能：

1. 熟知蓄电池结构组成及工作原理；
2. 熟知发电机结构组成及工作过程；
3. 熟知电压调节器结构及工作过程；
4. 能熟练进行电源系统的故障检测与维修。

任务一　蓄电池构造与检修

一、任务目标

通过本任务的学习，应能：

1. 能熟知蓄电池的作用及类型；
2. 能熟知蓄电池的结构组成及工作原理；
3. 能熟知蓄电池的性能参数，了解其工作特性；
4. 了解蓄电池充电的方法和种类；
5. 了解蓄电池常见故障原因。

二、知识准备

1. 蓄电池的作用

蓄电池是一种将电能以化学能的形式储存并可将化学能转化为电能的装置。蓄电池是汽车上的两个电源之一，是一种可逆直流电源，其功能主要有三种：供电、储电和稳压。

(1) 供电。在发电机不发电时或电压较低时，由蓄电池向用电设备供电（如启动发动机时，向启动系统、点火系统以及收音机、点烟器及常用灯光等供电）。蓄电池供电如图 1-1 所示。

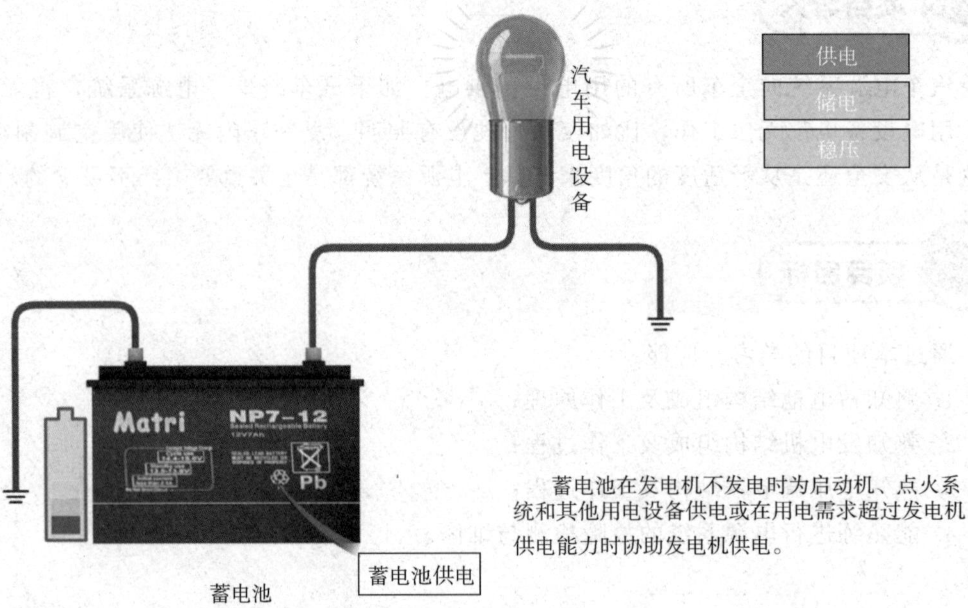

图 1-1　蓄电池供电

(2) 储电。当发动机高速运转，发电机电压高于蓄电池的充电电压时，蓄电池将发电机发出的多余电能存储起来（充电）。蓄电池储电如图 1-2 所示。

(3) 稳压。蓄电池起到整车电气系统的电压稳定器作用。它可以吸收电路中的瞬时电压、缓和电气系统的冲击电压，保持汽车电气系统电压的稳定，保护汽车上的电子元件。蓄电池稳压如图 1 3 所示。

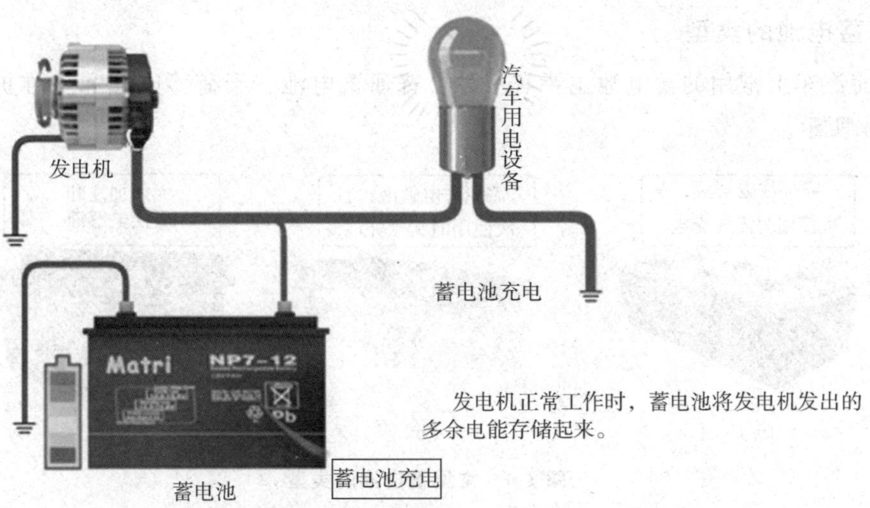

图 1-2　蓄电池储电

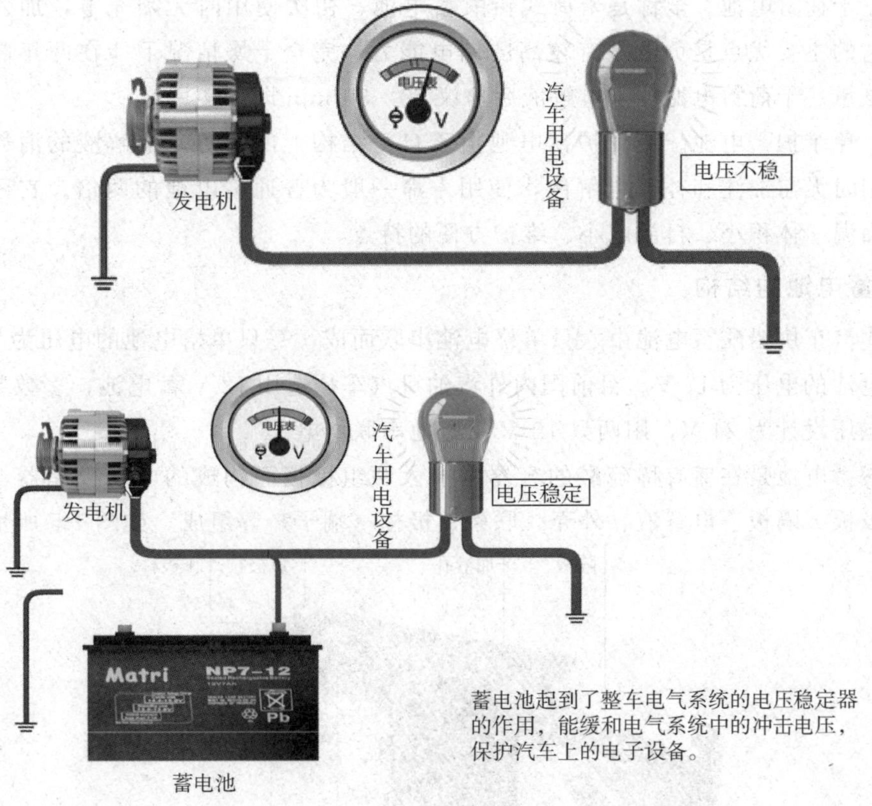

图 1-3　蓄电池稳压

2. 蓄电池的类型

目前汽车上常用的蓄电池主要有三种：普通蓄电池、干荷蓄电池和免维护蓄电池，如图 1-4 所示。

（a）　　（b）　　（c）

图 1-4　常见蓄电池的类型

（a）普通蓄电池；（b）干荷蓄电池；（c）免维护蓄电池

（1）普通蓄电池。现应用较少。

（2）干荷蓄电池。全称是干荷式铅酸蓄电池，初次使用时无须充电，加入电解液即可。它的主要优点是负极板有较高的储电能力，完全干燥情况下能在两年内保存所得到的电量。干荷蓄电池加入电解液后静议 20～30 min 即可使用。

（3）免维护蓄电池。免维护蓄电池由于自身结构上的优势，电解液的消耗量非常小，使用时无需加注和补充电解液，使用寿命一般为普通蓄电池的两倍。它还具有耐震、耐高温、体积小、自放电小、维护方便的特点。

3. 蓄电池的结构

现代汽车用铅酸蓄电池由六只单格电池串联而成，每只单格电池的电压为 2 V，串联后蓄电池的电压为 12 V。目前国内外汽油机汽车均选用 12 V 蓄电池；多数柴油机汽车电源电压设计为 24 V，用两只 12 V 蓄电池串联供电。

铅酸蓄电池是在盛有稀硫酸的容器内插入两组极板而构成的电能存储器，其构件主要有极板、隔板、电解液、外壳、联条、极柱（端子）等组成。如图 1-5 所示。

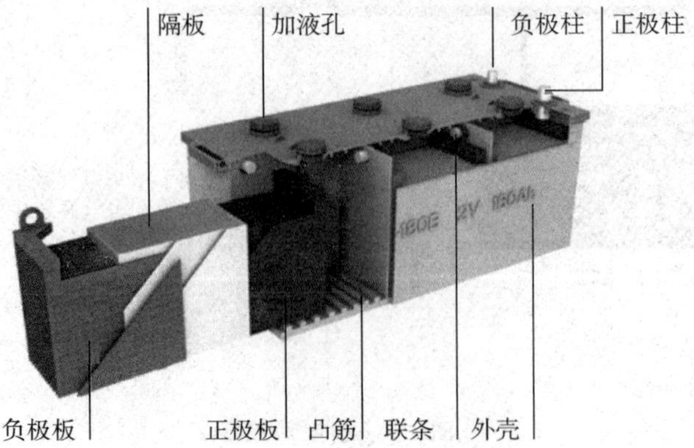

图 1-5　普通蓄电池的结构

(1) 极板。极板是蓄电池的核心，由栅架和活性物质组成。在蓄电池充、放电过程中，电能与化学能的转换通过正、负极板上的活性物质与电解液中的硫酸进行电化学反应来实现。

极板分正极板和负极板两种。正极板上的活性物质是二氧化铅，呈棕红色；负极板上的活性物质是海绵状纯铅，呈青灰色。正、负极板上的活性物质分别填充在栅架上。极板的结构如图 1-6 所示。

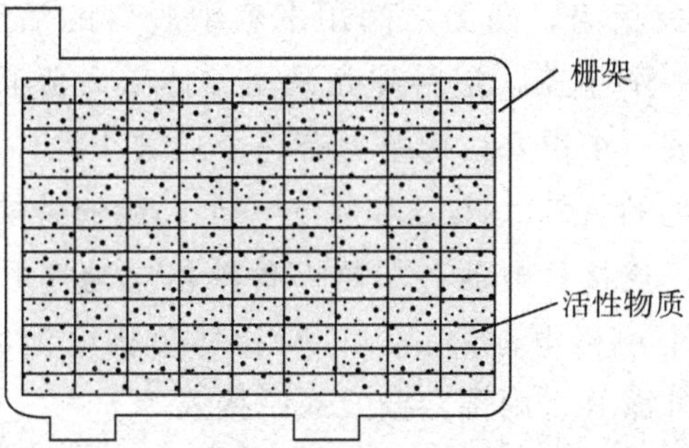

图 1-6　极板的结构

栅架一般由铅锑合金铸成，其作用是固结活性物质。铅锑合金中，铅占 94%，锑占 6%。加入少量的锑是为了提高栅架的机械强度并改善浇注性能。

安装时各片正、负极板相互嵌合，中间插入隔板后装入蓄电池单格内便形成单格电池。在每个单格电池中负极板总比正极板多一片。因为正极板活性物质比较疏松，且正极板处的化学反应剧烈，反应前后活性物质体积变化较大，所以正极板夹在负极板之间(图 1-7)。这样可使其两侧放电均匀，从而减轻正极板的翘曲和活性物质脱落。

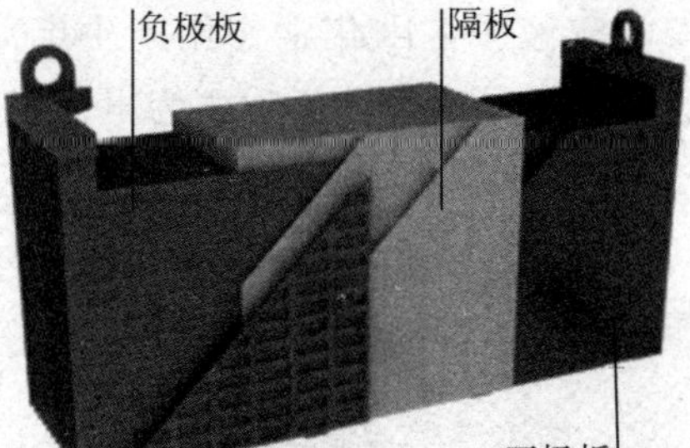

图 1-7　单个蓄电池极板组

(2) 隔板。为了减少蓄电池内部尺寸，降低蓄电池的内阻，蓄电池内部正、负极板应尽可能靠近。但为了避免相互接触而短路，正、负极板之间要用绝缘的隔板隔开。由于电化学反应在液体中进行，有离子迁移运动，为使电解液渗透，隔板应具有多孔性和良好的耐酸性。因此，常见的隔板材料为木材、微孔塑料、玻璃纤维纸浆和玻璃丝棉几类。

(3) 电解液。电解液是蓄电池内部发生化学反应的主要物质，一般由密度为 1.84 g/cm^3 的专用硫酸和蒸馏水按一定比例配制而成，为电化学反应提供必要的离子。

电解液的密度对蓄电池的工作有重要影响，密度大，可减少结冰的危险并提高蓄电池的容量；但密度过大，黏度会增加，蓄电池的容量反而会降低，缩短使用寿命。汽车用铅蓄电池的电解液密度一般为 1.24～1.30 cm^3，使用中电解液密度应根据地区、气候条件和制造厂家的要求而定。

（4）外壳。蓄电池外壳用来盛放电解液和极板组，并使蓄电池构成一个整体。外壳的材料有硬质橡胶和聚丙烯塑料两种，由间壁将其分为 3 个或 6 个相互分离的单格，底部有凸起的筋条支撑极板组，凸筋之间用来容纳脱落的活性物质，以防极板短路。橡胶外壳的每一单格有一个小盖，塑料外壳采用整体盖。普通蓄电池每格的中间有一电解液加液孔，平时拧装一个螺塞，螺塞上有一个通气小孔，在使用时应保持其畅通，使蓄电池内化学反应产生的氢气（H_2）和氧气（O_2）能随时排出。

（5）联条。联条用于连接蓄电池各单格。各单格电池串联连接，目的是为了提高蓄电池的供电电压。一个单格电池的正极桩与相邻单格电池的负极桩采用联条焊接。联条连接方式一般分为外露式、内部穿壁式或跨接式等。

（6）极柱。接线柱的作用是将蓄电池的电压引出，第一个单格电池的正极板联条与正极柱相连，最后一个单格电池的负极板联条与负极柱相连。

4. 蓄电池的工作原理

汽车蓄电池是一种存储电能的装置，一旦连接外部负载或接通充电电路，便开始其能量转换过程，其工作原理就是化学能与电能之间的相互转化。铅酸蓄电池在充、放电过程中的化学反应是可逆的，其电化学反应方程式可简化为

$$\underset{\text{正极板}}{PbO_2} + \underset{\text{负极板}}{Pb} + \underset{\text{电解液}}{2H_2SO_4} \underset{\text{充电}}{\overset{\text{放电}}{\rightleftharpoons}} \underset{\text{正极板}}{PbSO_4} + \underset{\text{负极板}}{PbSO_4} + \underset{\text{电解液}}{2H_2O}$$

将两种不同的金属放入电解液中，因化学作用产生电离子，两板之间会产生电动势。若有导线连接，则有电流通过，这个过程称之为电离过程，如图 1-8 所示。

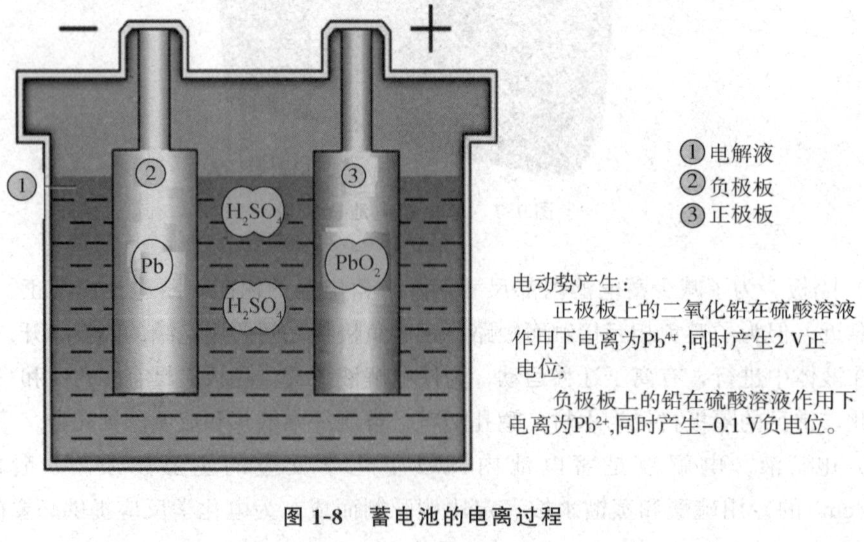

图 1-8　蓄电池的电离过程

蓄电池在工作过程中有放电和充电两个过程，并且蓄电池的充、放电过程是可逆的。

在放电过程中，在电解液（成分是纯硫酸加蒸馏水）的作用下，正负极板上的含铅物质与电解液发生化学反应，蓄电池将化学能转化为电能而向外供电。蓄电池的放电过程如图 1-9 所示。

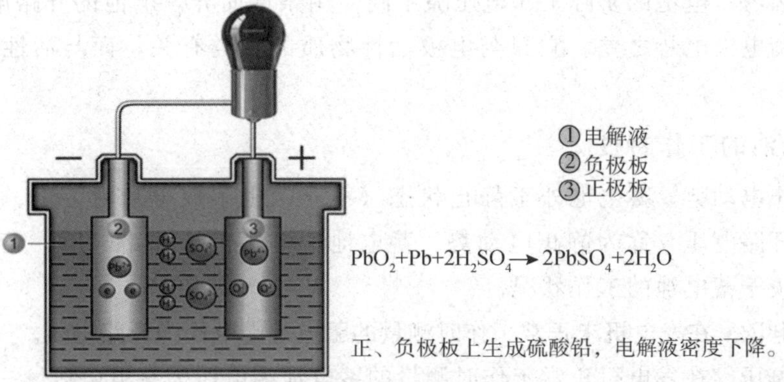

图 1-9 蓄电池的放电过程

蓄电池与外界直流电源相连而将电能转化为化学能存储起来的过程称为充电过程。在发动机正常工作时，发出的多余的电能由蓄电池存储起来。在充电过程中，正负极板上的硫酸铅在电解液的作用下发生反应，将电能转化为化学能存储在蓄电池中，同时电解液的密度增大。蓄电池的充电过程如图 1-10 所示。

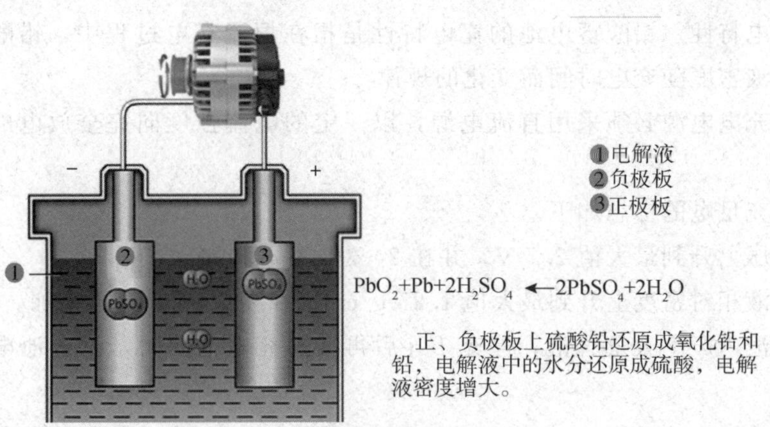

图 1-10 蓄电池的充电过程

5. 蓄电池的主要性能参数

蓄电池的主要性能包括额定容量，额定电压，充、放电速率，阻抗，寿命和自放电率。下面只介绍额定电量和额定电压。

(1) 额定容量。在设计规定的条件（如温度、放电率、终止电压等）下，电池应能放出的最低容量，单位为安培小时 A·h，以符号 C 表示。容量受放电率的影响较大，所以常在字母 C 的右下角以阿拉伯数字标明放电率，如 C_{20}＝50A·h，表明在 20 时率下的容量为 50A·h。由于电池中可能发生的副反应以及设计时的特殊需要，电池的实际容量往往低于理论容量。

（2）额定电压。电池在常温下的典型工作电压，又称标称电压。它是选用不同种类电池时的参考。电池的实际工作电压随不同使用条件而异。电池的开路电压等于正、负电极的平衡电极电势之差。它只与电极活性物质的种类有关，而与活性物质的数量无关。

6. 蓄电池的工作特性

（1）静止电动势。蓄电池处于静止状态（不充电也不放电）时，正、负极板间的电位差（即开路电压）称为静止电动势。蓄电池端电压包括开路电压、充电电压和放电电压，取决于蓄电池的工作状况。

①开路电压。在发电机未正常工作时测量的蓄电池端电压为开路电压。一般为 12 V。

②充电电压。在发电机正常工作时测量的蓄电池端电压为充电电压。一般为 14 V。

③放电电压。启动发动机时测量的蓄电池端电压为放电电压。一般为 8～11 V。实际测量时采用高率放电计模拟启动状态。

（2）放电特性。铅酸蓄电池的放电特性是指在恒流放电过程中，铅酸蓄电池的端电压和电解液密度随放电时间而变化的规律。放电终了的特征如下。

①单格电池电压下降到放电终止电压（以 20 h 放电率放电时终止电压为 1.75 V）。

②电解液密度下降到最小允许值 1.10～1.12 g/cm^3。

（3）充电特性。铅酸蓄电池的充电特性是指在恒流充电过程中，铅酸蓄电池的端电压和电解液密度随充电时间而变化的规律。

注意：充电电源必须采用直流电源，以一定的电流强度向完全放电的蓄电池进行充电。

蓄电池充足电的标志如下。

①端电压上升到最大值 2.7 V，并在 2～3 h 不再增加。

②电解液相对密度上升到最大值 1.27 g/cm，并在 2～3 h 不再增加。

③蓄电池内产生大量气泡，停充 1 h 后再接通充电电源时，蓄电池电解液会立刻沸腾。

7. 蓄电池的充电类型

对新蓄电池必须进行初充电，使用的蓄电池需进行必要的补充充电。

8. 蓄电池的充电方法

蓄电池的充电方法主要有定压充电、定流充电和脉冲快速充电三种。

目前汽车广泛应用的蓄电池类型是干荷蓄电池和免维护蓄电池，首次使用均无须充电，用户只需进行放电后的补充充电即可。放电后的蓄电池必须及时充电，否则影响蓄电池的寿命和电源系的正常工作。补充充电一般分为两种，一种是汽车运行过程中的补充充电，采用定压充电的方法；另一种是在修理厂进行的补充充电，采用定流充电或脉冲充电的方法。

（1）定流充电。定流充电是指在充电过程中，保持充电电流恒定的充电方法。定流充电的接线方法如图 1-11 所示。定流充电具有较大的适用性，可任意选择和调整电流，适用于各种不同条件（新蓄电池的初充电，使用中的蓄电池补充充电以及去硫化充电等）下的蓄电池充电。其主要缺点是充电时间长，需经常人工调节充电电流。

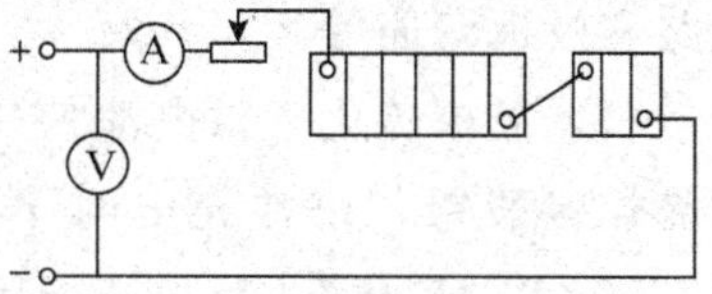

图 1-11　定流充电

在使用定流充电时，先采用较大的充电电流，使蓄电池的容量得到迅速恢复。当蓄电池电量基本充足，单格电池电压达到 2.4 V，电解液开始产生气泡时，再将充电电流减小一半，直到电解液密度和蓄电池端电压达到最大值且在 2～3 h 不再上升为止。

采用定流充电可以将不同电压等级的蓄电池串在一起充电，充电电流应按照容量最小的电池来选择，当小容量蓄电池充足电后，应及时摘除，然后再继续给大容量蓄电池充电。

（2）定压充电。在充电过程中，加在蓄电池两端的充电电压保持恒定不变的充电方法，称为定压充电。定压充电的接线方法如图 1-12 所示。

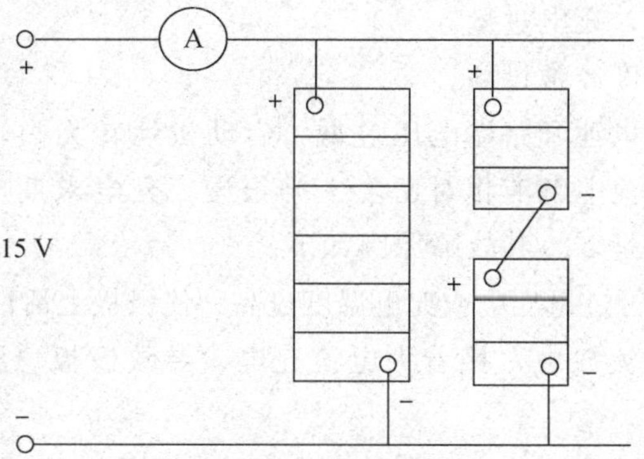

图 1-12　定压充电

定压充电的特点是充电开始，充电电流很大，随着蓄电池电动势的不断提高，充电电流逐渐减小；充电终了，充电电流将自动减小到零，因而不需要人照管；充电速度快、效率高，4～5 h 蓄电池就可获得本身容量的 90%～95%，可大大缩短充电时间，所以适合对不同容量蓄电池的补充充电。其主要缺点是不能调整充电电流，不能保证蓄电池充足电，因此不适合初充电和去硫化充电。

定压充电电压的选择方法：一般每单格电池约需 2.5 V，即 6 V 电池需要充电电压约为 7.5 V，12 V 电池需要充电电压约为 15 V。

9. 蓄电池的常见故障

蓄电池在使用中，常出现各种故障。外部故障有容器或盖子产生裂纹，封口胶的破裂，电桩的腐蚀等。内部故障有极板硫化，极板活性物质脱落，自行放电，极板间短路和极板弯曲等。

(1) 极板硫化。蓄电池使用过程中，由于各种原因在极板上逐渐生成一层白色的粗晶粒硫酸铅，正常充电时不能转变为二氧化铅和纯铅，这一现象称为“硫酸铅硬化”，俗称“硫化”。其故障原因如下。

①在充电不足的状态下长期放置。

②液面高度过低。

③电解液不纯。

极板硫化较轻时，可用“去硫充电法”消除硫化；硫化严重时不易恢复，则应报废。

(2) 自行放电。充足电的蓄电池放置不用时逐渐失去电量的现象，称为“自行放电”。每昼夜的容量损失不超过 0.7%时，属于蓄电池的正常自放电，否则属于故障性自放电。

(3) 极板活性物质脱落和极板翘曲。铅蓄电池采用的是涂浆式极板，在使用中活性物质逐渐脱落是正常现象。如果短时间内发生极板活性物质脱落和极板翘曲损坏，则属于故障，应查找原因预以排除。其具体表现为：电解液变为褐色，充电时电压上升过快、沸腾过早、密度达不到规定值；放电时电压下降快、容量下降。其故障原因如下。

①充放电电流过大，充电过量。

②电解液温度、密度经常过高。

(4) 内部短路。蓄电池开路端电压过低，启动机运转无力，或启动时电压迅速下降；充电时，某单格电池电解液相对密度上升很慢，充电末期产生气泡很少，温度上升很快，电压很低或者是零。其故障原因如下。

①蓄电池严重地进行过量充电或充电温度过高，使极板上活性物质脱落，形成短路。

②使用时过量大电流放电，接着大电流充电，导致极板急剧弯曲变形，使活性物质脱落。

③隔板腐坏，电解液不清洁或长期使用中沉淀物积聚过多。

10. 就车检测判断蓄电池容量等性能

(1) 蓄电池的检查。

①蓄电池外观检查，检查蓄电池外观是否有损伤或损坏，是否有鼓包等情况。蓄电池的外形如图 1-13 所示。

图 1-13 蓄电池外形

②通过蓄电池观察镜，检查充电状态或者电解液液位。通过蓄电池观察镜观察到蓄电池的颜色结果为“暗”或“清晰或淡黄”时则表示蓄电池性能

不正常，如表 1-1 所示。

表 1-1　判断蓄电池性能情况

观察镜的颜色	蓄电池的情况
绿色	良好
暗	需要充电
清晰或淡黄	需要更换

③使用蓄电池容量测试仪测试蓄电池容量。蓄电池容量测试仪是通过短时间放电方式来测试蓄电池的容量的一种仪器。使用蓄电池容量测试仪测量蓄电池如图 1-14 所示。

(a)

(b)

图 1-14　使用蓄电池容量测试仪测量蓄电池

使用蓄电池容量测试仪测量蓄电池的步骤：点击菜单→开始测试→电池位置在车外→选择普通铅酸蓄电池→电池标准为 CCA→电池冷启动电流额定值为 500 CCA→测试出电压为 12.28 V→电池冷启动电流实际值为 513 CCA→打印蓄电池电池容量的测试结果。

(2) 使用蓄电池容量测试仪过程中的注意事项。

①在使用蓄电池容量测试仪过程中注意控制测量的时间不能太长，否则会影响该仪器的使用寿命。

②若两次测量过程间发现仪器过热，则仪器不能够正常测量，需等候一定的时间让其散热至温度下降后方可进行下一次测量。

③当蓄电池容量测试仪的两个测试接线柱接触蓄电池端子时因有较大电流流过，故需保证两个端子均接触良好。

三、任务实施

此部分内容见《汽车电气设备实训》中“实训项目 1　蓄电池的检测与更换”。

四、任务小结

1. 蓄电池功能主要有三种：供电、储电和稳压。

2. 汽车上常用的蓄电池主要有三种：普通蓄电池、干荷蓄电池和免维护蓄电池。

3. 蓄电池构件主要有极板、隔板、电解液、外壳、联条、极柱等组成。

4. 蓄电池的工作原理就是化学能与电能之间的相互转化。

5. 电池的主要性能包括额定容量，额定电压，充、放电速率，阻抗，寿命和自放电率。

6. 蓄电池的充电方法主要有定压充电、定流充电和脉冲快速充电三种。

7. 蓄电池的检测与更换的主要步骤如下。

（1）蓄电池的检测。

①目测蓄电池外观是否破损，蓄电池极柱、正负极电缆等状况，并清洁蓄电池表面。

②用万用表检测蓄电池的启动电压是否符合标准。

（2）蓄电池的更换。

①拆卸蓄电池。

②蓄电池检测。

③蓄电池充电。

④安装蓄电池。

⑤复检。

⑥整理工位。

五、课堂练习

1. 判断题

（1）蓄电池可以缓和电气系统中的冲击电压。（　　）

（2）蓄电池正极板上的活性物质是二氧化铅，负极板上的活性物质是纯铅。（　　）

（3）蓄电池主要包括极板、隔板、电解液和外壳等。（　　）

（4）蓄电池极板硫化的原因主要是长期充电不足，电解液不足。（　　）

（5）如果将蓄电池的极性接反，后果是有可能将发电机的磁场绕组烧毁。（　　）

（6）蓄电池极板硫化的原因主要是长期充电不足，电解液不足。（　　）

2. 单选题

（1）铅蓄电池放电时，端电压逐渐（　　）。

A. 上升　　B. 平衡状态　　C. 下降

（2）蓄电池极板上的活性物质在放电过程中都转变为（　　）。

A. 硫酸铅　　B. 二氧化铅　　C. 铅

（3）随着蓄电池放电电流的增大，其容量将（　　）。

A. 增大　　B. 不变　　C. 减小

（4）铅蓄电池放电时，端电压逐渐（　　）。

A. 上升　　B. 平衡状态　　C. 下降

（5）蓄电池在放电过程中，其电解液的密度是（　　）。

A. 不断上升的　　B. 不断下降的　　C. 保持不变的

（6）蓄电池电解液的相对密度一般为（　　）。

A. 1.24～1.28g/cm^3　　B. 1.15～1.20g/cm^3　　C. 1.35～1.40g/cm^3

（7）蓄电池电解液的温度下降，会使其容量（　　）。

A. 增加　　B. 下降　　C. 不变

（9）蓄电池在补充充电过程中，第一阶段的充电电流应选取其额定容量的（　　）。

A. 1/10　　B. 1/15　　C. 1/20

（10）蓄电池在使用过程中，如发现的液面下降，应及时补充（　　）。

A. 电解液　　B. 稀硫酸　　C. 蒸馏水

（11）随着蓄电池放电电流的增大，其容量将（　　）。

A. 增大　　B. 不变　　C. 减小

任务二　发电机构造与检修

一、任务目标

通过本任务的学习，应能：

1. 熟知交流发电机的功用及分类；
2. 熟知交流发电机的结构组成及工作原理；
3. 了解电压调节器的结构组成及工作原理；

4. 熟练掌握不同类型发电机充电控制线路分析；

5. 了解发电机不充电故障原因分析。

二、知识准备

1. 交流发电机的功用

汽车发电机在发动机的驱动下将机械能转变为电能，它是汽车主要的行车供电电源。发电机是充电系统的主要设备，也是汽车的主要电源，其功用是在发动机在怠速转速以上运转时向除启动机以外的所有用电设备供电，同时向蓄电池充电。发电机功用如图 1-15 所示。

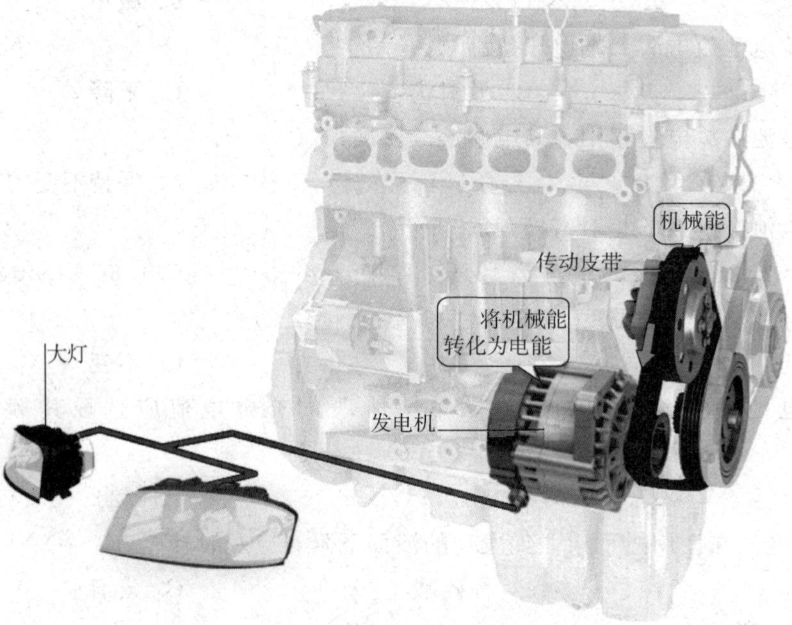

图 1-15　发电机功用

由于交流发电机具有发电性能好、使用寿命长及其他优点，所以目前汽车一般都使用交流发电机。交流发电机有三个功能：发电、整流和调节电压。

（1）发电。用多槽皮带把发动机的旋转传输到皮带轮，转动电磁化的转子，在定子线圈中产生交流电流。

（2）整流。因为定子线圈中产生的电是交流电，它不能直接用于车辆上安装的直流电器使用，所以利用整流器将交流电转变为直流电。

（3）调节电压。利用调节器调节发电机的电压，在发电机转速或负载发生变化时也能保持电压稳定。

2. 交流发电机的结构

交流发电机的主要部件是产生磁场的转子、产生交流电的定子以及整流用的二极管。此外，还有为了产生磁场而将电流提供给转子的电刷和滑环，使转子平滑转动的轴承、冷却转子、定子及二极管的风扇。所有这些部件均装在前后机架上。交流发电机结构如图 2-16 所示。

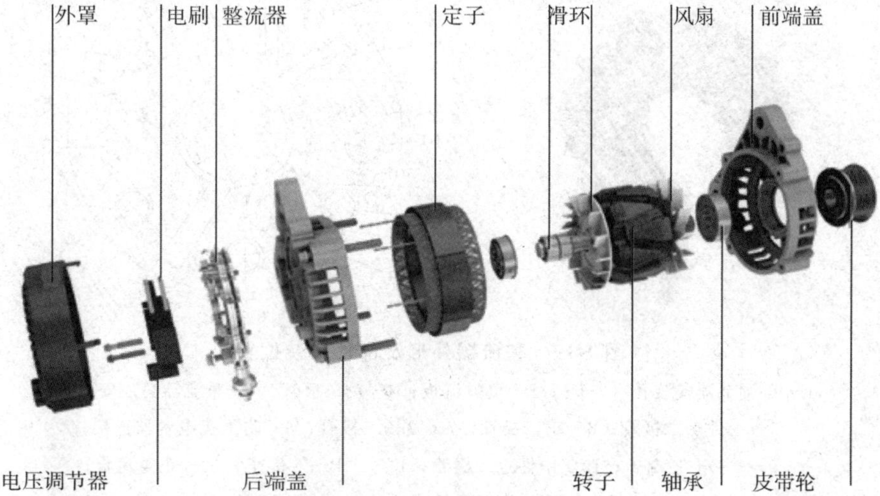

图 1-16　交流发电机结构

（1）转子。转子是交流发电机的磁场部分，主要由转子轴、励磁绕组、两块爪形磁极、滑块等组成，如图 1-17 所示。

（2）定子。定子又称电枢，由定子铁芯和定子绕组组成，如图 1-18 所示。其功用是产生三相交流电。定子铁芯一般由一组相互绝缘的且内圈带有嵌线槽的圆环状硅钢片叠制而成，嵌线槽内嵌入三相对称的定子绕组。三相绕组的接法有星形联结（每相绕组的首端分别与整流器相连，每相绕组尾端联结在一起，大多车型采用此接法）和三角形联结（少数车型采用此接法）。

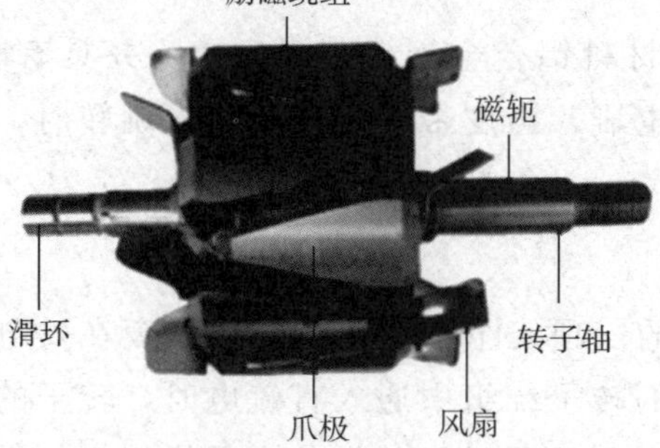

图 1-17　转子

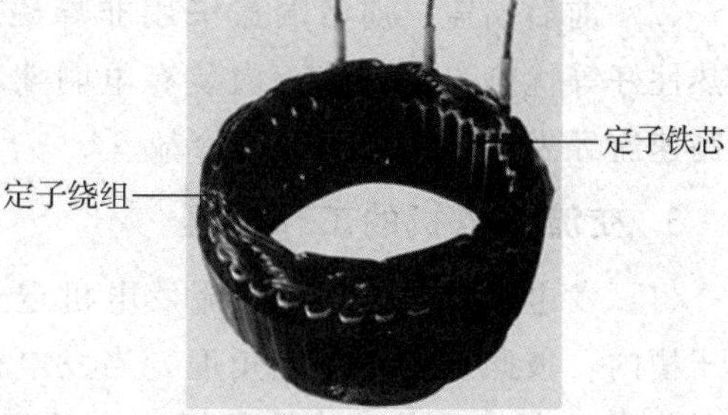

图 1-18　定子

（3）整流器。整流器的功用是把定子绕组产生的三相交流电变为直流电输出，并阻止蓄电池的电流向发电机倒流。

整流器由整流板和整流二极管组成，桑塔纳 2000 型轿车发电机整流器的外形如图

1-19 所示。该整流器设有 11 只二极管，其中包括 3 只正二极管、3 只负二极管、3 只磁场二极管和 2 只中性点二极管。整流器上的各元器件的安装位置如图 1-19 所示。

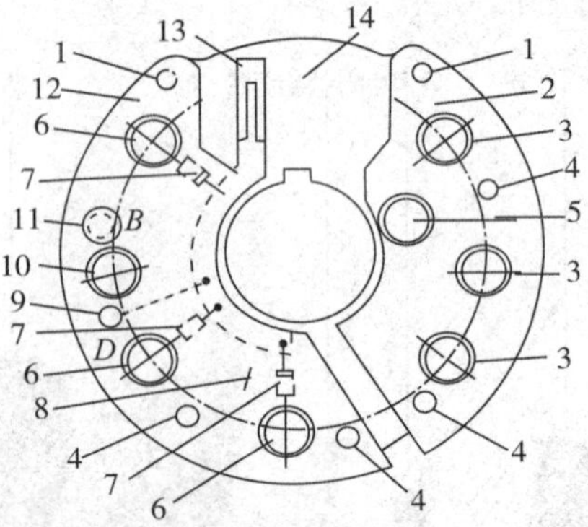

图 1-19　整流器外形及部件安装位置

1—IC 调节器安装孔（2 个）；2—负整流板；3—负二极管；4—整流器总成安装孔；
5—中性点二极管；6—正二极管；7—磁场二极管；8—防干扰电容器连接；
9—“D+”端子；10—中性点二极管；11—“B+”端子；12—正整流板；
13—电刷架压紧弹簧；14—硬树脂绝缘板

（4）风扇。一般用 1.5 mm 厚的钢板冲制或用铝合金压铸而成，并用半圆键装在前端盖外侧的转轴上。发电机工作时，对发电机进行冷却。

（5）电刷与电刷架。两只电刷装在电刷架的方孔内，利用弹簧的压力使其与集电环保持良好的接触。电刷与电刷架的结构有外装式和内装式两种。搭铁电刷的引出线用螺钉直接固定在后端盖上（标记“—”），此方式称为内搭铁；如果此电刷的引出线与机壳绝缘接到后端盖外部的接线柱上（标记“F”），这种方式称为外搭铁。

（6）皮带轮。通常用铸铁或铝合金制成，分单槽和双槽两种，利用风扇的半圆键装在风扇外侧的转轴上，再用弹簧垫片和螺母紧固。发动机工作时，通过风扇皮带带动皮带轮，并传给发电机。

（7）前后端盖。前后端盖采用非导磁性材料铝合金制成，漏磁少，并具有轻便、散热性好等优点。在后端盖内装有电刷架和电刷。当皮带轮和风扇一起旋转时，使空气高速流经发电机内部而进行冷却。

3. 交流发电机的工作原理

（1）发电机发电原理。交流发电机定子的三项绕组按一定的规律嵌套在发电机的定子槽内，彼此互差 120°电角度。当发电机的转子绕组中通入直流电时，转子的爪极被磁化为 N 极和 S 极，产生磁场，转子在发动机的带动下旋转，定子绕组切割转子磁场，从而产生感应三相交流电动势。发电机原理如图 1-20 所示。

（2）发电机整流原理。交流发电机以硅二极管为整流器，将交流电变成直流电。整流器中 6 个硅二极管分正、负二极管。任一瞬间，正二极管中哪一相绕组的电压最高（即正极电位最高），则与该相绕组相连的二极管导通。同时，负二极管中哪一相绕组的电压最低（即负极电位最低），则与该相绕组相连的二极管导通。如此不断循环，输出较平稳的脉冲直流电压。发电机整流原理如图 1-21 所示。

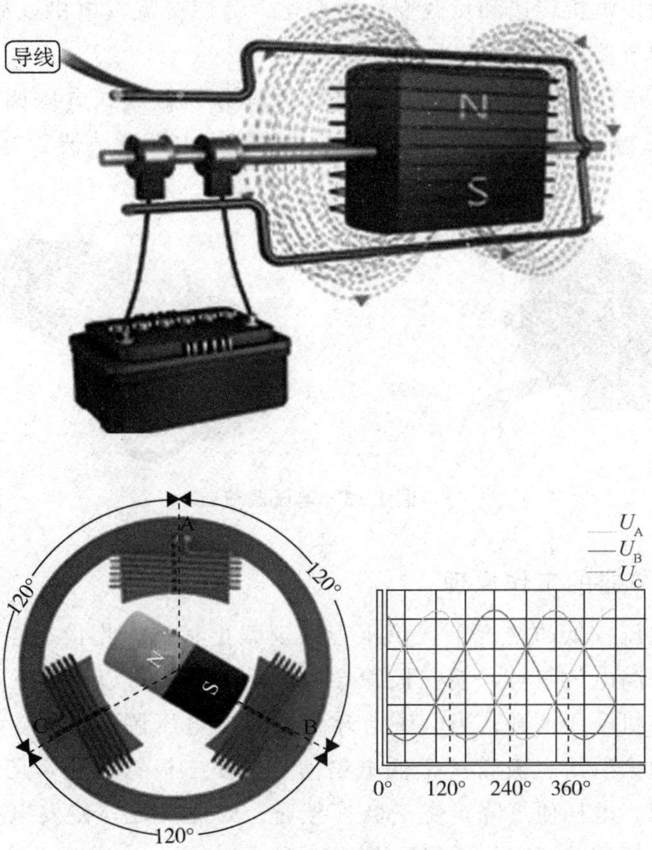

图 1-20 发电机原理

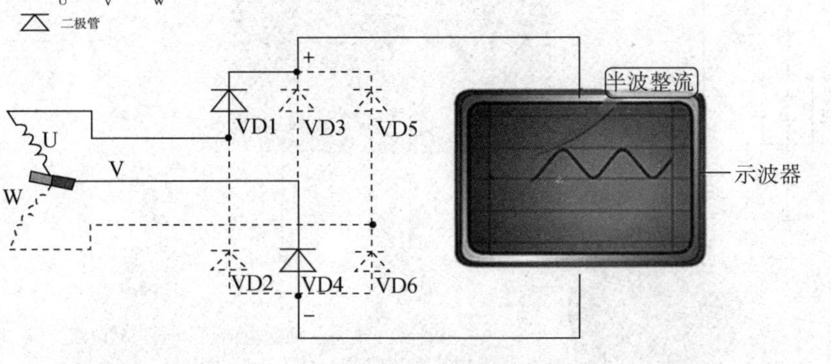

线路中装一只整流管时，只能让单一方向的电流通过，反方向则不能流过，称为半波整流；线路中装两只整流管时，正、反方向的电流都能利用，称为全波整流。

图 1-21 发电机整流原理

4. 电压调节器的结构

电压调节器的作用是保持发电机在转速和负荷变化时输出电压稳定。交流发电机产生的电压会随发电机转速和负载变化而变化，为使交流发电机以稳定电压输出供电，必须利用电压调节器控制输出电压。

交流发电机电压调节器根据结构和工作原理分为触点式电压调节器、集成式电压调节器（IC 调节器）、电控式电压调节器、晶体管式电压调节器。电压调节器如图 1-22 所示。

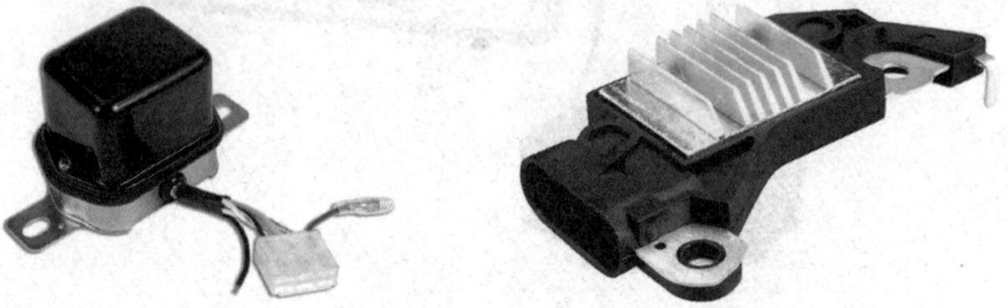

图 1-22　电压调节器

5. 电压调节器的工作原理

在发电机电压较低的情况下，稳压管处于截止状态，此状态经放大器放大，给三极管的基极一个高电位信号，使三极管导通，励磁电流可以通过三极管流入发电机励磁绕组，使发电机电压上升；当电压上升到调节器电压调整值时，稳压管被击穿，此信号经放大器放大后给三极管一个低电位信号，使三极管截止，切断了励磁电流，发电机无励磁电流，电压便下降，使三极管导通。如此反复，使发电机的电压稳定在一定值。电子式电压调节器工作原理如图 1-23 所示。

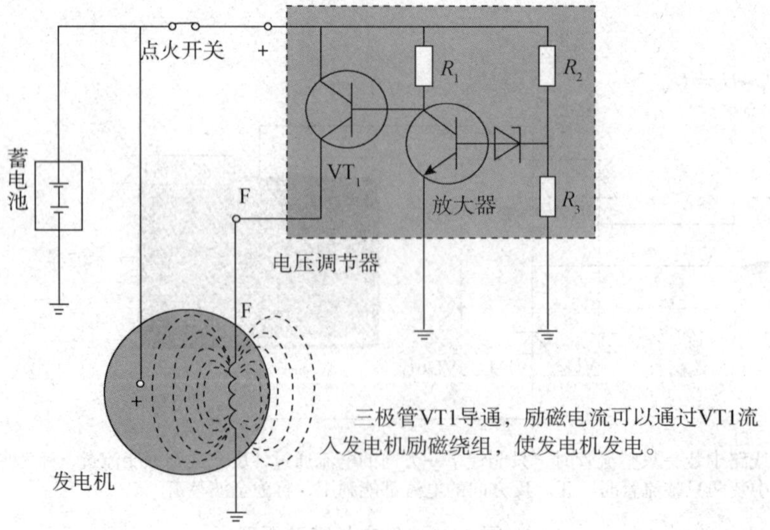

(a)

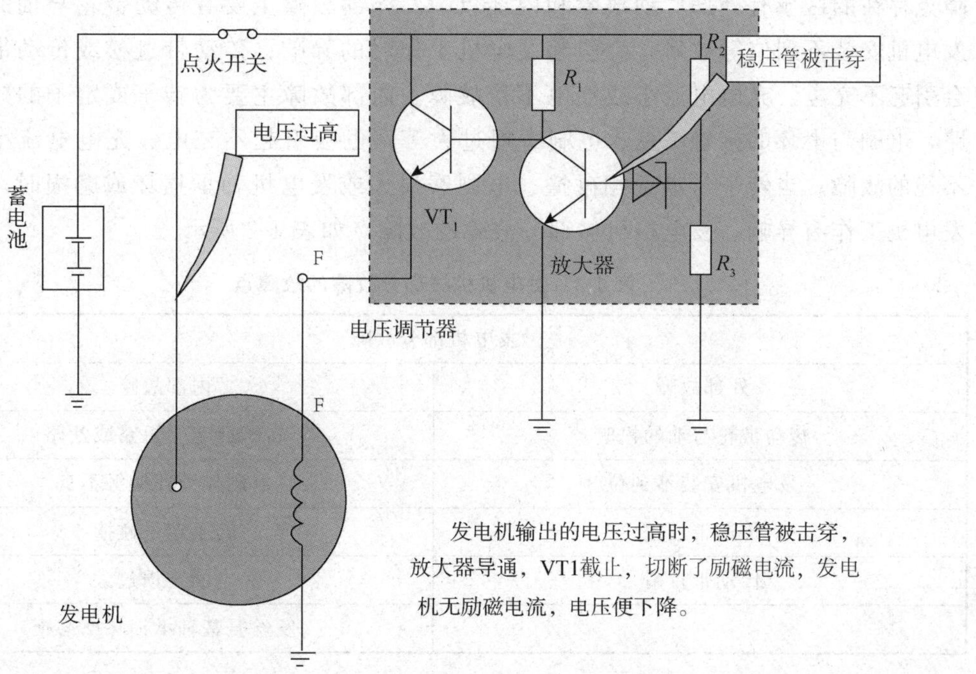

（b）

图 1-23　电子式电压调节器工作原理

（a）电压正常状态；（b）电压过高状态

6. 发电机的分类

（1）按总体结构分，发电机可以分为以下几类。

①普通交流发电机：无特殊装置，无特殊功能。

②整体式交流发电机：发电机和调节器制成一个整体式发电机。

③带泵交流发电机：发电机和汽车制动系统用真空助力泵安装在一起的发电机。

④无刷交流发电机：不需要电刷的发电机。

⑤永磁交流发电机：磁极为永磁铁制成的发电机。

（2）按整流器结构分，发电机的可以分为以下几类。

①六管交流发电机。

②八管交流发电机。

③九管交流发电机。

④十一管交流发电机。

（3）按励磁绕组搭铁形式分，发电机可以分为以下几类。

①内搭铁型交流发电机。

②外搭铁型交流发电机。

7. 发电机机械故障分析

（1）故障点分析。当发电机机械部分出现故障时，可能的故障点如表 2-2 所示。故障点存在的区域有外部传动故障和内部故障。外部故障主要有传动带轮与轴的松旷及发电机安装不到位等故障，会引起发电机工作时的异响；传动带过松或传动带打滑则会引起不充电、充电电流小或充电不稳故障。内部故障主要为转子或定子的短路或断路，电刷与滑环的接触不良、电刷磨损过大等，也会引起不充电、充电电流小或充电不稳的故障；当转子与定子相碰撞、电刷磨损大或发电机轴承损坏或磨损时，会导致发电机工作有异响。发电机机械部分故障的故障点如表 1-2 所示。

表 1-2　发电机机械部分故障的故障点

发电机部分故障	
外部故障	内部故障
传动带轮与轴的松旷	转子或定子短路或断路
发电机安装不到位	电刷与滑环接触不良
传送带过松	转子定子碰撞
传动带打滑	电刷磨损过大
	发丝氨基轴承损坏或磨损

（2）故障现象。以上故障点主要引起的故障现象主要有发电机异响、发电机不发电或发电电压低导致的不充电、充电电流小或充电不稳。

三、任务实施

此部分内容见《汽车电气设备实训》中“实训项目 2　交流发电机的拆检”。

四、任务小结

1. 交流发电机有三个功能：发电、整流和调节电压。

2. 交流发电机的主要部件是产生磁场的转子、产生交流电的定子以及整流用的二极管。此外，还有为了产生磁场而将电流提供给转子的电刷和滑环，使转子平滑转动的轴承、冷却转子、定子及二极管的风扇。

3. 交流发电机定子的三项绕组按一定的规律嵌套在发电机的定子槽内，彼此互差 120°电角度。当发电机的转子绕组中通入直流电时，转子的爪极被磁化为 N 极和 S 极，产生磁场，转子在发动机的带动下旋转，定子绕组切割转子磁场，从而产生感应三相交流电动势。

4. 电压调节器的作用是保持发电机在转速和负荷变化时输出电压稳定。交流发电机产生的电压会随发电机转速和负载变化而变化，为使交流发电机以稳定电压输出供电，必须利用电压调节器控制输出电压。

5. 交流发电机电压调节器根据结构和工作原理分为触点式电压调节器、集成式电压调节器（IC 调节器）、电控式电压调节器、晶体管式电压调节器。

6. 发电机按结构分为普通交流发电机、整体式交流发电机、带泵交流发电机、无刷交流发电机；按整流器分为六管交流发电机，八管交流发电机，九管交流发电机，十一管交流发电机；按励磁绕组搭铁形式分内搭铁型交流发电机、外搭铁型交流发电机。

五、课堂练习

1. 判断题

(1) 交流发电机中硅整流器中的正极管的负极为发电机的正极。(　　)

(2) 交流发电机的励磁方法为：先他励，后自励。(　　)

(3) 交流发电机的定子绕组通常为 Y 形联结，整流器为三相桥式整流电路。(　　)

(4) 交流发电机中性点 N 的输出电压为发电机电压的一半。(　　)

(5) 为了防止冬天结冰，蓄电池电解液的密度越高越好。(　　)

2. 单选题

(1) 交流发电机装在元件板上的二极管(　　)。

A. 是正极管　　B. 是负极管　　C. 既可以是正极管也可以是负极管

(2) 交流发电机所采用的励磁方法是(　　)。

A. 自励　　B. 他励　　C. 先他励后自励

(3) 交流发电机转子的作用是(　　)

A. 发出三相交流电动势

B. 产生磁场

C. 边交流电为直流电

(4) 交流发电机中产生磁场的装置是(　　)。

A. 定子　　B. 转子　　C. 电枢

(5) 交流发电机装在元件板上的二极管(　　)。

A. 是正极管　　B. 是负极管　　C. 既可以是正极管也可以是负极管

(6) 交流发电机所采用的励磁方法是(　　)。

A. 自励　　B. 他励　　C. 先他励后自励

(7) 发电机中性点输出的电压是发电机输出电压的(　　)。

A. 1/2　　B. 1/3　　C. 1/4

(8) 发电机调节器是通过调整(　　)来调整发电机电压的。

A. 发电机的转速　B. 发电机的励磁电流　C. 发电机的输出电流

(9) 发电机出现不发电故障，短接触点式调节器的“+“与”F”接线柱后，发电机开始发电，这说明故障出在(　　)。

A. 发电机　　B. 电流表　　C. 调节器

项目二 启动系统

项目导入

发动机必须依靠外力带动曲轴旋转后，才能进入正常工作状态，通常把汽车发动机在外力作用下，开始转动到怠速运转的全过程称为发动机的启动过程。

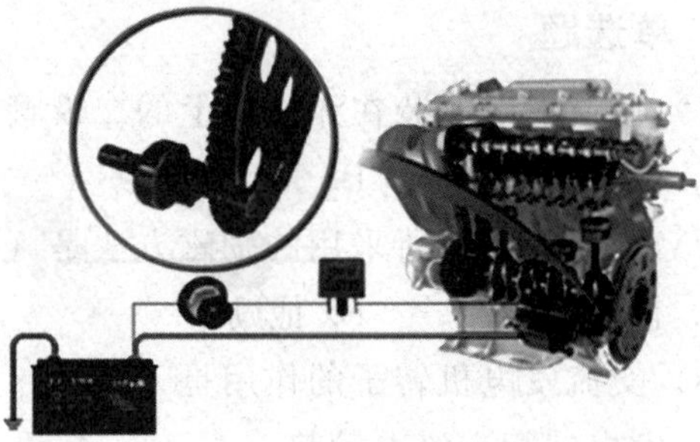

项目目标

通过本项目的学习，应能：

1. 熟练掌握车上照明灯的种类和用途；
2. 了解照明系统结构组成及控制原理；
3. 熟练分析照明系统典型控制电路；
4. 熟练掌握系统控制线路故障诊断及排除方法；
5. 熟练掌握汽车照明系统各总成元件拆卸、性能检测、装配、调试等操作。

任务一 启动机构造与检修

一、任务目标

通过本任务的学习，应能：

1. 熟知启动机的功用及分类；

2. 了解不同启动机的结构组成、控制原理及工作过程；

3. 熟练对启动机工作电源线、搭铁线性能检测判断；

4. 熟练对启动机控制线路分析及线路检测判断；

5. 了解点火开关、启动继电器、空挡启动开关/离合器安全开关等元件性能检测。

二、知识准备

1. 启动系统的功用

启动机又称马达，它将蓄电池的电能转化为机械能，驱动发动机飞轮旋转实现发动机的启动。启动机功用如图 2-1 所示。

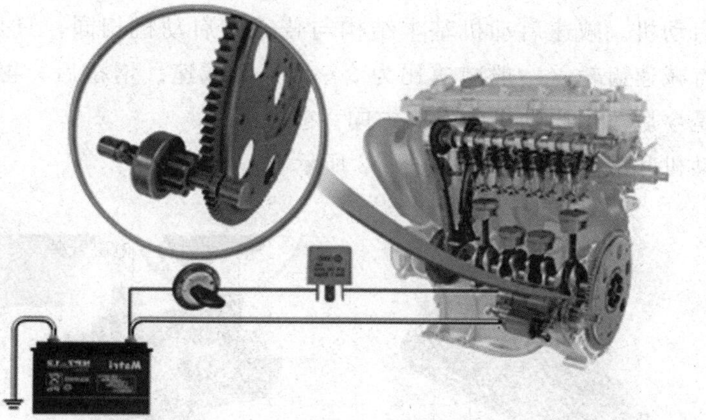

图 2-1　启动机功用

2. 启动机的分类

(1) 按励磁方式分，启动机分为以下几类。

①励磁式启动机。励磁式启动机靠励磁绕组和磁极铁芯建立磁场，结构稍显复杂，但输出转矩和功率都很大，故应用极为广泛。

②永磁式启动机。永磁式启动机以永磁材料作为磁极，取消了励磁式启动机中的励磁绕组和磁极铁芯，结构简化，体积小，质量轻，并节省了金属材料。但永磁启动机的功率一般较小，使用范围在一定程度上受到限制。

(2) 按控制机构分，启动机分为以下几类。

①机械控制式启动机。机械控制式启动机由驾驶员利用脚踏（或手动）直接操纵机械式启动开关接通或切断启动电路，通常称为直接操纵式启动机。

②电磁控制式启动机（电磁操纵式启动机）。电磁控制式启动机由驾驶员旋动点火开关或按下启动按钮，通过电磁开关接通或切断启动电路。

(3) 按啮合方式分，启动机分为以下几类。

①惯性啮合式启动机。惯性啮合式启动机的离合器靠惯性力的作用产生轴向移动，使驱动齿轮啮入或退出飞轮齿圈。由于可靠性差，现代汽车已不再使用。

②强制啮合式启动机。强制啮合式启动机靠人力或电磁力经拨叉推移离合器，强制性地使驱动齿轮啮入或退出飞轮齿圈。因其具有结构简单，动作可靠，操纵方便等优点，故被现代汽车普遍采用。

③电磁啮合式（电枢移动式）启动机。电磁啮合式启动机靠电动机内部辅助磁极的电磁力，吸引电枢做轴向移动，将驱动齿轮啮入飞轮齿圈，启动结束后再由回位弹簧使电枢回位，让驱动齿轮退出飞轮齿圈。所以，电磁啮合式启动机多用于大功率柴油机。

（4）按传动机构分，启动机分为以下几类。

①普通式启动机。将电动机电枢产生的启动力矩直接通过离合器、驱动齿轮传给飞轮齿圈的启动机称为普通式启动机。

②减速式启动机。减速启动机基本结构与普通式启动机相同，只是在电枢和驱动齿轮之间，装有减速齿轮（一般减速比为 3～4），经减速、增扭后，再带动驱动齿轮。减速式启动机是今后车用启动机的发展方向。

普通式启动机和减速式启动机如图 2-2 所示。

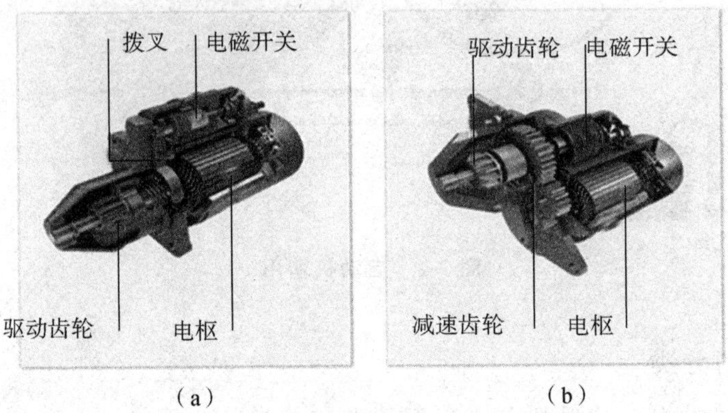

图 2-2　普通式启动机和减速式启动机

（a）普通启动机；（b）减速启动机

3. 启动机的结构组成及控制过程

启动机由直流电动机、传动机构和控制机构三大部分组成，如图 2-3 所示。

图 2-3　启动机的结构

（1）直流电动机。启动机的直流电动机主要由定子、转子、换向器、电刷及端盖等组成。定子也称为磁极，作用是产生磁场，分永磁式和励磁式两种；转子也称为电枢，作用是产生电磁转矩；电刷压紧在换向器上，实现换向的作用。端盖上有拨叉座和驱动齿轮行程调整螺钉，还有支撑拨叉的轴销孔。

直流电动机的作用是将蓄电池输入的电能转换为机械能，产生电磁转矩。启动机用直流电动机结构如图 2-4 所示。

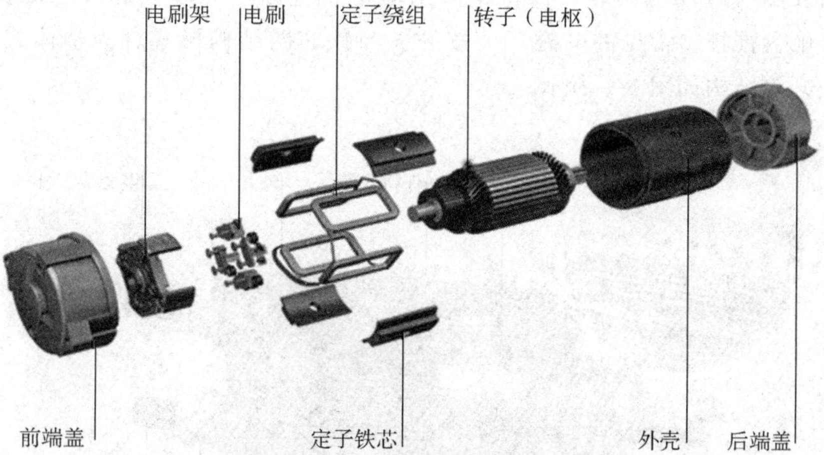

图 2-4　启动机用直流电动机结构

（2）传动机构。启动机的传动机构安装在电动机电枢的延长轴上，启动发动机时将驱动齿轮与电枢轴联成一体，使发动机启动。在发动机启动后，驱动齿轮的转速超过电枢轴的正常转速时，传动机构应使驱动齿轮与电枢轴自动脱开，防止电动机超速。

传动机构主要包括拨叉、单向离合器、驱动齿轮。拨叉一端与电磁开关中移动衔铁连接，另一端与单向离合器连接。单向离合器的作用是在启动发动机时，将电动机的转矩传给发动机曲轴，进而启动发动机；当发动机启动后，能自动打滑防止电枢轴被发动机拖动超速旋转。离合器主要有三种形式：滚柱式单向离合器、摩擦片式单向离合器和弹簧式单向离合器，如图 2-5 所示。

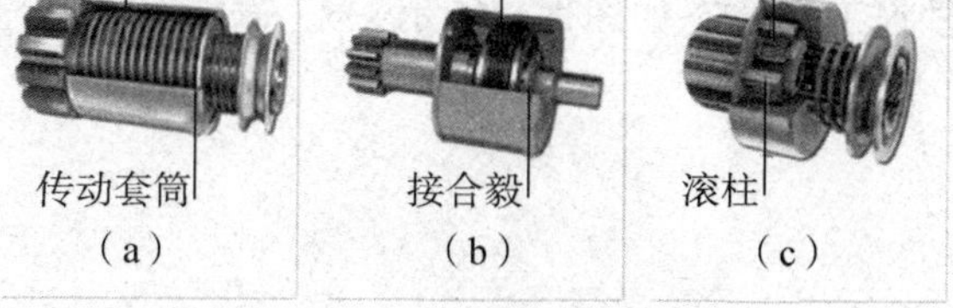

图 2-5　离合器类型

（a）弹簧式单向离合器；（b）摩擦片式单向离合器；（c）滚柱式单向离合器

传动机构的作用是利用驱动齿轮啮入发动机飞轮齿圈，将直流电动机的电磁转矩传给与发动机曲轴连接的飞轮，发动机启动后及时切断曲轴与电动机之间的动力传递，防止发动机反拖直流电动机。

(3) 控制机构。启动机控制机构也叫操纵机构，有机械控制式（直接操纵式（现已淘汰））和电磁控制式（电磁操纵式）两类。控制机构由电磁开关、拨叉等组成。

电磁开关由吸引线圈、保持线圈、活动铁芯、主开关接触盘及复位弹簧等组成；其中，吸引线圈与电动机串联，保持线圈与电动机并联；活动铁芯可驱动拨叉运动，又可推动接触盘推杆。常见的电磁开关按开关与铁芯的结构形式分为整体式和分离式两种。电磁开关结构如图 2-6 所示。

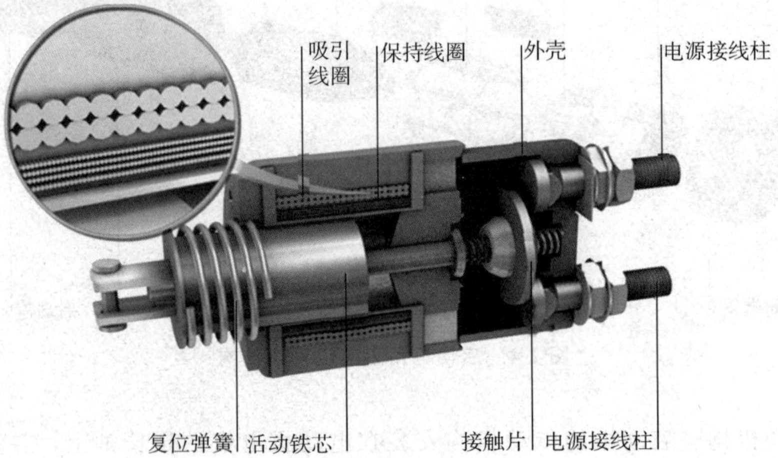

图 2-6　电磁开关结构

启动瞬间：当点火开关置于“START”位置时，接通吸引线圈和保持线圈电路。此时吸引线圈和保持线圈产生的磁场方向相同，活动铁芯在电磁力的作用下克服弹簧的作用被吸入，同时带动拨叉将驱动齿轮推出，使驱动齿轮与发动机飞轮齿圈啮合。在它们完全啮合时，接触片与各触点接触，将电动机主电路接通，电动机产生转矩带动发动机曲轴运转。电磁开关启动瞬间工作状态如图 2-7 所示。

启动过程：主电路接通后，接触片将吸引线圈断路，而保持线圈仍有电流，且回路不变。此时在保持线圈的作用下，电磁开关仍保持在吸合位置上，启动机继续通电运转。电磁开关启动过程工作状态如图 2-8 所示。

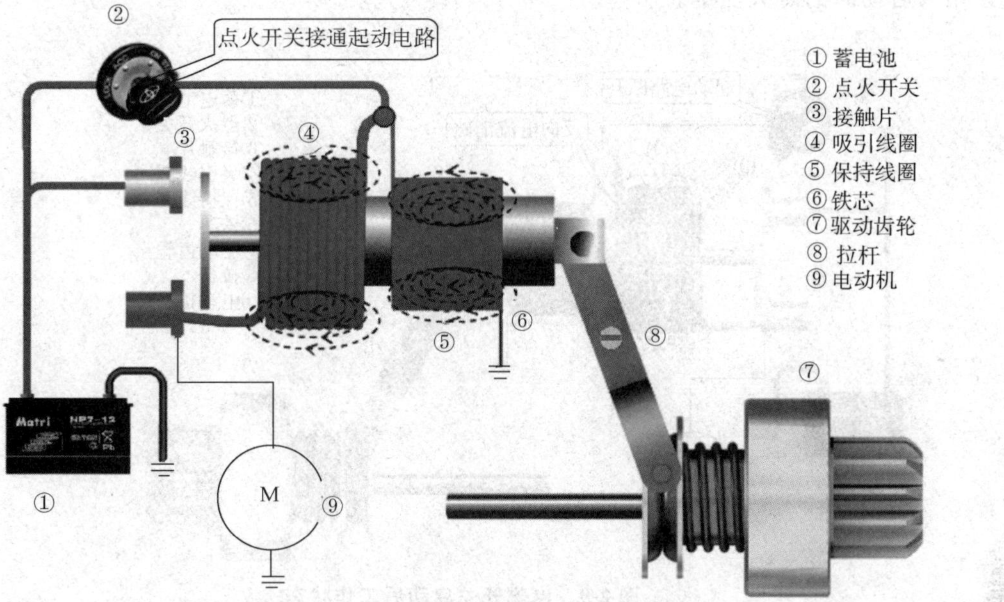

图 2-7　电磁开关启动瞬间工作状态

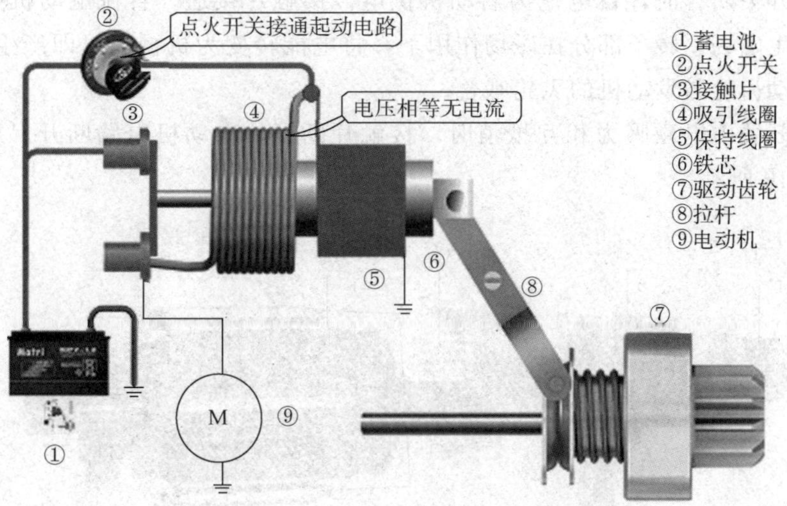

图 2-8　电磁开关启动过程工作状态

启动后：点火开关回到“ON”位置，吸引线圈和保持线圈中的电流方向相反，所以吸引线圈和保持线圈产生的磁场方向相反且相互抵消。活动铁芯在复位弹簧的作用下退回原位。接触片退回时切断了启动机的主电路，拨叉将处于打滑状态的离合器拨回原位，齿轮脱离啮合，启动机停止工作。电磁开关启动后工作状态如图 2-9 所示。

控制机构的作用是接通或切断启动机与蓄电池之间的主电路，并驱动小齿轮进入或退出啮合。有些启动机控制机构还有副开关，能在启动时将点火线圈附加电阻短路，以增大启动时的点火能量。

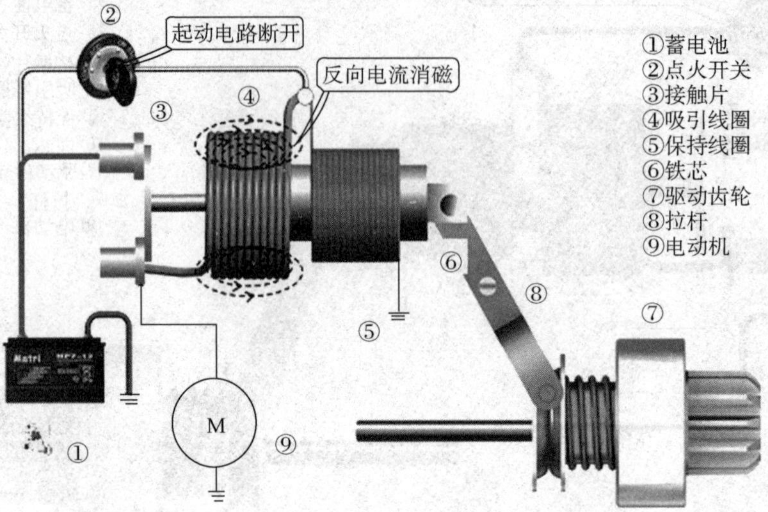

图 2-9　电磁开关启动后工作状态

4. 启动机工作原理

当点火开关闭合时，蓄电池为启动机供电，接触片接通。直流电动机中有电流通过，磁极产生磁场，转子部分在磁场作用下，将电能转变为机械能，即产生电磁转矩。拨叉推动驱动齿轮与发动机的飞轮啮合。

当电磁开关中电磁吸力相互抵消时，接触片断开，电动机电路断开。启动机工作原理如图 2-10 所示。

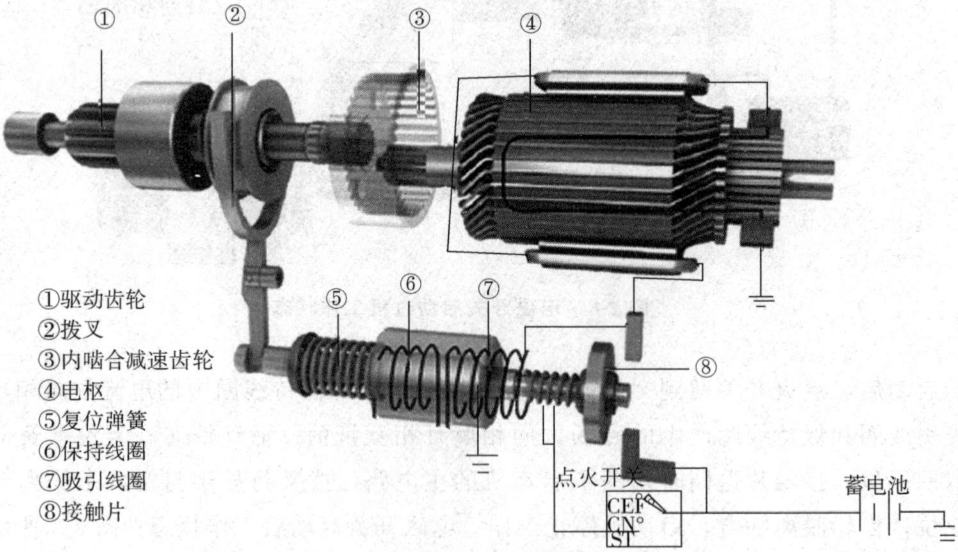

图 2-10　启动机工作原理

5. 启动机的常见故障现象

启动机是短时间断续工作的电器设备，且工作电流很大。每次连续工作不能超过 5 s，重复启动时应停歇 2 min。启动机在连续几次启动不着时，不可继续启动，这时应对启动机、蓄电池以及连接线分别进行检查，找出其故障并予以排除，然后方可继续使用启动机。

启动机常见故障现象如下。

(1) 接通启动开关后，启动机高速旋转而发动机曲轴无反应。这种现象表明故障发生在启动机的传动机构上，这有可能是传动齿轮或单向离合器磨损造成的。

(2) 启动机无法正常工作，驱动齿轮不转。引发这种现象的原因有很多，例如电源线出现问题、启动开关接触盘烧蚀以及发动机阻力过大等。

(3) 启动机动力输出不足，无法带动曲轴。励磁线圈短路和蓄电池亏电均可引发启动机动力不足。

(4) 启动机运转声音刺耳。这有可能是单向离合器卡死或启动机安装不当造成的。

(5) 启动机开关时有“嗒嗒”的声音，但是不工作。保持线圈断线或蓄电池严重亏电会导致这种现象。

6. 点火开关各挡位的含义

点火开关是汽车电路中的重要元件，用于控制全车用电设备的工作状态，是汽车电路中重要的控制枢纽。点火开关安装于转向柱上，通常含有四个挡位：LOCK、ACC、ON、START。

(1) 锁止 (LOCK)。汽车钥匙在此位置才能拔出或插入。在此位置可锁住方向盘，以防汽车无钥匙被移动或开走，此位置全车电路不通，如图 2-11 所示。

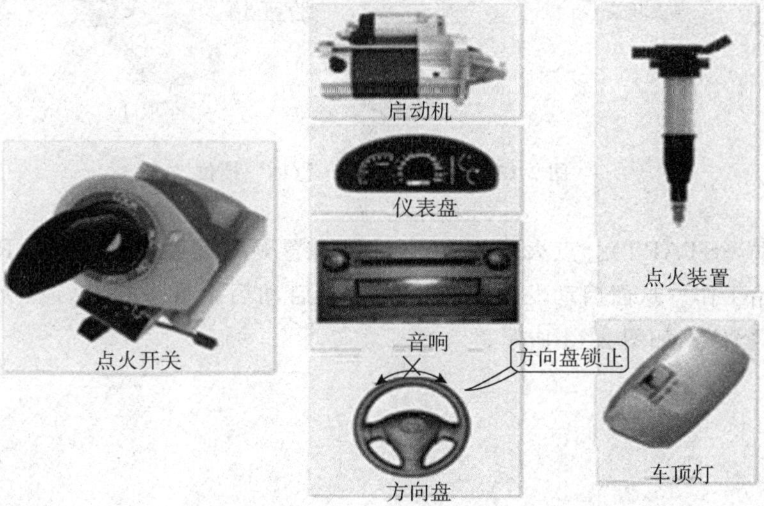

图 2-11 点火开关处于“LOCK”挡位

(2) 附件 (ACC)。此位置汽车附属电器的电路接通，如点烟器、收音机等，但点火系统不通。不启动发动机听收音机时应将点火开关置于此位置，如图 2-12 所示。

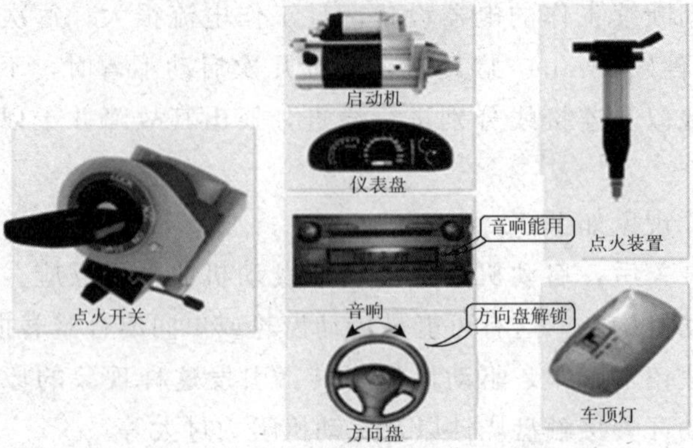

图 2-12　点火开关处于“ACC”挡位

（3）运转（ON）。点火开关置于此位置时，点火系统及汽车各电器均接通，如照明、仪表盘灯等。汽车开始自检，一般汽车行驶时，点火开关均处于此位置，如图 2-13 所示。

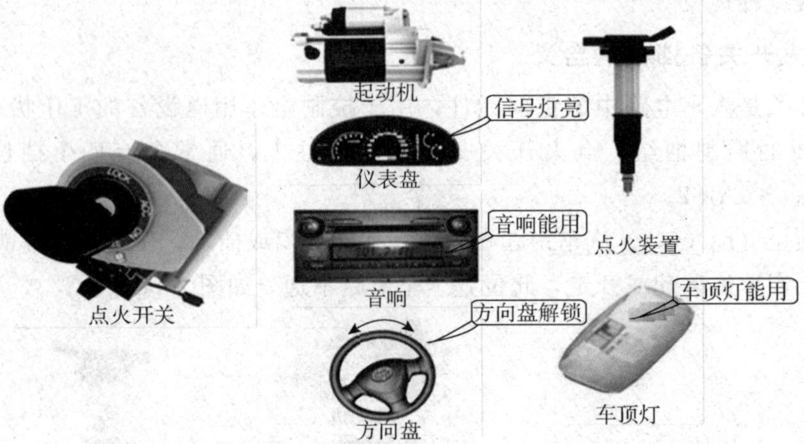

图 2-13　点火开关处于“ON”挡位

（4）启动（START）。点火开关由“ON”位置顺时针旋转到“START”位置时，启动系统开始工作，从而启动发动机。当发动机启动后，将手松开，点火开关将自动回到“ON”挡位，如图 2-14 所示。

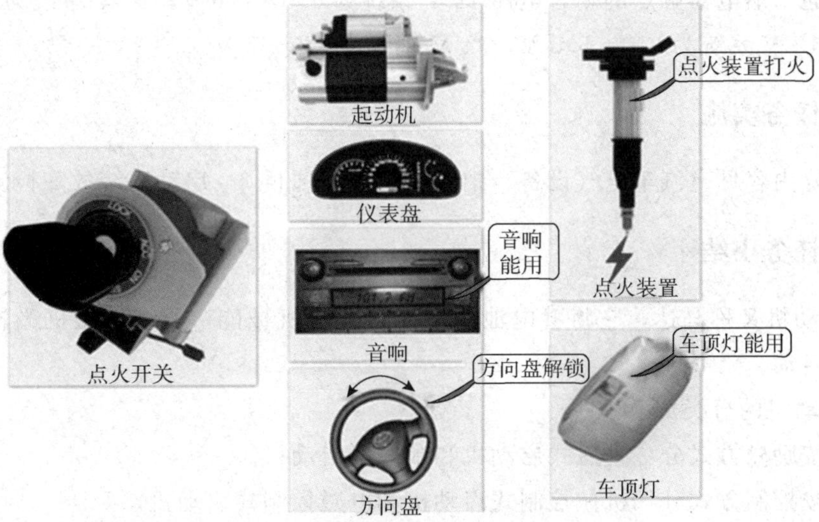

图 2-14　点火开关处于“START”挡位

7. 启动继电器的性能

启动系统电路原理如图 2-15 所示。

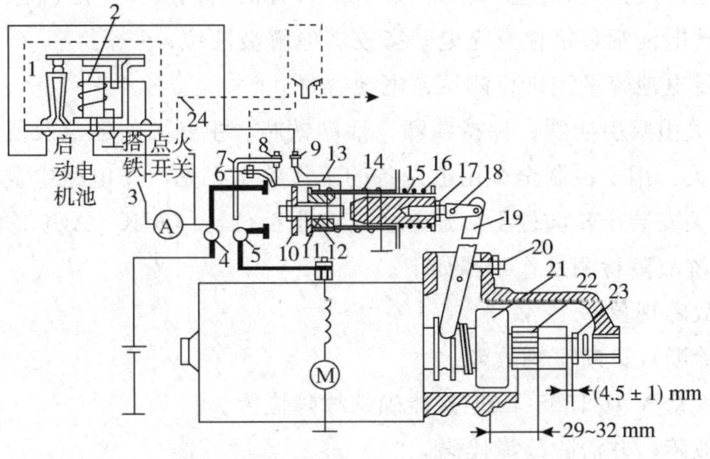

图 2-15　QD124 型启动机电路原理

1—启动继电器触点；2—启动继电器线圈；3—点火开关；4、5—启动机开关接线柱；6—点火线圈附加电阻短路接线柱；7—导电片；8—接线柱；9—电磁开关接线柱；10—接触盘；11—推杆；12—固定铁芯；13—吸拉线圈；14—保持线圈；15—活动铁芯；16—复位弹簧

启动继电器的结构如图 2-15 左上角部分所示，主要由电磁铁机构和触点总成组成。线圈分别与壳体上的“点火开关”端子和“搭铁”端子连接，固定触点与“启动机”端子连接，活动触点通过触点臂和支架与“电池”端子连接。继电器触点为动合触点，当线圈通电时，产生电磁吸力将触点吸闭，从而便将继电器控制的吸引线圈和保持线

圈电路接通。继电器触点的闭合电压 12 V 系统为 6.0～7.6 V，24 V 系统为 14～16 V；断开电压 12 V 系统为 3.0～5.5 V，24 V 系统为 4.5～8 V。

三、任务实施

此部分内容见《汽车电气设备》中实训“实训项目 3　启动系统故障检测”。

四、任务小结

1. 启动机又称马达，它将蓄电池的电能转化为机械能，驱动发动机飞轮旋转实现发动机的启动。

2. 启动机的分类如下。

（1）按励磁方式分：励磁式启动机和永磁式启动机。

（2）按控制方式分：机械控制式启动机和电磁控制式启动机。

（3）按啮合方式分：惯性啮合式启动机、强制啮合式启动机和电磁啮合式启动机。

（4）按传动机构分：普通式启动机和减速式启动机。

3. 启动机由直流电动机、传动机构和控制机构三大部分组成。

4. 蓄电池的检查如下。

（1）蓄电池外观检查，检查蓄电池外观是否有损伤或损坏，是否有鼓包等情况；

（2）通过蓄电池观察镜检查充电状态或者电解液液位；

（3）使用蓄电池容量测试仪测试蓄电池容量。

5. 电磁开关由吸引线圈、保持线圈、活动铁芯、主开关接触盘及复位弹簧等组成。

6. 点火开关：用于控制全车用电设备的工作状态，是汽车电路中重要的控制枢纽。

7. 点火开关安装于转向柱上，通常含有四个挡位：LOCK、ACC、ON、START。

8. 启动系统故障检测操作步骤如下。

（1）确认故障现象。

（2）使用诊断仪诊断车辆故障。

（3）使用大众 VAG1598-42 连接器确认故障位置。

（4）排除故障，并清除故障代码。

（5）归位工具。

五、课堂练习

1. 判断题

（1）常规启动机中，吸拉线圈、励磁绕组及电枢绕组是串联连接。（　　）

（2）在永磁式启动机中，电枢是用永久磁铁制成的。（　　）

（3）在启动机启动的过程中，吸引线圈和保持线圈中一直有电流通过。（　　）

（4）启动机换向器的作用是将交流电变成直流电。（　　）

2. 单选题

（1）铅蓄电池放电时，端电压逐渐（ ）。

A. 上升 B. 平衡状态 C. 下降

（2）下列不属于启动机控制装置作用的是（ ）。

A. 使活动铁芯移动，带动拨叉，使驱动齿轮和飞轮啮合或脱离

B. 使活动铁芯移动，带动接触盘，使启动机的两个主接线柱接触或分开

C. 产生电磁力，使启动机旋转

（3）直流串励式启动机中的“串励”是指（ ）。

A. 吸拉线圈和保持线圈串联连接

B. 励磁绕组和电枢绕组串联连接

C. 吸拉线圈和电枢绕组串联连接

（4）永磁式启动机中用永久磁铁代替常规启动机的（ ）。

A. 电枢绕组 B. 励磁绕组 C. 电磁开关中的两个线圈

（5）启动机驱动轮的啮合位置由电磁开关中的（ ）线圈的吸力保持。

A. 保持 B. 吸拉 C. 初级 D. 次级

（6）启动机产生正常转矩是在（ ）。

A. 按下启动按钮后 B. 驱动齿轮运动前 C. 驱动齿轮与飞轮环齿啮合后

（7）启动机空转的原因之一是（ ）。

A. 蓄电池亏电 B. 单向离合器打滑 C. 电刷过短

任务二 启动机拆装与维护

一、任务目标

通过本任务的学习，应能：

1. 熟练在车拆装启动机总成；
2. 熟练进行启动机分解、装配及调试；
3. 熟练完成启动机电磁开关性能检测、清洁和更换；
4. 了解启动机直流电动机线圈、电枢、电刷架性能检测、清洁、保养及更换。

二、知识准备

1. 启动机分解前各种试验

启动机的测试有五种：牵引测试、保持测试、检查小齿轮间隙、小齿轮返回测试和无负荷测试。检查启动机操作时，可直接用蓄电池供电，但每次检查时间限定为 3～

5s，以防止蓄电池给启动机长时间供电而烧坏线圈。上述五种测试应连续进行，因此这样可检查启动机的连续操作。

（1）牵引测试。牵引测试的目的是测试电磁启动开关是否正常。启动机牵引测试接线图如图 2-16 所示。

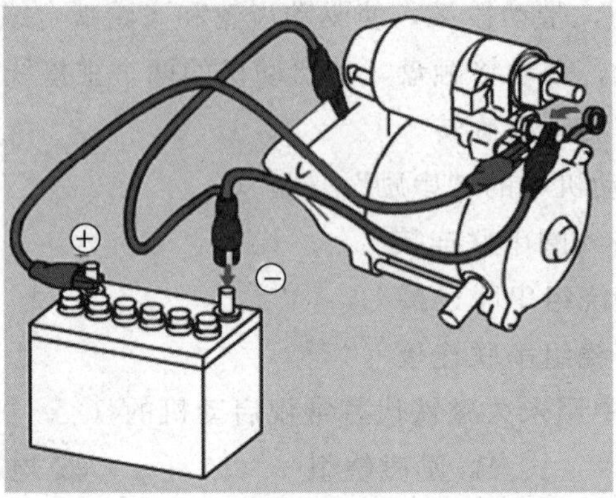

图 2-16 启动机牵引测试接线图

为防止启动机转动，从端子 C 断开励磁线圈引线，将蓄电池正极（＋）端子连接到端子 50 上，将蓄电池负极（－）端子连接到启动机体和端子 C（测试引线 A）上，检查小齿轮是否露出。启动机牵引测试如图 2-17 所示。

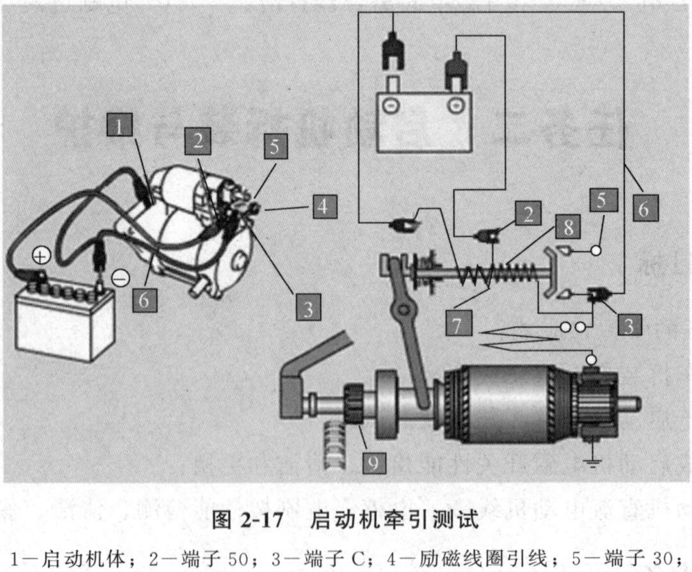

图 2-17 启动机牵引测试

1—启动机体；2—端子 50；3—端子 C；4—励磁线圈引线；5—端子 30；
6—测试引线 A；7—保持线圈；8—牵引线圈；9—小齿轮

搬动点火开关使其处于“启动”位置，然后让电流流入牵引线圈和保持线圈，检查小齿轮是否伸出。如果小齿轮没有伸出，则更换电气启动机开关总成。若正常伸出，则进行下一步检查。

（2）保持测试。保持测试的目的是测试保持线圈是否正常。启动机保持测试接线图如图 2-18 所示。

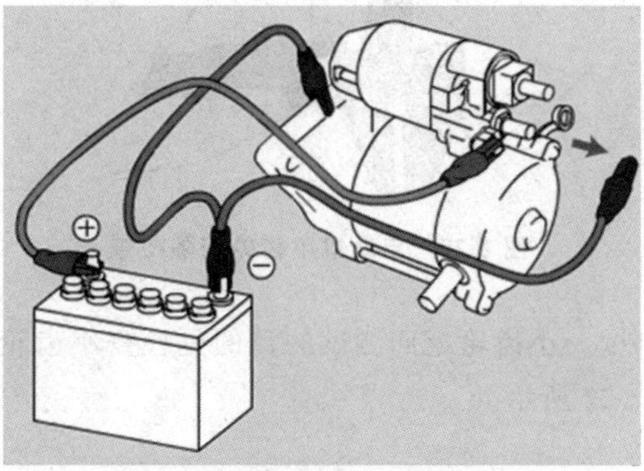

图 2-18 启动机保持测试接线图

在牵引测试后，当小齿轮伸出时，从端子 C 断开测试引线 A，从端子 C 断开流入牵引线圈的电流，让电流仅流入保持线圈。启动机保持测试如图 2-19 所示。

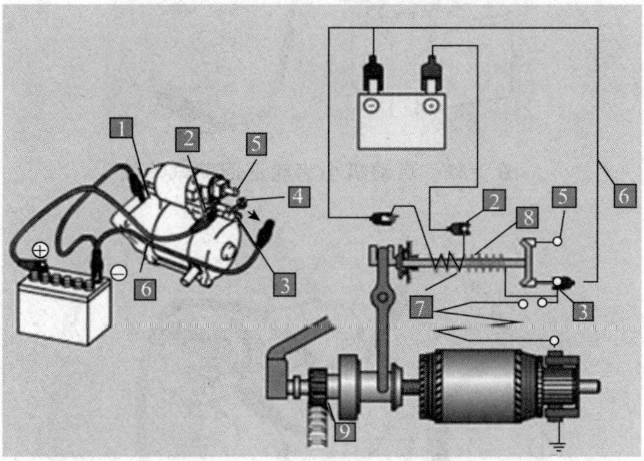

图 2-19 启动机保持测试

1—启动机体；2—端子 50；3—端子 C；4—励磁线圈引线；5—端子 30；

6—测试引线 A；7—保持线圈；8—牵引线圈；9—小齿轮

如果小齿轮无法保持伸出状态，请更换电磁启动机开关总成。如正常，则进行下一步检查。

（3）检查小齿轮间隙。在保持测试状态下，用游标卡尺测量小齿轮和止动环之间的间隙，如图 2-20 所示。如果间隙超出规定范围，则更换电磁启动及开关总成。

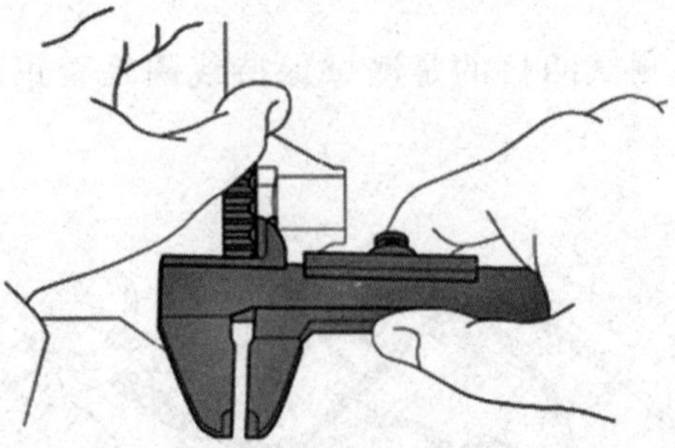

图 2-20　启动机小齿轮间隙检查

（4）小齿轮返回测试。小齿轮返回测试的目的是检查小齿轮是否返回其原始位置。接线图如图 2-21 和图 2-22 所示。

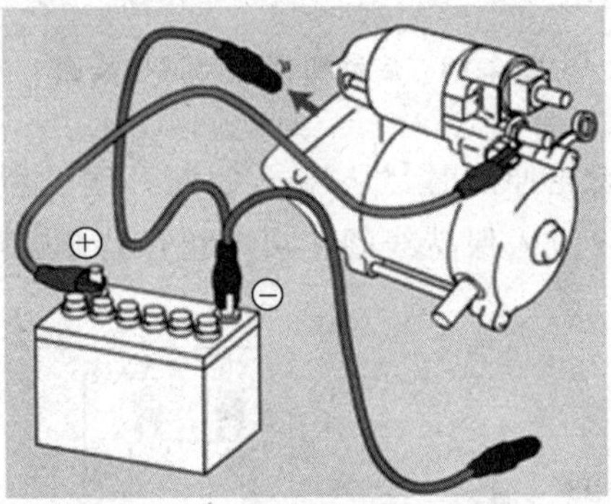

图 2-21　启动机小齿轮返回测试接线

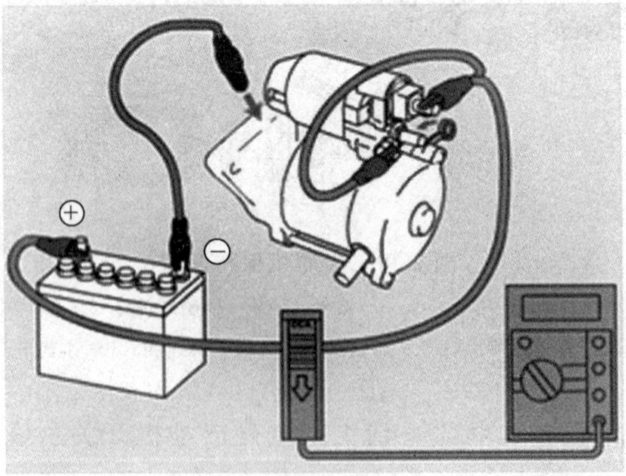

图 2-22　无负荷测试接线图

保持测试后当小齿轮伸出时，从启动机体断开接地线，确认小齿轮是否返回其原始位置，如图 2-23 所示。如小齿轮未返回其原始位置，请更换电磁启动机开关总成。

如正常，则进行下一步测试。

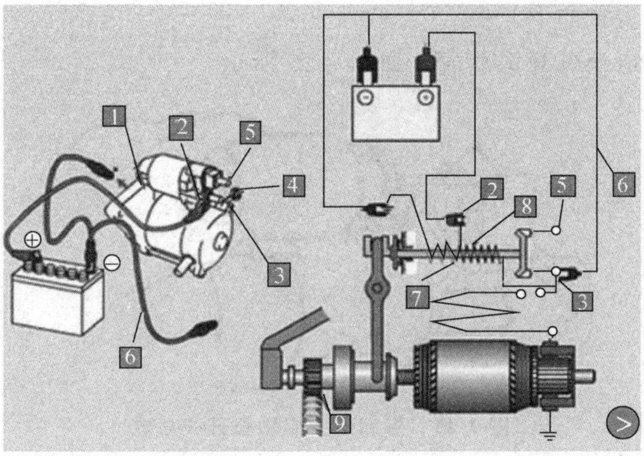

图 2-23 小齿轮返回测试

1—启动机体；2—端子 50；3—端子 C；4—励磁线圈引线；5—端子 30；
6—测试引线 A；7—保持线圈；8—牵引线圈；9—小齿轮

(5) 无负荷测试。无负荷测试主要检查电磁启动机开关的接触点以及换向器和电刷之间的接触。

用台钳固定住启动机，为防止启动机损坏可用铝板或布包裹启动机。将拆下的励磁线圈引线连接到端子 C，将蓄电池正极（+）端子连接到端子 30 和端子 50 上，将万用表连接在蓄电池正极（+）端子和端子 30 之间，将蓄电池负极（−）端子连接到启动机机体上，然后启动启动机，如图 2-24 所示。要求测试时流入启动机的电流小于 50 A。但瞬时电流可能达到 200～300 A，因此需要选择合适的电流表和引线。

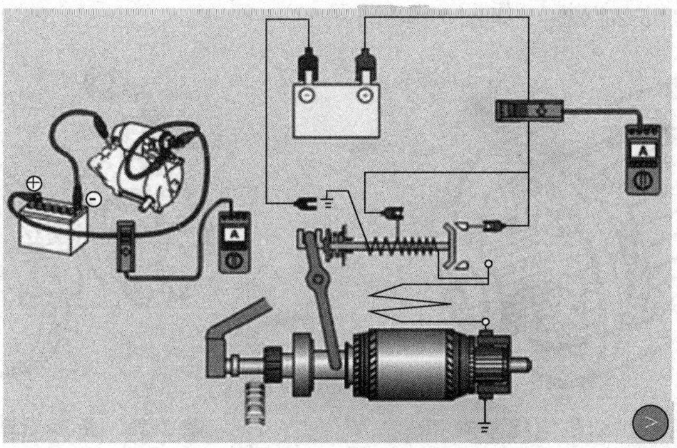

图 2-24 启动机无负荷测试

经以上测试后启动机不能启动，则更换启动机，若正常启动，则可进行装复。

2. 启动机的分解

启动机的分解步骤如下。

（1）拆卸磁力启动机开关总成，如图 2-25 所示。

图 2-25　拆卸磁力启动机开关总成

（2）拆卸启动机磁轭总成，如图 2-26 所示。

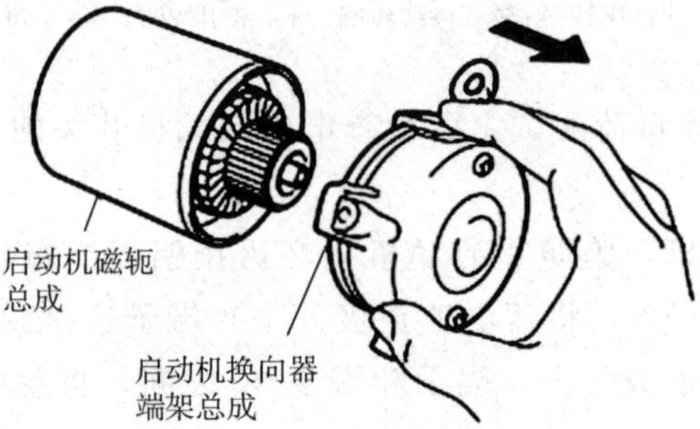

图 2-26　拆卸启动机磁轭总成

（3）拆卸启动机电枢总成，如图 2-27 所示

（4）拆卸启动机电枢板，如图 2-28 所示。

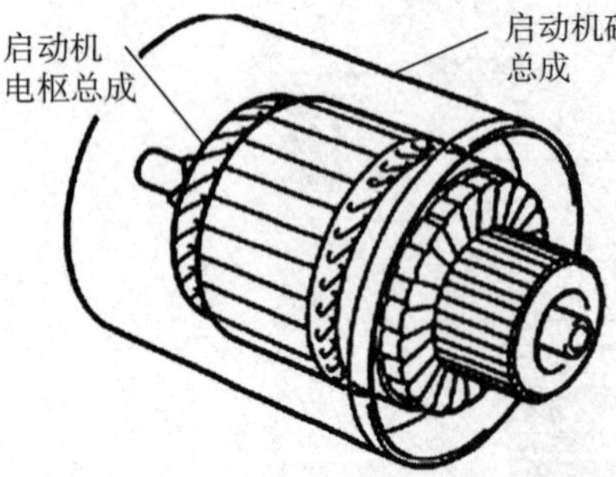

图 2-27　拆卸启动机电枢总成

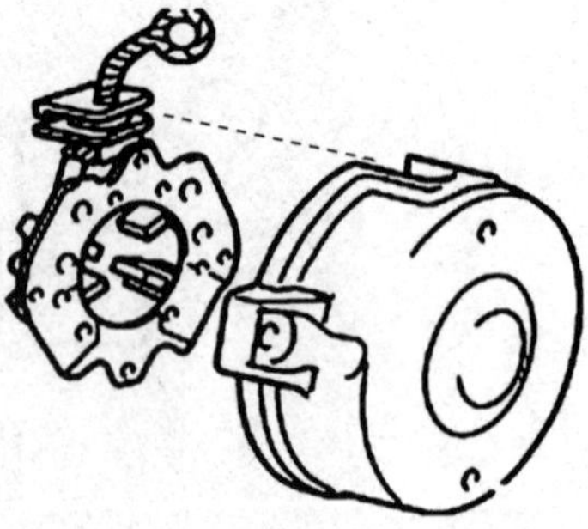

图 2-28　拆卸启动机电枢板

（5）拆卸启动机电刷架总成。

（6）拆卸行星齿轮，如图 2-29 所示。

（7）拆卸启动机单向离合器分总成，如图 2-30 所示。

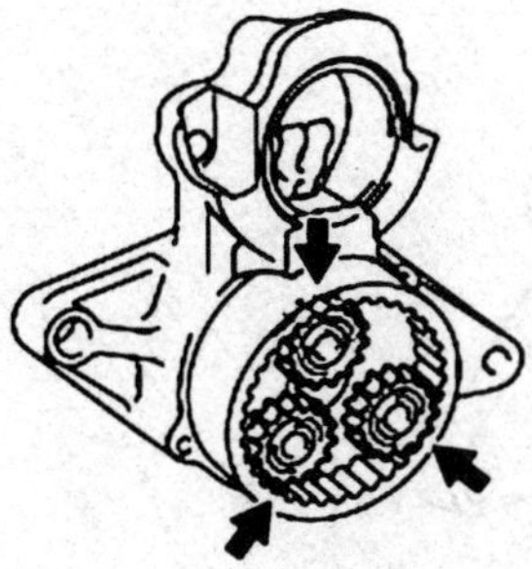

图 2-29　拆卸行星齿轮

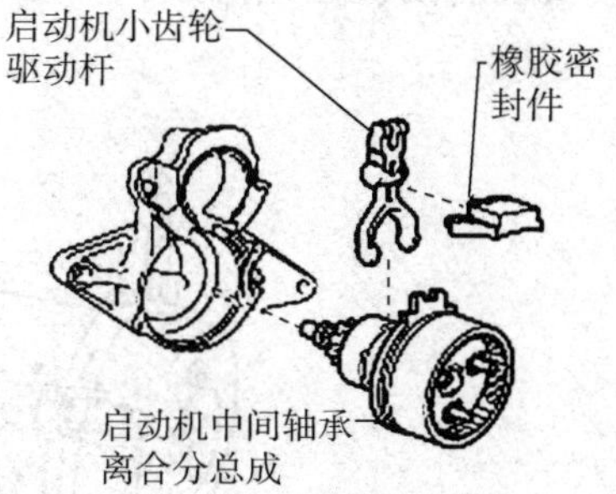

图 2-30　拆卸启动机单向离合器分总成

3. 启动机的装配

启动机的装配步骤如下。

(1) 安装启动机单向离合器分总成，如图 2-31 所示。

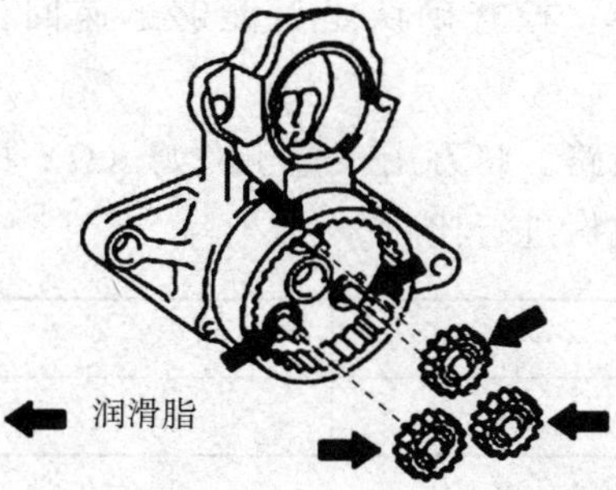

图 2-31　安装启动机单向离合器分总成

(2) 安装行星齿轮。

(3) 安装启动机电刷架总成。

(4) 安装启动机换向器端盖总成。

(5) 安装启动机电枢总成。

(6) 安装启动机电枢板，如图 2-32 所示。

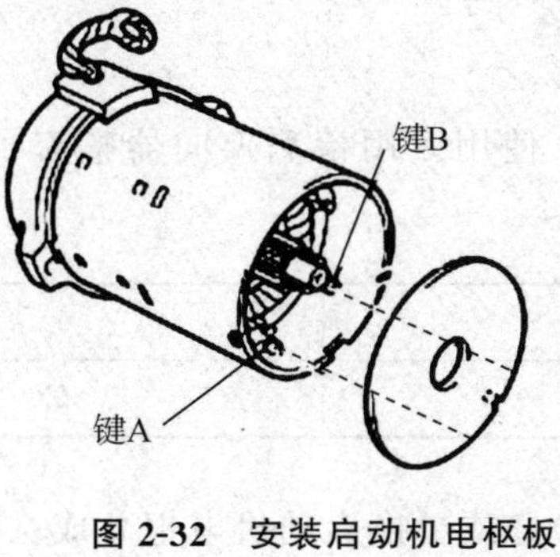

图 2-32　安装启动机电枢板

（7）安装启动机磁轭总成，如图 2-33 所示。

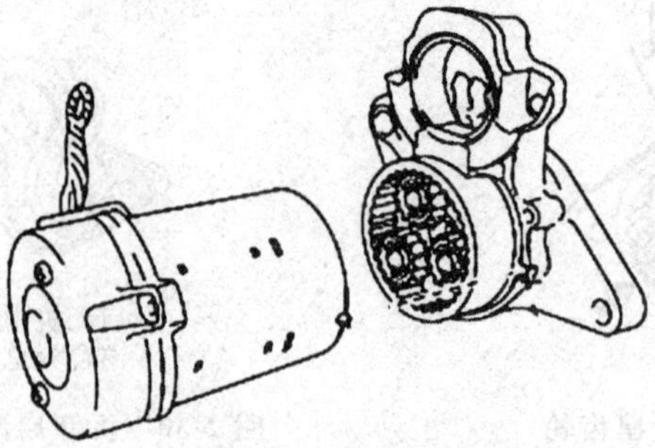

图 2-33 安装启动机磁轭总成

（8）安装磁力启动机开关总成。

4. 检查电磁开关

（1）检查铁芯。推入铁芯，检查确认是否能够迅速回位到初始位置。如有必要，更换电磁开关总成。

（2）检测吸引线圈是否断路。将万用表置于欧姆（Ω）挡，检测以下端子之间的电阻，记录检测数据并与标准数据进行比对。

检测端子	检测条件
端子 50—端子 C	—

若不符合标准要求，则需更换电磁开关总成。

（3）检测保持线圈是否断路。将万用表置于欧姆（Ω）挡，检测以下端子之间的电阻，记录检测数据并与标准数据进行比对。

检测端子	检测条件
端子 50—电磁开关壳体	—

若不符合标准要求，则需更换电磁开关总成。

5. 检查启动机电枢总成

（1）检查换向器是否断路。使用万用检测换向器整流子片间的电阻，记录检测数据并与标准数据进行比对。

检测端子	检测条件
整流子片—整流子片	—

若不符合标准要求，则需检修或更换启动机电枢总成。

（2）检查换向器是否搭铁短路。使用万用表检测换向器和电枢线圈间的电阻，记录检测数据并与标准数据进行比对。

检测端子	检测条件
换向器—电枢	—

若不符合标准要求，则需检修或更换启动机电枢总成。

(3) 检查外观。如果表面脏污或烧坏，用砂纸（400 号）或在车床上修复表面。

(4) 检查换向器是否径向跳动。

①将换向器放在 V 形块上。

②使用百分表测量换向器径向跳动，记录检测数据并与标准数据进行比对。

检测端子	检测条件	标准数据
换向器径向跳动	—	标准：0.02 mm
		最大：0.05 mm

如果检测数据大于最大值，则更换启动机电枢总成。

(5) 检查换向器直径。使用游标卡尺测量换向器直径，记录检测数据并与标准数据进行比对。

检测端子	检测条件	标准数据
换向器直径	—	标准：29.0 mm
		最小：28.0 mm

如果检测数据小于最小值，则更换启动机电枢总成。

6. 检查启动机电刷架总成

(1) 拆下弹簧卡爪，然后拆下四个电刷。

(2) 检查电刷长度。使用游标卡尺测量电刷长度，记录检测数据并与标准数据进行比对。

检测端子	检测条件	标准数据
电刷长度	—	标准：14.4 mm
		最小：9.0 mm

如果检测数据小于最小值，则更换启动机电刷架总成。

(3) 检查电刷架。使用万用表测量电刷架电阻，记录检测数据并与标准数据进行比对。

检测端子	检测条件	标准数据
A—B	—	10 kΩ 或更大
A—C		10 kΩ 或更大
A—D		小于 1 Ω
B—C		小于 1 Ω
B—D		10 kΩ 或更大
C—D		10 kΩ 或更大

如果检测数据不符合标准，则更换启动机电刷架总成。

7. 启动机减速传动机构检查及清洁保养

减速式启动机：减速式启动机基本结构与普通式启动机相同，只是在电枢和驱动齿轮之间，装有减速齿轮（一般减速比为 3～4），经减速、增扭后，再带动驱动齿轮。减速式启动机是今后车用启动机的发展方向。

普通式启动机的传动机构包括驱动齿轮的单向离合器，减速式启动机的传动机构还包括减速装置。

减速式启动机的基本结构与电磁强制啮合式启动机相同，只是在电枢和驱动齿轮之间，装有减速机构。经减速机构将启动机转速降低后，再带动驱动齿轮。由于应用了减速机构，可采用小型、高速、低转矩的电动机。

减速式启动机的电动机转速高达 15 000～20 000 r/min，在同样输出功率条件下比普通式启动机的质量减少 20%～40%，体积约减少一半，转矩增高。这不仅提高了启动性能，而且也相对减轻了蓄电池的负担。

丰田卡罗拉发动机采用的启动机就是行星齿轮式减速启动机，如图 2-34 所示。

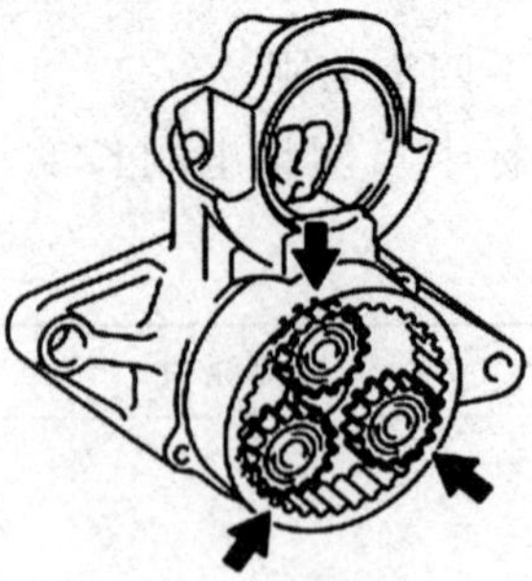

图 2-34　丰田卡罗拉发动机行星齿轮式减速启动机

8. 检查启动机单向离合器

顺时针转动离合器小齿轮，检查并确认其自由转动，如图 2-35 所示。尝试逆时针转动离合器小齿轮，检查并确认其锁止。如有必要，则更换启动机中间轴承离合器分总成。

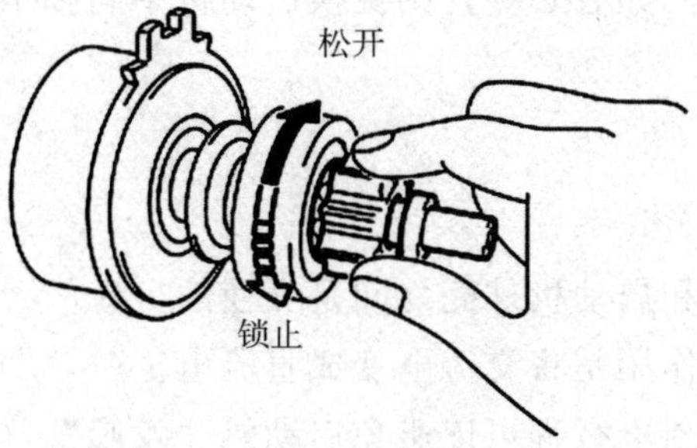

图 2-35 检查启动机单向离合器

为了提高启动性能并减小启动机的质量，近年来许多小型汽车采用了内装减速装置的启动机，称为减速启动机。

三、任务实施

此部分内容见《汽车电气设备实训》中“实训项目 4 启动机的拆装与检测”。

四、任务小结

1. 启动机的测试有五种：牵引测试、保持测试、检查小齿轮间隙、小齿轮返回测试和无负荷测试。

2. 检查电磁开关步骤如下。

(1) 检查铁芯。

(2) 检测吸引线圈是否断路。

(3) 检测保持线圈是否断路。

3. 检查启动机电枢总成步骤如下。

(1) 检查换向器是否断路。

(2) 检查换向器是否搭铁短路。

(3) 检查外观。

(4) 检查换向器是否径向跳动。

(5) 检查换向器直径。

4. 检查启动机电刷架总成步骤如下。

(1) 拆下弹簧卡爪，然后拆下四个电刷。

(2) 检查电刷长度。

(3) 检查电刷架。

5. 减速式启动机：减速式启动机的基本结构与普通式启动机相同，只是在电枢和驱动齿轮之间，装有减速齿轮（一般减速比为 3∶4），经减速、增扭后，再带动驱动齿轮。

6. 顺时针转动离合器小齿轮，检查并确认其自由转动。尝试逆时针转动离合器小齿轮，检查并确认其锁止。如有必要，则更换启动机中间轴承离合器分总成。

五、课堂练习

1. 判断题

（1）启动机励磁线圈和启动机外壳之间是导通的。（　　）

（2）启动机换向器的作用是将交流电变成直流电。（　　）

（3）电磁操纵机构的断电行程可以避免启动机“发咬”。（　　）

（4）常规启动机中，励磁绕组和电枢绕组是串联连接的。（　　）

（5）用万用表检查电刷架时，两个正电刷架和外壳之间应该绝缘。（　　）

2. 单选题

（1）发动机启动后，启动小齿轮自动（　　）

A. 啮合　　B. 空转　　C. 停转　　D. 打滑

（2）我国目前应用最多的启动机是（　　）。

A. 惯性啮合式启动机　　B. 移动电枢式启动机

C. 强制啮合式启动机　　D. 齿轮移动式启动机

（4）为了获得足够的转矩，通过电枢绕组的电流很大，一般汽油机的启动电流为（　　）。

A. 20～6 A　　B. 100～200 A

C. 200～600 A　　D. 2 000～6 000 A

（5）温度低时蓄电池内阻增大，容量下降，导致启动机输出功率（　　）

A. 增大　　B. 下降　　C. 恒定　　D. 为零

（6）不会引起启动机运转无力的原因是（　　）

A. 吸拉线圈断路　　B. 蓄电池亏电

C. 换向器脏污　　D. 电磁开关中接触片烧蚀、变形

（7）电刷使用极限高度为标准高度的（　　）

A. 1/2　　B. 2/3　　C. 1/4　　D. 1/3

（8）启动机磁极的数目一般是（　　）。

A. 2 极　　B. 4 极　　C. 8 级　　D. 12 极

项目三
点火系统

项目导入

汽油易于挥发但燃点较高，因此汽油易于点燃而不易压燃，汽油发动机吸入气缸的油气混合气在压缩行程终了时需经电火花点燃，才能使混合气燃烧，从而产生强大的压力，推动活塞运动做功。因此，汽油发动机上需要安装有点火系统。

项目目标

通过本项目的学习，应能：

1. 熟练掌握点火系统的分类、功能、结构及工作原理；
2. 熟练对点火系统常见故障进行分析；
3. 了解点火系统主要元件的拆装、维护、检测等技术操作；
4. 熟练对点火系统进行故障诊断与排除。

任务一　点火系统的认知

一、任务目标

通过本任务的学习，应能：

1. 熟知点火系统的功能；
2. 了解点火系统的分类；
3. 了解点火系统的基本要求；
4. 熟练掌握点火系统的基本原理。

二、知识准备

1. 点火系统的功能

点火系统是汽油机不可缺少的组成部分，其功能是按照发动机的工作顺序产生高压电并通过火花塞跳火，保证适时、准确地点燃气缸内的可燃混合气。点火系统的功用如图 3-1 所示。

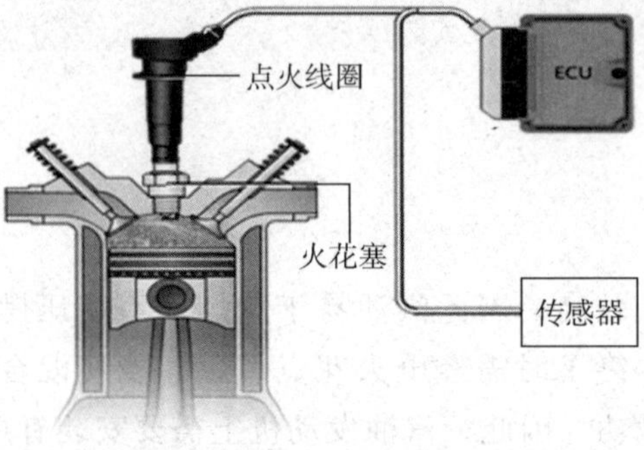

图 3-1　点火系统的功用

丰田卡罗拉轿车点火系统由 ECM 进行控制，通过点火线圈将蓄电池电压提高后使火花塞点火，从而点燃发动机内的可燃混合气。

2. 点火系统的分类

目前，应用在汽车上的点火装置种类繁多，大致可以分为以下几类。

（1）按点火能量的储存方式分类。

①电感储能式电子点火系统（电感放电式电子点火系统）。在这类点火系统中，电火花的点火能量以磁场的形式储存在点火线圈中。

②电容储能式电子点火系统（电容放电式电子点火系统）。在这类点火系统中，电火花的点火能量以电场的形式储存在专门的储能电容器中。

（2）按点火信号发生原理分类。

①电磁感应式电子点火系统（如丰田车系）。

②霍尔效应式电子点火系统（如德国大众车系）。

③光电式电子点火系统（如日产车系）。

（3）按初级电路的控制方式分类。

①电子点火系统。电子点火系统多应用于采用化油器供油的发动机上，如解放 CA1092、东风 EQ1091 以及早期生产的普通桑塔纳、捷达、奥迪 100、红旗等车型。

②微机控制的电子点火系统（微机控制点火系统）。目前，微机控制的电子点火系统广泛应用于电控发动机上。

（4）按高压电的配电方式分类。按照高压电的配电方式可以分为有分电器点火系统和无分电器点火系统，区别在于点火系统中是否有分电器。

在以上各种点火装置中，相对于电容储能式电子点火系统而言，电感储能式电子点火系统应用广泛；而在电感储能式电子点火系统中，以电磁感应式和霍尔效应式电子点火系统的应用最为广泛；对于高压电的配电方式而言，有分电器点火系统在中低档车型中应用较多，无分电器点火系统在中高档车型中应用较多。

总体来说，采用电子控制无分电器点火系统是汽车点火技术的发展趋势。

3. 点火系统的基本要求

点火系统性能的好坏对发动机的工作有十分重要的影响。点火系统应在发动机各种工况和使用条件下保证可靠而准确地点火。为此，对点火系统有下列要求。

(1) 点火系统应能产生足以击穿火花塞电极间隙的高电压。能够击穿火花塞电极间隙，在火花塞电极间产生电火花的最低电压，称为火花塞击穿电压。汽车在行驶中，发动机在满载低速时需 8～10 kV 的高压电，正常点火一般均在 15 kV 以上，启动时可达 19 kV，为保证点火可靠，通常在 30 kV 以内。

(2) 电火花应具有足够的点火能量。发动机正常工作时，因混合气压缩终了的温度已接近其自燃温度，这时所需电火花能量为 1～5 mJ 即可点火。但在发动机启动、怠速运转以及节气门急剧打开时，则需较高的电火花能量。为保证发动机能在较高经济性和污染物排放指标的基础上正常工作，其可靠的点火能量应达到 50～80 mJ，启动时应产生大于 100 mJ 的电火花能量。

(3) 点火系统应按照发动机的工作顺序进行点火

一般直列四缸发动机的点火顺序为 1→3→4→2，直列六缸发动机的点火顺序为 1→5→3→6→2→4。但也有采用其他点火顺序的，应以制造厂商提供的技术数据为准。

(4) 点火时刻应适应发动机各种工况的变化

发动机的负荷、转速和燃油品质等，都直接影响到气缸内混合气的燃烧速度。为使发动机输出功率最大、油耗最小、排放污染物最少，点火系统必须能适应各种工况的变化，在最有利的时刻点火（实现最佳点火）。

点火时刻一般用点火提前角来表示，压缩行程中，从点火开始到活塞运行到上止点时曲轴所转过的角度，称为“点火提前角”。

点火提前角不能过大也不能过小。一般把发动机发出最大功率或油耗最小时的点火提前角，称为“最佳点火提前角”。

三、任务实施

此部分内容见《汽车电气设备实训》中“实训项目 5　点火线圈的检测”。

四、任务小结

1. 点火系统是汽油机不可缺少的组成部分，其功能是按照发动机的工作顺序产生高压电并通过火花塞跳火，保证适时、准确地点燃气缸内的可燃混合气。

2. 点火系统的分类如下。

(1) 按点火能量的储存方式分：电感储能式电子点火系统、电容储能式电子点火系统。

(2) 按点火信号发生原理分：电磁感应式电子点火系统、霍尔效应式电子点火系统、光电式电子点火系统。

(3) 按初级电路的控制方式分：传统点火系统、电子点火系统、微机控制的电子点火系统。

(4) 按高压电的配电方式分：分电器点火系统、无分电器点火系统。

3. 点火系统的基本要求如下。

(1) 点火系统应能产生足以击穿火花塞电极间隙的高电压。

(2) 电火花应具有足够的点火能量。

(3) 点火系统应按照发动机的工作顺序进行点火。

(4) 点火时刻应适应发动机各种工况的变化。

4. 点火系统按电源的不同可分为蓄电池点火系统和磁电机点火系统，两者工作原理基本相同。

五、课堂练习

1. 判断题

(1) 点火系的作用是将蓄电池或发电机提供的低压电变为高压电直接供给火花塞点火。( )

(2) 电容储能式电子点火系产生电压前，从电源获取的能量以蓄能电容建立电场能量的方式储存。( )

(3) 点火系统按初级电路的控制方式分为传统点火系统、电子点火系统、微机控制的电子点火系统。( )

2. 单选题

(1) 按照高压电的配电方式可以分为有分电器点火系统和无分电器点火系统，区别在与点火系统中是否有 ( )。

A. 分电器　　B. 分压器　　C. 插接器　　D. 电容器

(2) 点火系统是汽油机不可缺少的组成部分，其功能是按照发动机的工作顺序产生高压电并通过 ( ) 跳火，保证适时、准确地点燃气缸内的可燃混合气。

A. 发动机　　B. 发电机　　C. 稳压器　　D. 火花塞

任务二　微机控制点火系统的认知

一、任务目标

通过本任务的学习，应能：

1. 熟练掌握微机控制点火系统的组成；
2. 了解微机控制点火系统的工作原理；
3. 熟练掌握更换火花塞的技能。

二、知识准备

1. 微机控制点火系统的组成

微机控制点火系统主要由各种传感器、电子控制单元（ECU）、点火器、点火线圈、火花塞等组成，如图 3-2 所示。

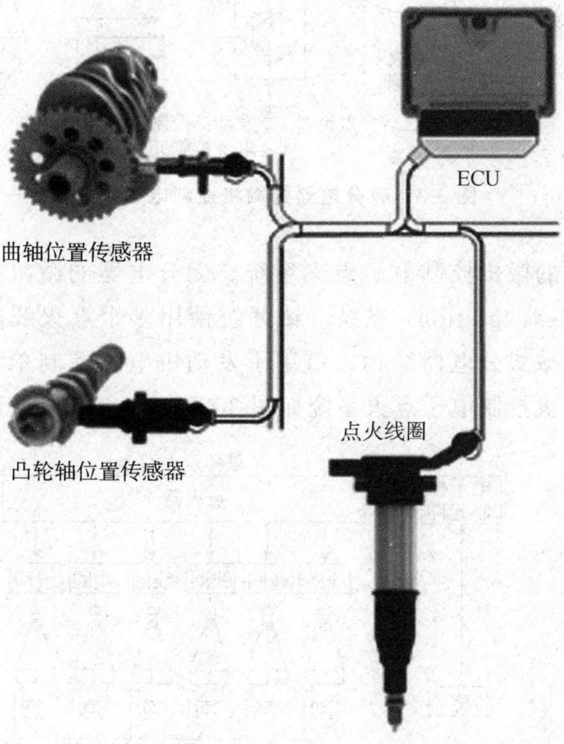

图 3-2　微机控制点火系统组成

2. 微机控制点火系统的原理

当发动机运转时，微型计算机（即单片机）根据与发动机工作参数有关的各种传感器（如曲轴位置传感器、空气流量传感器、节气门位置传感器、发动机冷却液温度传感器、进气温度传感器、进气压力传感器、车速传感器等）输入的信号，经过数学运算和逻辑判断后，再对点火时机进行控制。由于单片机具有智能功能，因此能对点火时机实现精确控制。

根据控制点火方式的不同，微机控制点火系统又可分为有分电器的微机控制电子点火系统和无分电器的微机控制电子点火系统。

（1）有分电器的微机控制电子点火系统。在有分电器的微机控制电子点火系统中，电控点火提前装置取代了传统的点火提前机构（真空及离心提前机构），并开始利用发动机电子控制单元控制点火提前角。有分电器的微机控制电子点火系统如图 3-3 所示。

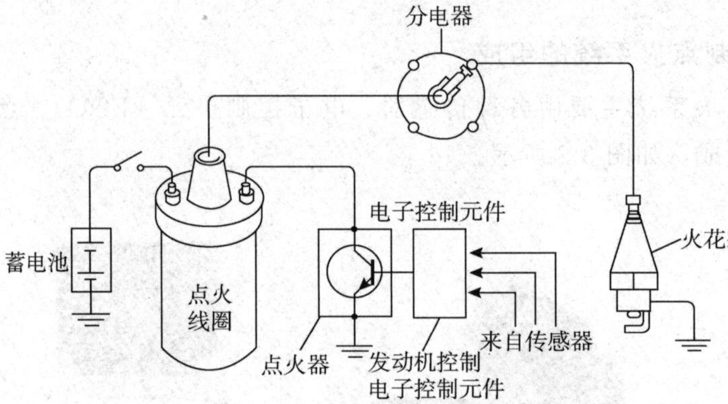

图 3-3　有分电器的微机控制电子点火系统

（2）无分电器的微机控制电子点火系统。无分电器的微机控制电子点火系统简称 DLI（Distributor-less Ignition）系统。该系统使用多个点火线圈，直接向火花塞输送高电压，取消了机械式分电器结构，沿用了发动机电子控制单元控制点火提前角的方法。无分电器的微机控制电子点火系统如图 3-4 所示。

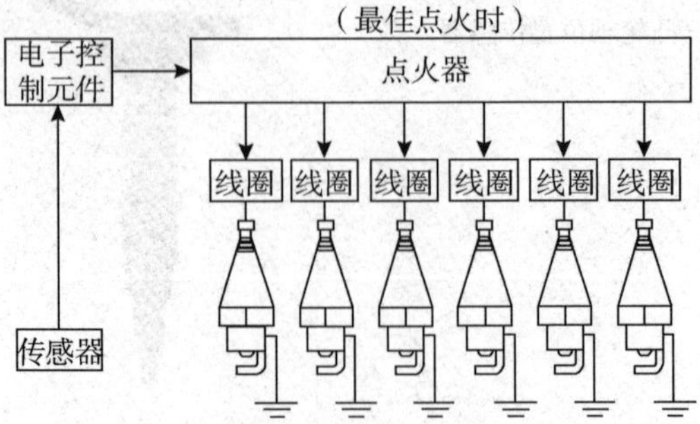

图 3-4　无分电器的微机控制电子点火系统

三、任务实施

此部分内容见《汽车电气设备实训》“实训项目6　火花塞的更换”。

四、任务小结

1. 微机控制点火系统主要由各种传感器、电子控制单元（ECU）、点火器、点火线圈、火花塞等组成。

2. 微机控制点火系统的工作原理：当发动机运转时，微型计算机（即单片机）根据与发动机工作参数有关的各种传感器（如曲轴位置传感器、空气流量传感器、节气门位置传感器、发动机冷却液温度传感器、进气温度传感器、进气压力传感器、车速传感器等）输入的信号，经过数学运算和逻辑判断后，再对点火时机进行控制。由于单片机具有智能功能，因此能对点火时机实现精确控制。

五、课堂练习

1. 判断题

（1）微机控制电子点火系统在普通电子点火系统的基础上，取消了分电器结构中的离心和真空机械提前装置，采用微机对点火提前角进行控制，从而使发动机在各种工况都有最佳的点火时刻。（　　）

（2）点火确认信号对点火系统没影响。（　　）

2. 单选题

（1）发动机一旦产生爆震，微机控制点火系统则采用（　　）点火提前角的方法防止爆震。

A. 提前　　B. 推迟　　C. 固定　　D. 不变

（2）微机控制的电子点火系统具有点火提前角控制功能，其控制的最大点火提前角一般为（　　）。

A. 35°～45°　　B. 0°～45°　　C. 38°～55°　　D. 36°～45°

项目四 汽车照明系统

项目导入

汽车照明系统是汽车安全行驶的必备系统之一。在夜间或者能见度低的情况下，照明系统能够向行人、乘客和交通管理人员提供照明，同时对其他车辆或者行人起到提示或者警告作用，以保证汽车安全行驶。

本项目主要是通过前照灯、车内照明灯以及检修相关电路的学习，认知并掌握照明系统相应部件的构造和工作原理以及相应的检修方法。

项目目标

通过本项目的学习，应能：

1. 熟知车辆照明灯的种类和用途；
2. 熟练掌握照明灯系统结构组成及控制原理；
3. 熟练掌握分析照明系统控制电路及控制线路故障诊断及排除方法；
4. 独立进行汽车照明系统各总成元件拆卸，性能检测，装配、调试等操作。

任务一　汽车前照灯检修

一、任务目标

通过本任务的学习，应能：

1. 正确描述汽车照明系统的组成及用途；
2. 简单叙述不同车型前照灯近（远）光控制电路、工作原理分析；
3. 熟练进行前照灯近（远）光控制电路故障检测排除；
4. 简单叙述灯光开关或组合开关结构组成、工作原理；

5. 熟练进行控制开关元件拆装、性能检测及故障排除；

6. 独立进行前照灯继电器、变光继电器、保险丝性能检测判断；

7. 熟知前照灯总成结构组成，并独立进行前照灯灯泡元件性能检测及拆装；

8. 独立进行前保险杆和中网拆装，大灯总成的拆装及灯光调试。

二、知识准备

1. 照明系统的功用及其组成

汽车照明系统的主要作用是在夜间行车时帮助驾驶员和乘员获得外界信息，改善车内照明条件，同时向外界提供行车信息，以保证行车安全。照明系统的功用如图 4-1 所示。

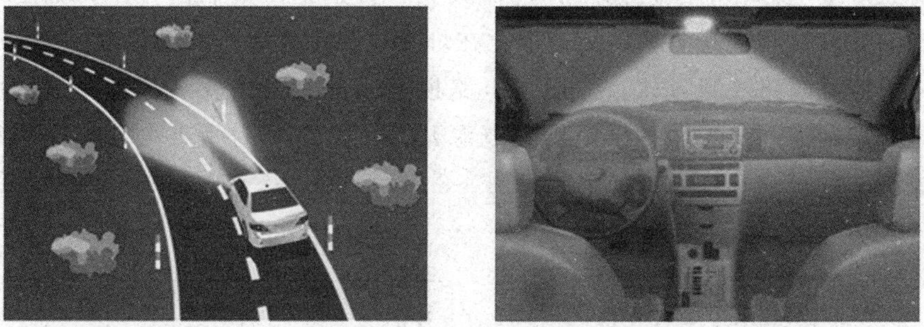

图 4-1　照明系统的功用

汽车照明系统可分为外部照明装置和内部照明装置两部分，主要包括行车照明、车厢照明、仪表照明以及检修照明等，其中主要的照明部件有前照灯、雾灯、牌照灯、仪表灯、顶灯以及工作灯等，如图 4-2 所示。

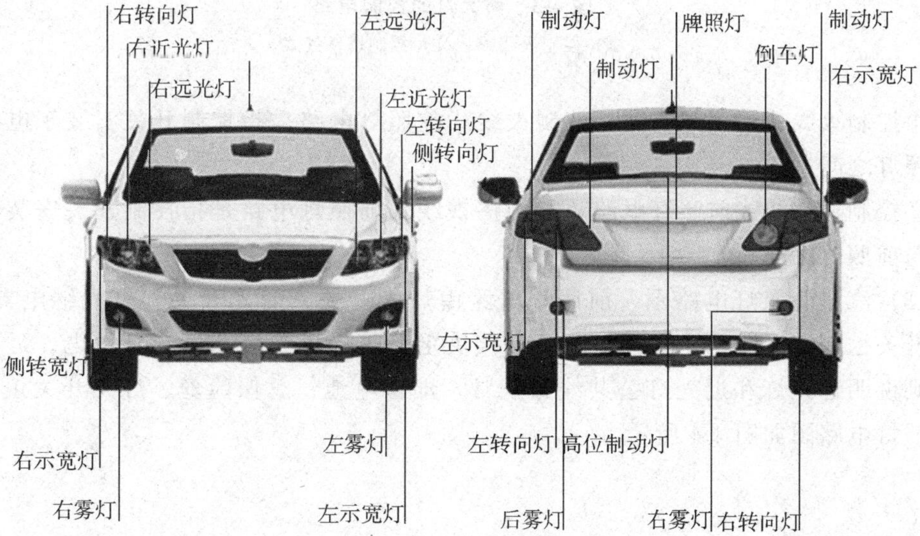

图 4-2　照明系统组成

前照灯安装在汽车头部两侧，用来照明车辆前方道路，发出的光一般为黄色或白色。

雾灯安装位置比前照灯略低，射出的光线倾斜度较大，发出的光为黄色或橙色。

牌照灯用于夜间行车时的牌照照明，安装在牌照的上方或侧面，发出的光为白光。

2. 不同车型前照灯近（远）光控制电路、工作原理分析

（1）前照灯电路的组成。前照灯电路通常由灯光开关、变光开关、近光灯、远光灯、远光指示灯、熔断丝、电路配线及插接器等组成。

①灯光开关。灯光开关的形式有拉锯式、旋转式和组合式等多种。

②变光开关。变光开关可以根据需要切换远光和近光。它有脚踏变光开关和组合式开关两种。

③前照灯继电器。前照灯的工作电流较大，特别是四灯制的汽车，如用灯光开关直接控制前照灯，车灯开关易烧坏，因此在灯光电路中设有灯光继电器。

（2）前照灯电路控制方式。前照灯电路根据其控制开关安装位置不同，可分为控制火线式和控制搭铁线式两种；根据其电源开关，又可分为受点火开关控制和不受点火开关控制两种；前大灯的控制电路如图 4-3 所示。

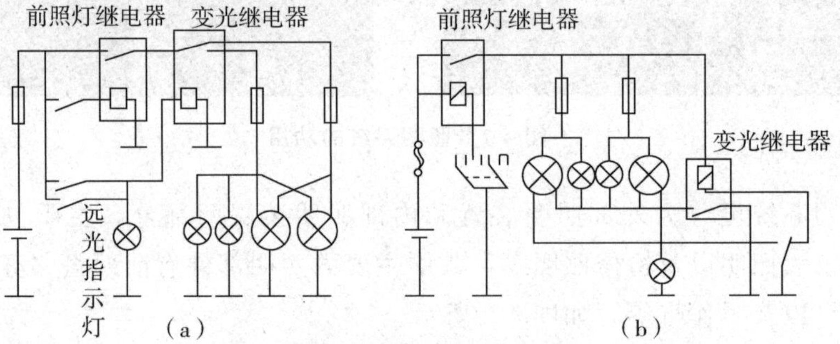

图 4-3　前大灯的控制电路

（a）控制火线式；（b）控制搭铁线式

①控制火线式前照灯电路。控制火线式前照灯电路是指控制开关安装于电源正极与前照灯之间。

②控制搭铁线式前照灯电路。控制搭铁线式前照灯电路是指控制开关安装于电源负极与前照灯之间。

（3）汽车前照灯电路图。前照灯电路由灯光开关、变光开关和灯光继电器控制。灯光开关控制继电器是导通还是断开直接决定是否为远光灯和近光灯供电。近光灯正常，则说明远光灯和近光灯公共线路正常，即蓄电池、总保险丝、灯光开关正常。汽车前照灯电路图如图 4-4 所示。

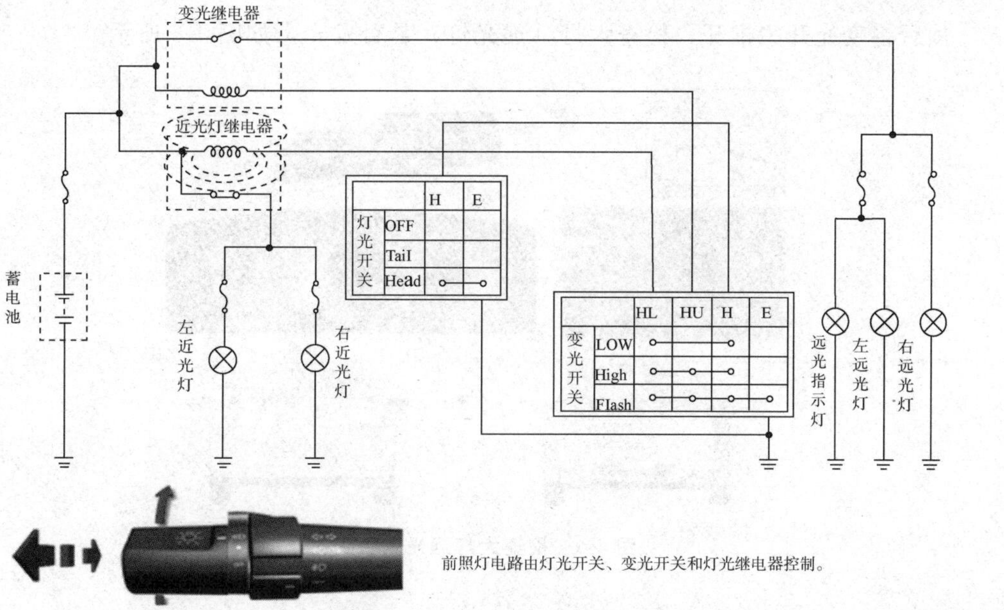

图 4-4 汽车前照灯电路图

（4）前照灯灯光开关打开。

①打开近光变光开关后，电流经由蓄电池正极→前照灯近光继电器线圈→变光开关总成→搭铁→蓄电池负极，形成回路，使前大灯近光继电器触点闭合。电流分别经左、右保险丝到达左、右近光灯，最后经搭铁回到蓄电池负极，形成回路，左、右近光灯点亮。

②打开远光变光开关后，电流经由蓄电池正极→前照灯变光继电器→变光开关总成→搭铁→蓄电池负极，形成回路，使前大灯变光继电器开关闭合，电流分别经左、右保险丝到达左、右远光灯以及远光指示灯，最后经搭铁回到蓄电池负极，形成回路，左、右远光灯以及远光指示灯点亮。

3. 前照灯近（远）光控制电路故障检测排除

将灯光控制开关旋动两挡后，检查大灯（近光灯）是否发光，如图 4-5 所示。

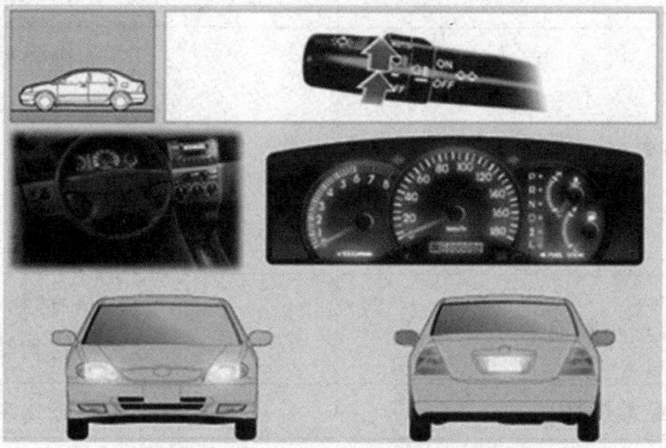

图 4-5 检查大灯近光是否正常

然后将变光开关推开，检查大灯（远光灯）是否发光，如图 4-6 所示。

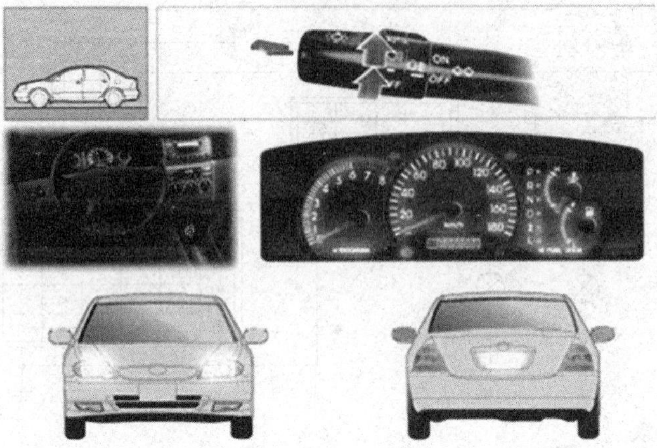

图 4-6　检查大灯远光是否正常

前照灯常见故障现象及原因如表 4-1 所示。

表 4-1　前照灯常见故障现象及原因

故障现象	故障原因
前照灯都不亮	电源熔断器熔断 蓄电池搭铁不良 变光开关损坏 继电器损坏 灯泡损坏
远光灯不亮或近光灯不亮	变光开关损坏 闪光继电器不良 导线搭铁不良 导线断路、熔断器熔断 灯丝烧坏
前照灯灯光暗淡	熔断器松动 线路松动或接触不良 搭铁不良 发电机输出电压过低 用电设备漏电负荷增大
一侧前照灯正常；一侧前照灯暗淡	暗的一侧搭铁不良 导线插接器接触不良
灯泡经常烧坏	发电机输出电压过高

导致前照灯故障的部位可能情况如下。

（1）灯泡损坏。

（2）保险丝烧断。

（3）继电器故障。

（4）连接线路短路或断路。

（5）组合开关故障。

在故障检测的过程中，首先通过检查喇叭是否有声音，近光灯是否亮起，判断汽车电源系统是否正常供电，如果正常，分析远、近光灯电路，进一步查找故障位置。

4. 灯光开关或组合开关结构组成、工作原理

（1）组合开关组成。组合开关是在电气控制线路中，常被作为电源引入的开关。通常，组合开关分两个手柄和一个按钮。

左手柄是灯光控制开关。控制转向信号灯、前照灯及其他灯光。转弯前，按转向盘转动的方向前、后扳动手柄，可分别打开左、右转向信号灯。顺时针为右转，逆时针为左转。此时组合仪表中相应的转向指示灯也应该亮。

右手柄是刮水器和风窗洗涤器开关。它分为四个挡位：OFF，空挡，刮水器不工作；INT，间歇工作；LO，低速工作；HI，高速工作，如向上拉起手柄，可使风窗洗涤液喷出。

组合开关上方正中，有危险报警闪光灯按钮，向下按即可打开危险报警闪光灯。组合开关组成如图 4-7 所示。

图 4-7 组合开关组成

（2）组合开关电路原理。以丰田卡罗拉轿车的组合开关左手柄（灯管控制开关）电路图为例介绍组合开关电路原理。打开点火开关，将组合开关左手柄向左扳动，电路接通，转向灯开关 LH 挡位跟搭铁形成回路，闪光器亮起，左前、左后转向灯亮起。左转向灯开关电路原理如图 4-8 所示。

打开点火开关，将组合开关左手柄向右扳动，电路接通，转向灯开关 RH 挡位跟搭铁形成回路，闪光器亮起，右前、右后转向灯亮起。右转向灯开关电路原理如图 4-9 所示。

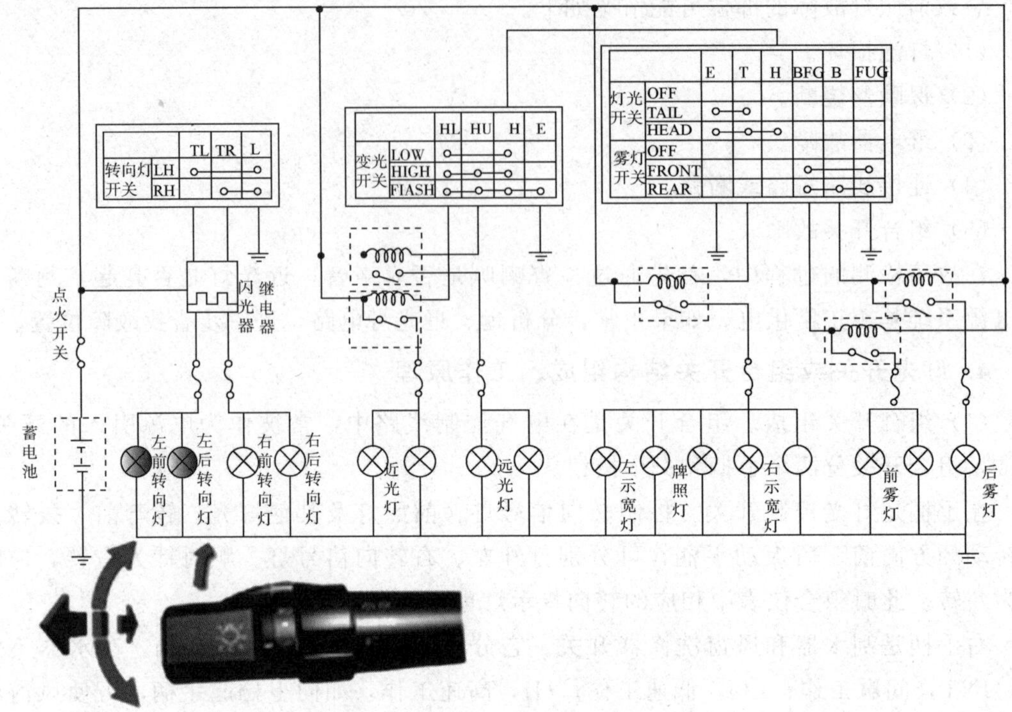

图 4-8　左转向灯开关电路原理

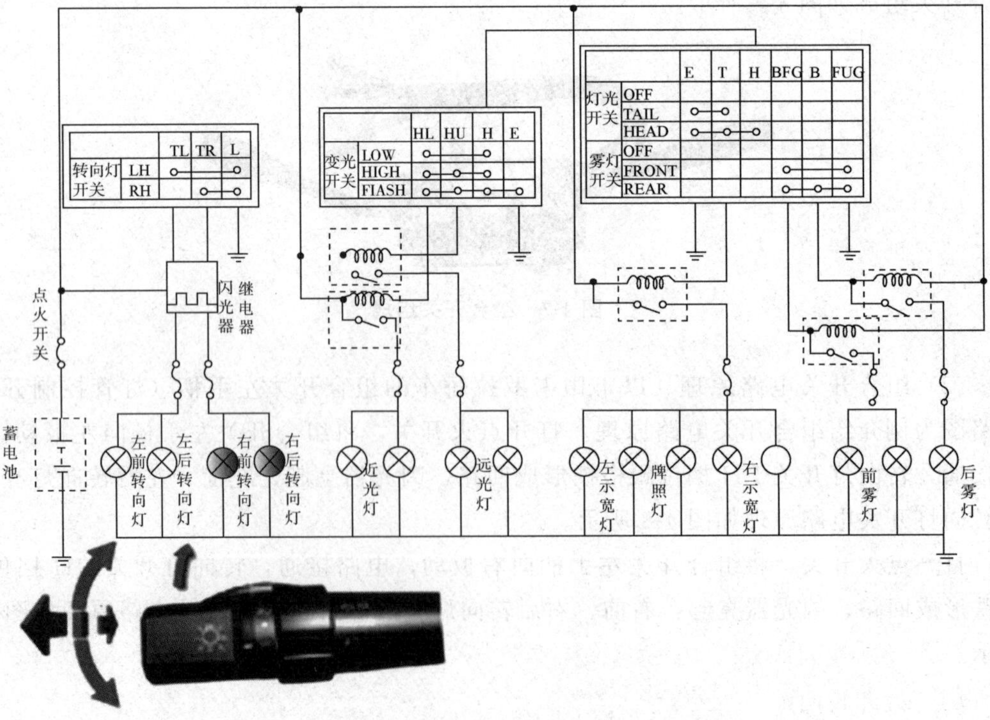

图 4-9　右转向灯开关电路原理

打开点火开关，将组合开关左手柄向上扳动，电路接通，变光开关 FIASH 挡位跟搭铁形成回路，继电器产生磁感应使远光灯控制开关闭合，远光灯亮起。远光灯开关电路原理如图 4-10 所示。

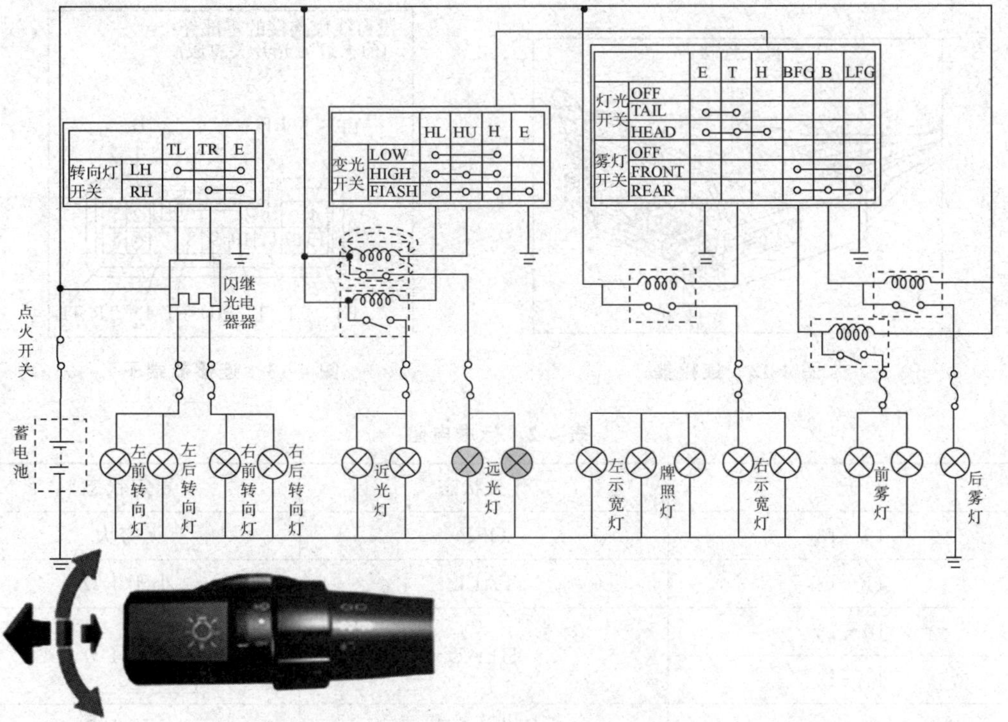

图 4-10　远光灯开关电路原理

5. 控制开关元件拆装、性能检测及故障排除

（1）关闭点火开关。

（2）正确使用工具断开蓄电池负极端子电缆，如图 4-11 所示。

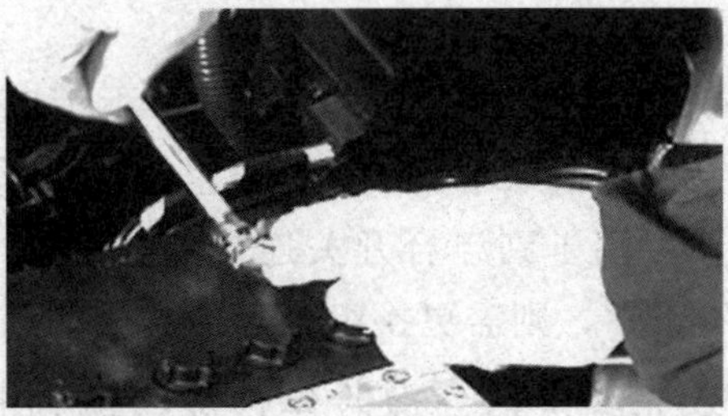

图 4-11　断开蓄电池负极电缆

（3）拆卸转向盘下盖。

（4）拆卸转向盘总成。

（5）拆下转向柱护罩。

（6）断开组合开关总成连接器，进行组合开关连接器端子侧的线路检查。连接器如图 4-12 所示，连接器端子位置如图 4-13 所示。用万用表检测变光插接器原件一侧的连接端子的电阻值，检测的电阻值参照表 4-2 规定的数值。

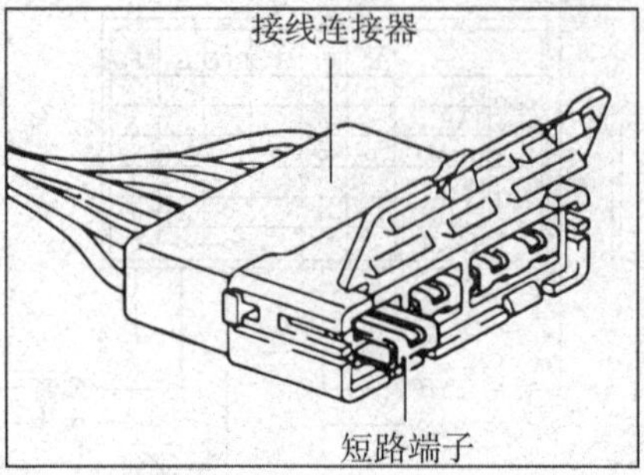

图 4-12　连接器

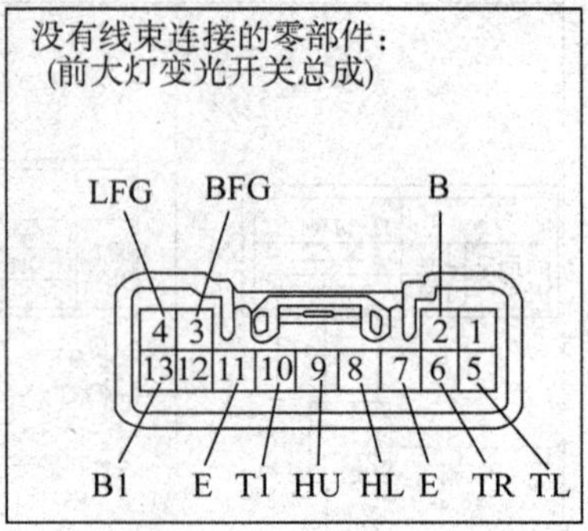

图 4-13　连接器端子

表 4-2　标准电阻

端子号	开关状态	规定状态
10—13	OFF	无穷大
11—13	TALL	小于 1 Ω
10—13	HEAD	小于 1 Ω
11—13		
11—8	近光 LOW	小于 1 Ω
11—9	远光 HIGH	小于 1 Ω
7—11　9—11	闪光 FLASH	小于 1 Ω

（7）用万用表检查组合开关孔端的搭铁回路的电阻值是否符合规定值，标准值小于 1 Ω。用万用表红笔搭组合开关连接器 11 号端子，黑笔搭驾驶舱的搭铁点，测两者之间的电阻值，标准电阻应小于 1 Ω。

（8）检测驾驶舱的搭铁电阻。拆除塑料护板，在不带电的情况下测量搭铁电阻，若存在电阻或电阻偏大，则说明搭铁不良，需修复搭铁，再试车检查故障是否排除。

（9）检测继电器插槽 2 号端子到组合开关连接器孔端的 13 号端子之间的电阻值，标准值小于 1 Ω，若检测不正常，则需更换组合开关总成。

6. 前照灯继电器、变光继电器、保险丝性能检测判断

（1）检查前大灯变光继电器。

①进入驾驶室，打开发动机舱盖。

②从继电器盒中拆下变光继电器，如图 4-14 所示。

图 4-14 拆卸变光继电器

③根据表 4-3 中的值测量继电器电阻。

表 4-3 继电器标准电阻

检测仪连接		条件	规定状态
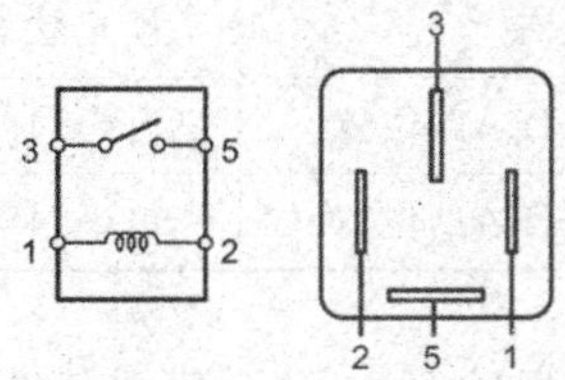	3—5	在端子 1 和 2 之间 未施加电压	10 kΩ 或更大
	3—5	在端子 1 和 2 之间 施加电压	小于 1 Ω

注意事项：变光继电器位置见继电器盒盖背面，并且检查集成继电器各插座是否有烧灼、损坏现象。如果检测结果不符合上述标准，则说明继电器损坏，应该更换新继电器。

(2) 检查保险丝。

①进入驾驶室，用缠有保护胶带的一字螺丝刀撬开保险丝盒，如图 4-15 所示。

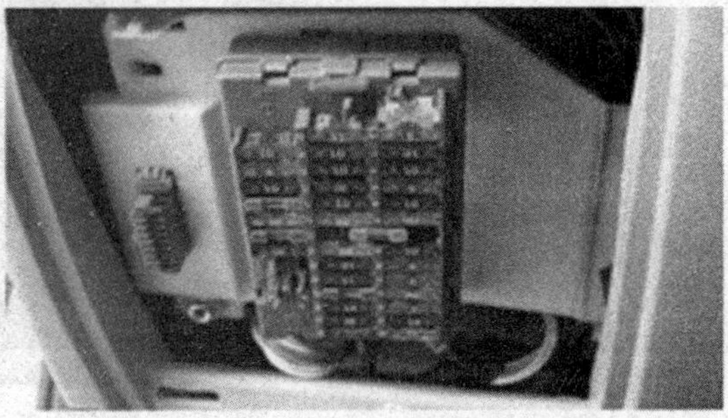

图 4-15 保险丝盒

②在保险丝盒中找到远光灯保险丝，使用保险丝夹将该保险丝取下。

注意事项：远光灯保险丝位置见继电器盒盖背面。

③目测保险丝是否烧断，完整保险丝如图 4-16 所示，烧毁保险丝如图 4-17 所示。

图 4-16　完整保险丝

图 4-17　烧毁保险丝

④测量各保险丝加载槽与车身搭铁之间的电压，参照表 4-4。

表 4-4　标准电压

检测仪连接	开关状态	规定状态
H－LP LH HI 保险丝端子—车身搭铁	灯控开关置于 HEAD 位置	11～14 V
H－LP RH HI 保险丝端子—车身搭铁	灯控开关置于 HEAD 位置	11～14 V

⑤如目测无法判断保险丝是否烧坏，则可选用万用表测保险丝电阻，若阻值为∞，说明保险丝已坏，需更换保险丝。

⑥更换新保险丝。

a. 确认保险丝载流量，按照对应颜色和规格选用保险丝，如图 4-18 所示。

b. 观察保险丝外部和端子处是否有烧灼现象。

c. 用数字万用表 Ω 挡检测保险丝两端子之间的电阻，正常情况下应小于 1 Ω，如图 4-19 所示。

图 4-18　选用保险丝

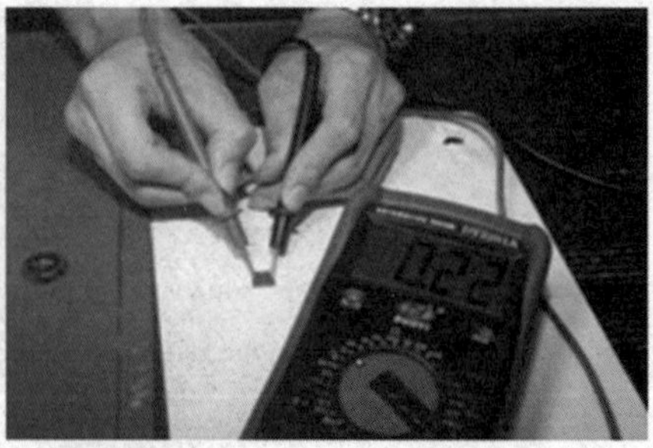

图 4-19　测量两端子间电阻

7. 前照灯总成结构组成、前照灯灯泡元件性能检测及拆装

(1) 前照灯总成结构组成。前照灯主要由反射镜、配光镜和灯泡三部分组成。其中反射镜的作用是最大限度地将灯泡发出的光线聚合成强光束，以增加照射距离；配光镜可将反射光束扩散分配，使路段的照明更加均匀；汽车前照灯的灯泡主要使用两种，即白炽灯泡和卤钨灯泡。前照灯组成如图 4-20 所示。

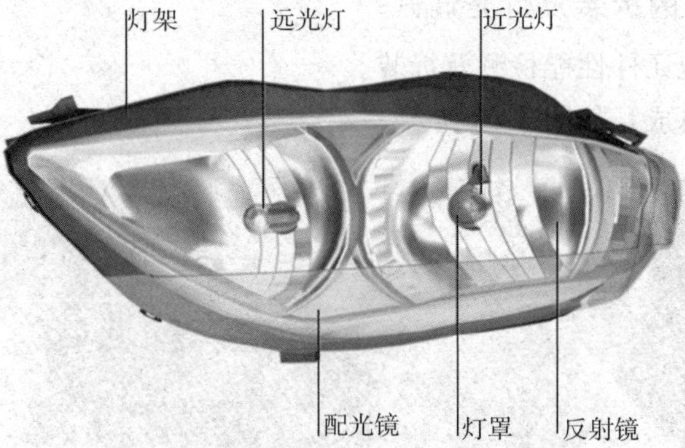

图 4-20 前照灯组成

(2) 前照灯的基本要求。汽车前照灯的照明效果直接影响夜间交通安全，其基本要求主要有以下两个方面：首先要求前照灯应能保证车前有明亮而又均匀的照明，且必须具有足够的亮度和照明范围，使驾驶员能看清车前 100 m 内路面上的障碍物。随着汽车行驶速度的提高，对汽车前照灯的照明距离也相应要求越来越远，现代高速汽车其照明距离已达到 200～250 m；其次要求前照灯必须有防止眩目的功能，以免夜间两车交会时，使对面来车驾驶员眩目而造成交通事故。

(3) 前照灯灯泡元件性能检测及拆装。

①拆卸前大灯。

②检查大灯灯泡。调整万用表至电阻测量范围，用万用表导线连接到灯泡上，并检查导通性，近光灯灯泡在端子 1 和 3 之间进行测量，远光灯灯泡在端子 2 和 3 之间进行测量，如图 4-21 所示。

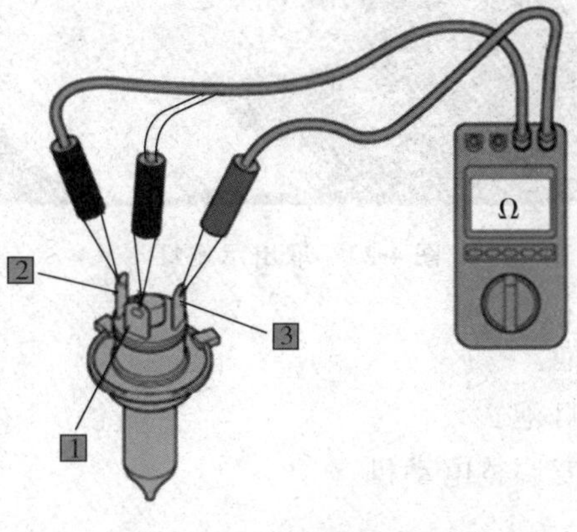

图 4-21 检查大灯灯泡

检查灯丝是否破损，若灯丝烧断和灯泡损坏，则更换新灯泡。若无法目测，比如卤素灯，则可采用试灯法检查灯丝是否良好，若不正常则需更换新灯泡。

③安装前大灯。

8. 前大灯总成的拆装及灯光调试

（1）前照灯灯泡元件性能检测及拆装。

①拆卸前照灯总成，如图 4-22 所示。

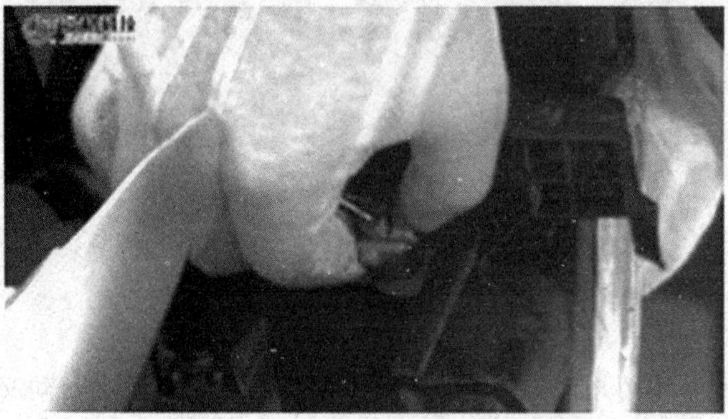

图 4-22　分离前转向信号灯连接

②分解前照灯总成。

a. 拆卸 2 号前照灯灯泡。

b. 拆卸示宽灯灯泡，如图 4-23 所示。

图 4-23　取出示宽灯

c. 拆卸 1 号前照灯灯泡。

d. 拆卸前转向信号灯灯泡。

e. 拆卸前照灯光束高度调整电动机。

f. 拆卸前照灯支架。

注意事项：不要用手触碰玻璃灯泡。

③组装前照灯总成。

a. 安装前照灯支架。

b. 安装前照灯光束高度调整电动机。

c. 安装前转向信号灯灯泡。

d. 安装 1 号前照灯灯泡。

e. 安装 2 号前照灯灯泡，如图 4-24 所示。

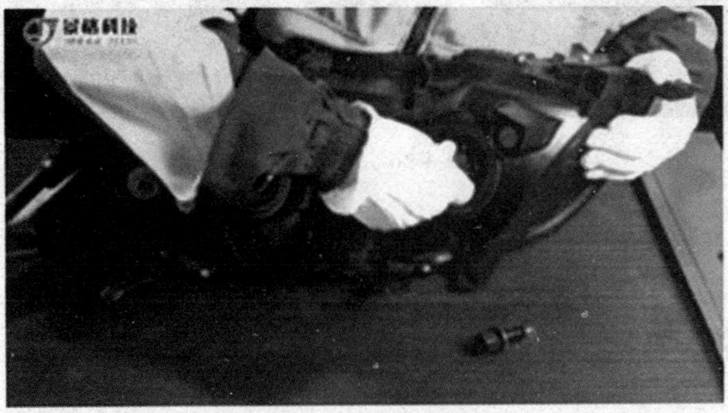

图 4-24　装入大灯灯泡

f. 安装示宽灯灯泡。

④安装前照灯总成，按照正确顺序连接连接器，如图 4-25 所示。

图 4-25　连接连接器

（2）前照灯检测与调整。

①前期准备。

a. 将车辆停放至距离仪器一米处。

b. 清洁仪器（图 4-26）、轨道和大灯表面。

c. 选用万用表测量蓄电池电压。

d. 检查悬架是否正常。

图 4-26　清洁仪器

e. 检查轮胎气压是否符合规格。

f. 检查车辆是否空载状态。

②前照灯检测与调整。

a. 打开仪器进行模式选择和模式设置。

b. 车辆参数设置。

c. 启动发动机，打开远光灯，将仪器位置大致对准灯光，进行远光灯自动测量。根据测出的偏差值选用十字螺丝刀对前照灯进行灯光调节。调整到上下左右偏差为零即可，如图 4-27 所示。

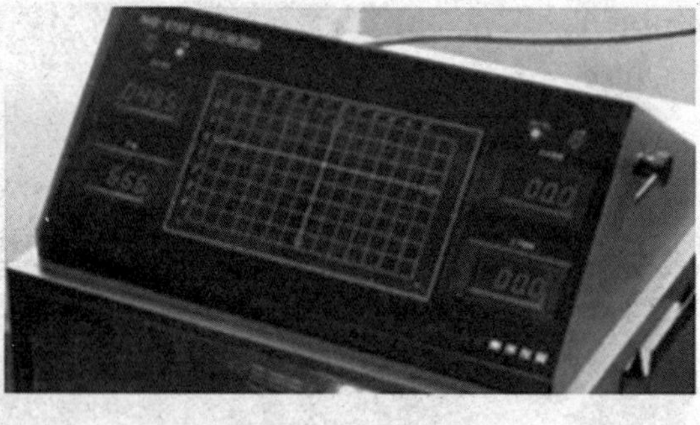

图 4-27　灯光调节

d. 以同样方法调节左侧车灯。

e. 测量完成，将灯光开光旋至 OFF 位置，关闭灯光。

f. 将点火开关旋至 OFF 挡位，关闭发动机。

g. 整理工位。

三、任务实施

此部分内容见《汽车电气设备实训》中“实训项目 7　前照灯总成的拆装”。

四、任务小结

1. 汽车照明系统的主要作用是在夜间行车时帮助驾驶员和乘员获得外界信息，改善车内照明条件，同时向外界提供行车信息，以保证行车安全。

2. 汽车照明系统可分为外部照明装置和内部照明装置两部分，主要包括行车照明、车厢照明、仪表照明以及检修照明等，其中主要的照明部件有前照灯、雾灯、牌照灯、仪表灯、顶灯以及工作灯等。

3. 前照灯电路通常由灯光开关、变光开关、近光灯、远光灯、远光指示灯、熔断丝、电路配线及插接器等组成。

4. 前照灯电路根据其控制开关安装位置不同，可分为控制火线式和控制搭铁线式两种；根据其电源开关，又可分为受点火开关控制和不受点火开关控制两种。

5. 导致前照灯故障的部位可能情况如下。

（1）灯泡损坏。

（2）保险丝烧断。

（3）继电器故障。

（4）连接线路短路或断路。

（5）组合开关故障。

6. 组合开关分两个手柄和一个按钮。左手柄是灯光控制开关，右手柄是刮水器和风窗洗涤器开关。右手柄分为四个挡位：OFF，空挡，刮水器不工作。

五、课堂练习

1. 判断题

（1）开前照时，若车灯总开关的保险器跳开，说明开关至前照灯搭铁间的电路有短路故障。（　　）

（2）组合开关内，超车闪光开关和变光开关是共用一个触点位置。（　　）

（3）前照灯远光灯点亮时，小灯也点亮。（　　）

（4）常见组合开关内一般包含小灯开关、近光开关、变光开关和超车闪光开关。（　　）

（5）前照灯继电器是用来保护变光开关的。（　　）

（6）如果检测到保险丝已经烧坏，修理工应该立即换上一个新保险丝后再进行线路检测。（　　）

（7）常闭继电器线圈通电时，用万用表检测继电器的开关触点应该是断开的。（　　）

2. 单选题

（1）为保证夜间安全行驶的照明，在郊区道路上应使用（　　）。

A. 远光灯　B. 近光灯　C. 小灯　D. 雾灯

(2) 以下哪一项不属于汽车的照明灯具？(　　)。

A. 后雾灯　B. 前照灯　C. 顶灯　D. 制动灯

(3) 开前照灯后，灯光暗淡的原因是(　　)。

A. 熔断器断开或熔丝熔断　B. 灯丝烧断　C. 灯丝稍短或锈蚀

(4) 前照灯中的近光灯一般为(　　)。

A. 15～20 W　B. 20～55 W　C. 32～40 W

(5) 某车行驶时常发生灯泡烧坏的故障，其原因是(　　)。

A. 线路有断路处　B. 发电机调节器损坏

C. 蓄电池电压过高　D. 熔断器短路

(6) 汽车小灯的保险丝熔断后，装新的保险丝也立刻熔断，其原因应是(　　)造成的。

A. 蓄电池至保险盒电路有短路　B. 保险盒至开关电路间有搭铁

C. 灯具到搭铁间的电路有短路　D. 发电机的电压过高

(7) 汽车某灯泡的熔丝座经常烧蚀发黑，主要原因是(　　)。

A. 蓄电池至保险盒电路有短路

B. 改换了大功率的灯泡

C. 灯光搭铁不良

D. 电磁振动式电压调节器的低速触点接触不良

(8) 汽车常烧灯泡，多因为(　　)引起的。

A. 线路短路　B. 搭铁不良

C. 充电电压过高　D. 发电机输出电流过大

任务二　汽车雾灯检修

一、任务目标

通过本任务的学习，应能：

1. 正确描述前、后雾灯的作用、结构类型；
2. 简单叙述前、后雾灯控制电路、工作原理分析；
3. 熟练进行前、后雾灯控制线路故障检测排除。

二、知识准备

1. 前、后雾灯作用、结构

(1) 雾灯的作用。雾灯分为前雾灯和后雾灯，安装在汽车头部和尾部。在雾天、下雪、暴雨或尘埃弥漫等情况下，用来改善车前道路的照明情况和为后方车辆提供前方有车提示。前雾灯功率为 45～55 W，光色为橙黄色。后雾灯功率为 21 W 或 6 W，光色为红色，以警示尾随车辆保持安全间距。

（2）雾灯的结构。雾灯总成的结构如图 4-28 所示。可以看出，雾灯总成包括雾灯灯泡、配光镜、反光镜、支架等。

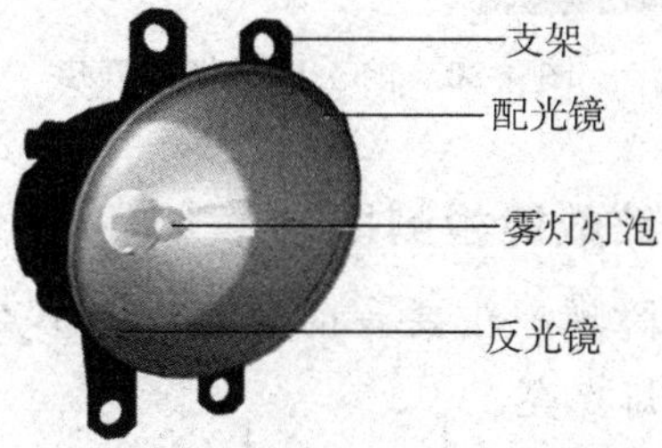

图 4-28　雾灯总成

2. 前、后雾灯控制电路、工作原理分析

（1）典型前、后雾灯控制电路图。前、后雾灯控制电路图如图 4-29 所示。

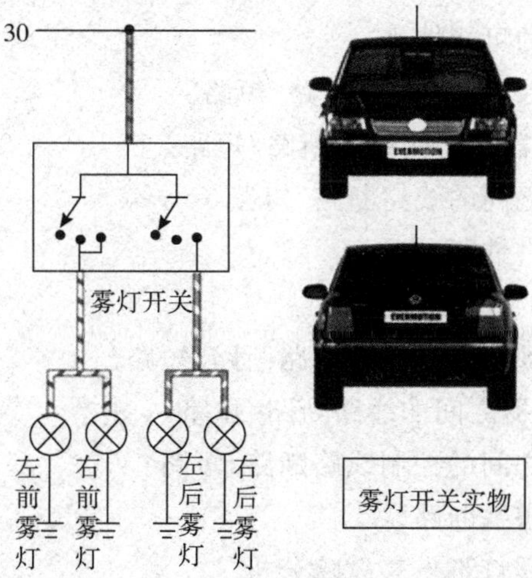

图 4-29　前、后雾灯控制电路图

由图 4-29 可以看出，当雾灯开关拨至一挡时前雾灯点亮，当雾灯开关拨至二挡时，前、后雾灯同时点亮。

（2）前、后雾灯的开启。前、后雾灯要点亮必须先打开小灯（尾灯）开关再打开雾灯开关，如图 4-30 所示。

图 4-30　前、后雾灯的开启

3. 前、后雾灯控制线路故障检测排除

前、后雾灯控制线路故障现象主要有前后雾灯皆不点亮；前雾灯点亮，后雾灯不点亮；前雾灯不点亮，后雾灯点亮。

（1）前、后雾灯都不点亮故障分析

前、后雾灯都不点亮的故障原因大致如下。

①组合开关中灯光开关损坏。

②TAIL 保险丝烧坏。

③FOG 保险丝烧坏。

④雾灯继电器损坏。

⑤雾灯开关（同时坏的可能性小）。

⑥TAIL 保险丝到开关之间的线路断路/短路。

⑦FOG 保险丝到继电器之间的线路断路/短路。

⑧开关到继电器线圈之间的线路断路/短路。

⑨继电器线圈到车身搭铁断路。

前、后雾灯都不点亮的线路检测如下。

①检测 TAIL 保险丝到开关之间的线路断路/短路。

②FOG 保险丝到继电器之间的线路断路/短路。

③开关到继电器线圈之间的控制线路断路/短路。

④继电器线圈到车身搭铁断路。

（2）前雾灯点亮，后雾灯不点亮故障分析

前雾灯点亮，后雾灯不点亮的故障原因大致如下。

①后雾灯开关。

②后雾灯开关到后雾灯总成和仪表指示灯之间的线路短路/断路。

前雾灯点亮，后雾灯不点亮的线路检测如下。

①检测后雾灯开关到后雾灯总成之间的线路短路/断路。

②检测后雾灯开关到仪表指示灯之间的线路短路/断路。

（3）前雾灯不点亮，后雾灯点亮故障分析

前雾灯不点亮，后雾灯点亮的故障原因大致如下。

①FOG 保险丝。

②前雾灯继电器。

③（组合开关）前雾灯开关。

④前雾灯开关到前雾灯继电器控制线路。

⑤前雾灯继电器线圈至车身搭铁。

⑥雾灯继电器开关触点到雾灯总成之间的线路。

前雾灯不点亮，后雾灯点亮的线路检测如下。

①前雾灯开关到前雾灯继电器线圈之间的线路短路/断路。

②前雾灯继电器线圈至车身搭铁。

③雾灯继电器开关触点到雾灯总成之间的线路短路/断路。

三、任务实施

此部分内容见《汽车电气设备实训》中“实训项目 8　雾灯总成的拆装”。

四、任务小结

1. 雾灯分为前雾灯和后雾灯，安装在汽车头部和尾部。在雾天、下雪、暴雨或尘埃弥漫等情况下，用来改善车前道路的照明情况和为后方车辆提供前方有车提示。

2. 雾灯总成包括雾灯灯泡、配光镜、反光镜、支架等。

3. 前雾灯的点亮受雾灯继电器控制，雾灯继电器的电磁线圈是否接通受前大灯灯控开关总成的控制。当灯控开关接通时，雾灯继电器通电，从而使雾灯电路接通，前雾灯点亮。而后雾灯直接由组合开关控制是否给电。

4. 前雾灯点亮，后雾灯不点亮故障分析。

（1）故障原因如下。

①后雾灯开关。

②后雾灯开关到后雾灯总成和仪表指示灯之间的线路短路/断路。

（2）线路检测如下。

①检测后雾灯开关到后雾灯总成之间的线路短路/断路。

②检测后雾灯开关到仪表指示灯之间的线路短路/断路。

5. 雾灯总成的拆装步骤如下。

（1）前期准备。

（2）拆装前雾灯。

（3）拆装后雾灯。

（4）整理工位。

五、课堂练习

1. 判断题

（1）因为黄色光线透雾性不好，因此雾灯的光色一般不采用橙黄色。（　　）

2. 单选题

（1）为使汽车在雾天时行驶安全，雾灯玻璃应采用（　　）色，以使雾灯光线保持较强的透雾性。

A. 白　　B. 红　　C. 绿　　D. 黄

（2）组合前灯一般不包括（　　）。

A. 雾灯　　B. 前位灯　　C. 前转向灯

（3）只有当打开（　　）时，后雾灯才能打开。

A. 远光灯、近光灯　B. 小灯　　C. 远光灯、近光灯或前雾灯

（4）继电器线圈通电后，只能使所控制的电路接通的继电器是（　　）。

A. 常闭型继电器　B. 混合型继电器　C. 常开型继电器

（5）汽车某灯的保险丝熔断后，装新的保险丝也立刻熔断，其原因应是（　　）造成的。

A. 蓄电池至保险盒电路有短路　　B. 保险盒至开关间的搭铁

C. 灯开关到灯具间的电路有搭铁　　D. 灯具到搭铁间的电路有短路

E. 供电的功率过小

任务三　汽车尾灯检修

一、任务目标

通过本任务的学习，应能：

1. 熟练掌握汽车尾灯、牌照灯的作用、组成及控制电路分析及故障排除方法；

2. 熟练掌握仪表照明灯、中控台照明灯的作用、组成及控制电路分析及故障排除方法；

3. 独立进行前示宽灯、尾灯总成及灯泡、牌照灯拆装更换的作业技能。

二、知识准备

1. 尾灯的作用及结构组成

（1）尾灯的作用。尾灯的作用是将电能转变为光能，如图 4-31 所示。

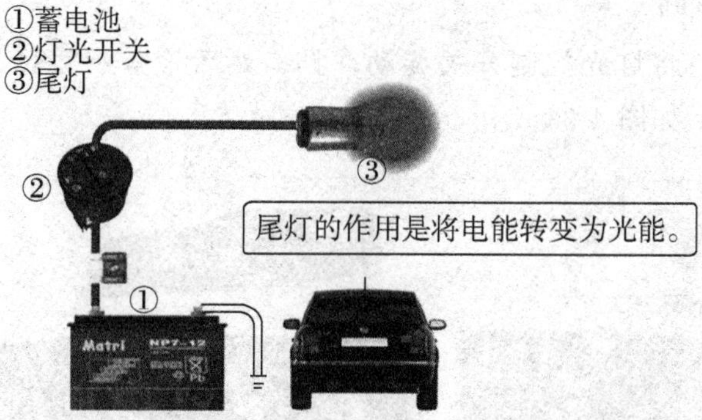

图 4-31　尾灯

（2）尾灯的结构。尾灯的结构如图 4-32 所示。

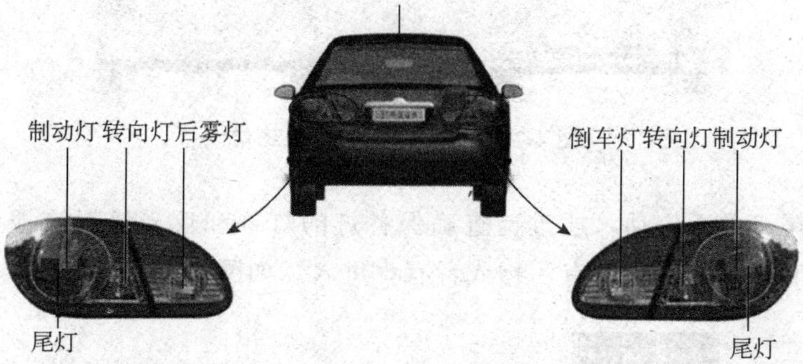

图 4-32　尾灯的结构

2. 汽车尾灯控制电路原理

尾灯电路原理如图 4-33 所示。

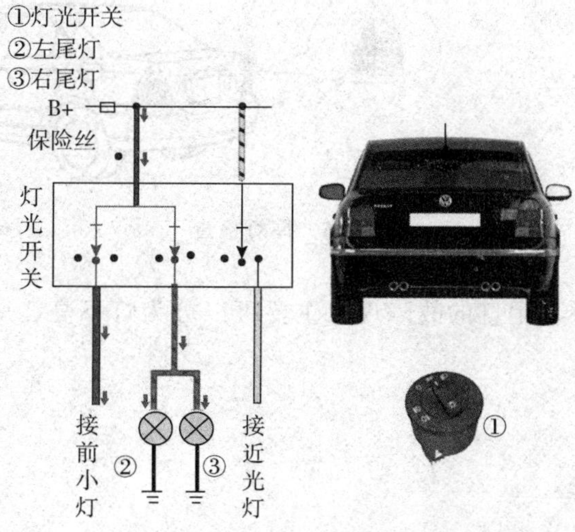

图 4-33　尾灯电路原理

3. 尾灯故障诊断

（1）灯光检查。将灯光控制开关旋动一挡，然后检查示宽灯、牌照灯、尾灯以及仪表板灯是否亮起，如图 4-34 所示。

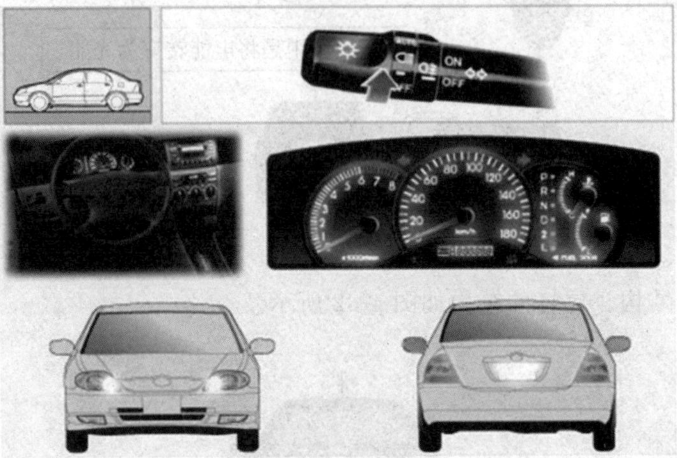

图 4-34　检测示宽灯是否正常

用手检查尾灯是否松动，通过检查确保各灯的灯罩和反光镜没有褪色或者因为碰撞而损坏，同时检查灯内是否有污物或者有水进入。如图 4-35 所示。

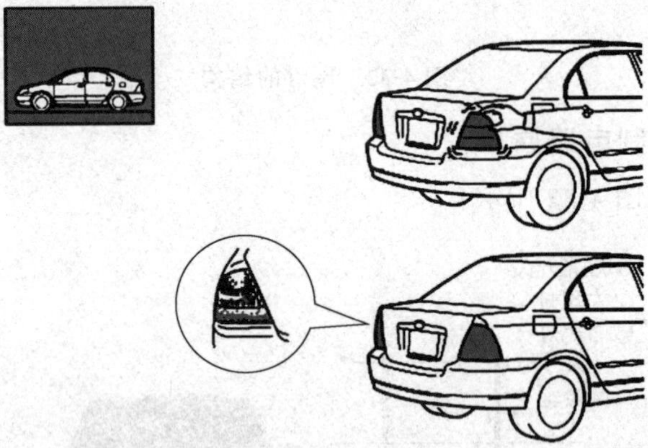

图 4-35　尾灯检查

（2）尾灯故障现象。尾灯的故障现象主要可以分为灯不亮、所有灯均不亮二大类。如图 4-36 所示。

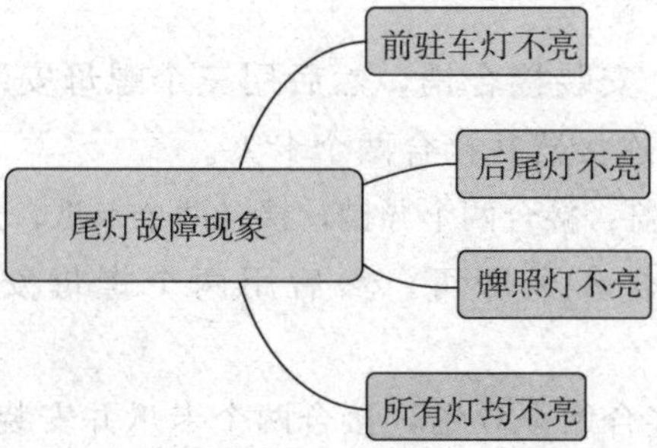

图 4-36　尾灯故障现象

尾灯故障现象主要有前驻车灯不亮、后尾灯不亮、牌照灯不亮、所有灯均不亮。

（3）尾灯故障点分析。尾灯的故障点主要集中在线路故障和灯泡损坏等，如图 4-37 所示。

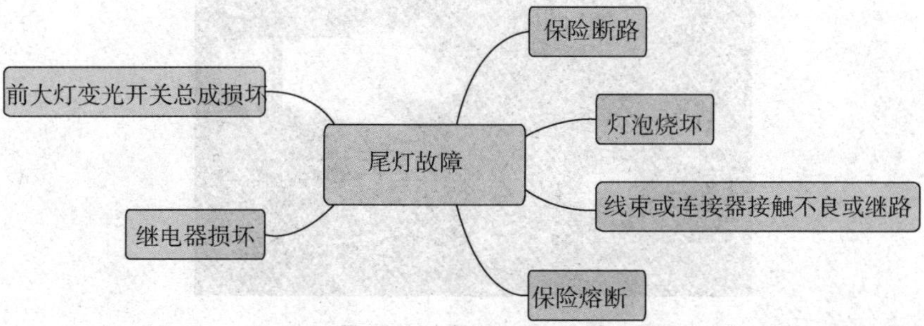

图 4-37　尾灯的故障点分析

由图 4-37 可以看出，尾灯的故障可以分为两类，一类为线路故障，例如保险断路、继电器或开关损坏；另一类为灯泡故障，如灯泡烧坏。

4. 尾灯总成拆装

（1）拆卸。

①拆卸后组合灯检修孔盖。首先脱开两个卡爪，然后脱开两个导销。

②拆卸后组合灯总成。首先断开连接器并脱开两个卡夹，然后拆下三个螺母，并脱开销，拆下后组合灯总成。

③卸行李箱侧盖。首先脱开两个卡爪，然后脱开两个导销，并拆下行李箱侧盖。

④卸尾灯总成。先断开连接器并拆下两个螺母，如图 4-38 所示。

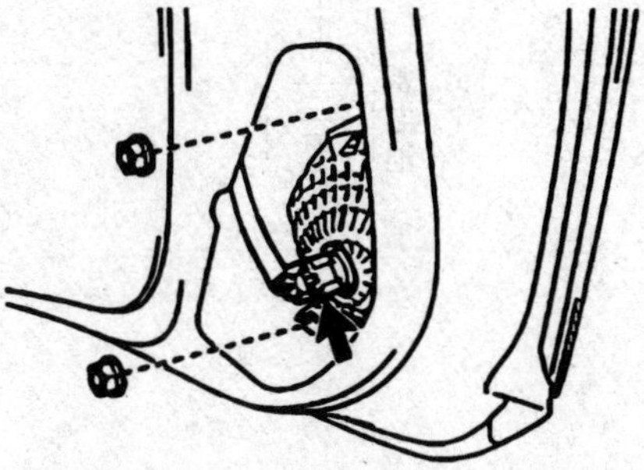

图 4-38　断开尾灯总成连接器

⑤然后脱下卡子，拆下尾灯总成。

（2）安装。

①安装后组合灯总成：安装接合销，然后用三个螺母安装后组合灯总成，螺母扭矩为 5.4 N·m。然后连接连接器并接合两个卡夹。

②安装后组合灯检修孔盖：接合两个导销，接合两个卡爪，并安装后组合灯检修孔盖。

③安装尾灯总成：接合卡子即可，然后用两个螺母安装尾灯总成，螺母扭矩 5.4 N·m，连接连接器。

④安装行李箱侧盖：接合两个导销，接合两个卡爪并安装行李箱侧盖。

5. 牌照灯的作用及电路原理

（1）牌照灯的作用。汽车牌照灯是夜间或者天色比较暗的时候和行车位置等小灯一起打开的用以照亮牌照的灯，一般用于配合警方在夜间跟踪和监视工作。牌照灯的作用如图 4-39 所示。

图 4-39　牌照灯的作用

（2）牌照灯的电路原理。牌照灯的电路原理 4-40 所示。

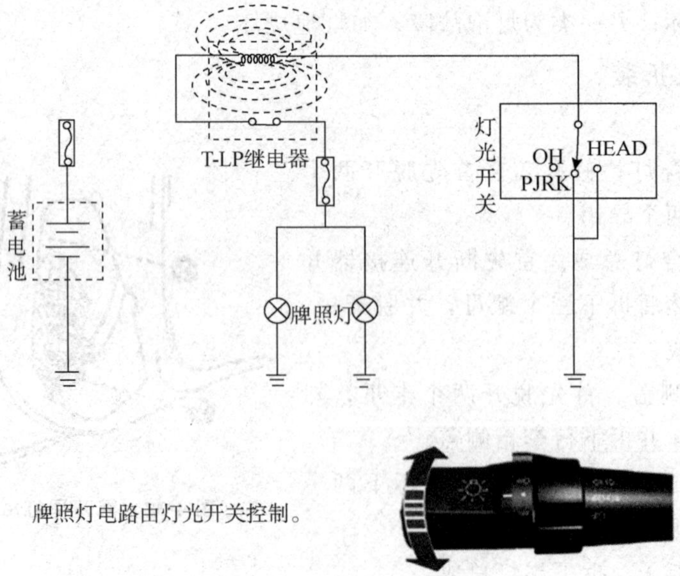

图 4-40　牌照灯的电路原理

6. 仪表照明灯、中控台照明灯的作用

（1）仪表照明灯的作用。仪表照明灯布置在组合仪表内，便于驾驶员在夜间能清楚看见组合仪表板各功能指示（发动机转速表、水温表、燃油液位、车速表等显示），准确掌握车辆信息。组合仪表如图 4-41 所示。

图 4-41　组合仪表

（2）中控台照明灯的作用。中控照明灯布置在操作中控台，便于驾驶员在夜间能准确操控音响、收音机、空调面板按键等，能顺利操控各功能开关。中控台照明灯如图 4-42 所示。

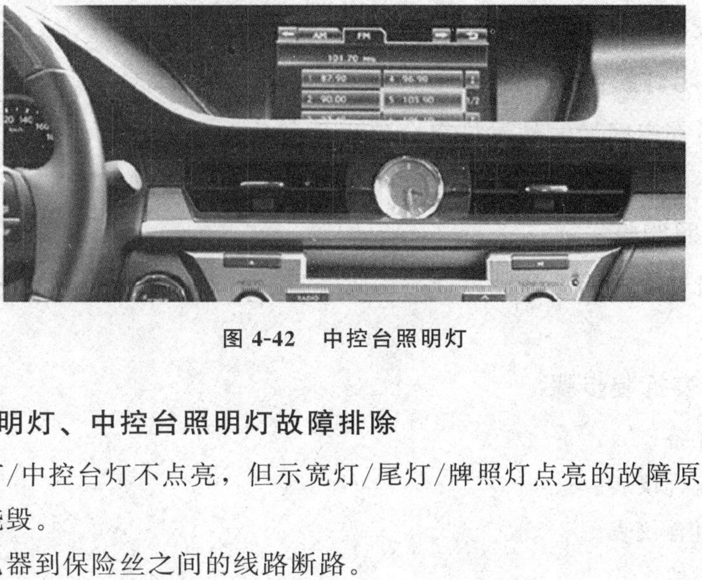

图 4-42　中控台照明灯

7. 仪表照明灯、中控台照明灯故障排除

（1）仪表灯/中控台灯不点亮，但示宽灯/尾灯/牌照灯点亮的故障原因。

①保险丝烧毁。

②尾灯继电器到保险丝之间的线路断路。

③保险丝到仪表灯/中控灯之间的线路短路/断路。

④仪表灯/中控灯灯泡坏（同时坏的可能性小）。

⑤仪表灯/中控灯搭铁不良。

（2）仪表灯/中控台灯/示宽灯/尾灯/牌照灯都不点亮的故障原因。

①保险丝烧毁。

②尾灯继电器损坏。

③灯光控制开关损坏。

④尾灯继电器到灯光控制开关之间的线路短路/断路。

⑤灯光控制开关到车身搭铁不良。

三、任务实施

此部分内容见《汽车电气设备实训》中“实训项目 9　组合仪表的拆装”。

四、任务小结

1. 尾灯的作用

示位灯又称示宽灯、位置灯，安装在汽车前面、后面和侧面，夜间行驶接通前照灯时，示位灯、仪表照明灯和牌照灯同时发亮，以标志车辆的形位等。功率一般为 5～20 W。前示位灯俗称小灯，光色为白色或黄色，后位灯俗称尾灯，光色为红色；侧位灯光色为琥珀色。

2. 牌照灯的作用

汽车牌照灯是夜间或者天色比较暗的时候和行车位置等小灯一起打开的用以照亮牌照的灯，一般用于配合警方在夜间跟踪和监视工作。

3. 仪表照明灯的作用

便于驾驶员在夜间能清楚看见组合仪表板各功能指示（发动机转速表、水温表、燃油液位、车速表等显示），准确掌握车辆信息。

4. 中控台照明灯

便于驾驶员在夜间能准确操控音响、收音机、空调面板按键等，能顺利操控各功能开关。

5. 组合仪表拆装步骤

（1）前期准备。

（2）拆卸组合仪表。

（3）安装组合仪表。

（4）整理工位。

五、课堂练习

1. 判断题

（1）示宽灯和制动灯是否一起点亮来检查制动灯是否正常。（　　）

（2）仪表板照明灯泡的功率比转向灯泡的功率小。（　　）

2. 选择题

(1) 后组合前灯一般不包括（ ）。

A. 示宽灯　　B. 刹车灯　　C. 后转向灯　　D. 牌照灯

(2) 当点燃前照灯时尾灯不亮，测量尾灯有电源，造成此故障的原因有（ ）。

A. 后灯搭铁不良　　B. 发电机不工作

C. 后灯线路断　　D. 后灯灯丝烧坏

E. 保险盒有故障

(3) 当汽车后左侧尾灯线路搭铁不良时，将会造成（ ）。

A. 左侧后示宽灯不亮　　B. 后转向灯发亮但不闪光

C. 小灯灯丝烧坏　　D. 左侧前后转灯闪得过快

E. 右侧转向指示灯只亮但不闪光

任务四　车内照明灯检修

一、任务目标

通过本任务的学习，应能：

1. 熟练掌握车内照明灯的组成及作用；
2. 正确分析室内灯控制电路；
3. 熟练掌握室内顶灯、阅读灯控制线路故障检测排除；
4. 熟练掌握车内照明灯总成拆卸、检测、更换、装配的作业技能。

二、知识准备

1. 车内照明灯的组成及作用

车内照明装置包括车顶区域、行李箱、脚部空间和车门内侧照明装置。其主要有点火锁灯、按钮灯、阅读灯、仪表灯、梳妆灯、底板灯、顶灯，如图 4-43 所示。

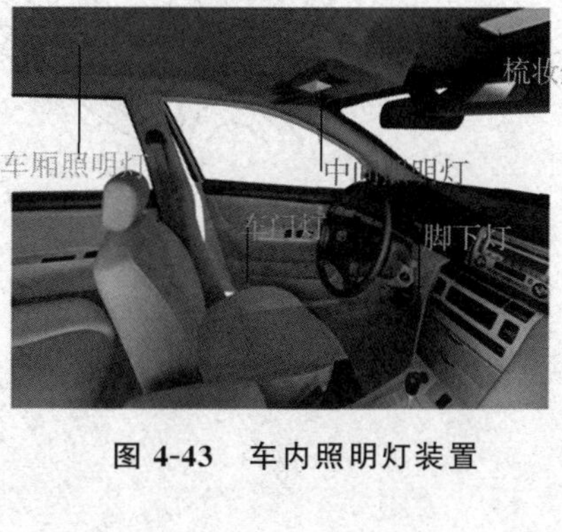

图 4-43　车内照明灯装置

(1) 室内顶灯。轿车及载货车一般仅设一只顶灯，除用作室内照明外，还可兼起监视车内门是否可靠关闭的作用。在监视车门状态下，只要车门未可靠关紧，顶灯就发亮。顶灯功率一般为 5～15 W。公共汽车的顶灯有向荧光灯发展的趋势。

（2）阅读灯。其装于乘员席前部或顶部，聚光时乘员看书不会给驾驶人产生炫目现象，照明范围较小，有的阅读灯还有光轴方向调节结构。

2. 室内灯控制电路

室内灯、阅读灯受专门开关控制，许多轿车室内灯、阅读灯还受车门开关控制，用以警示车门关闭情况，如图 4-44 所示。

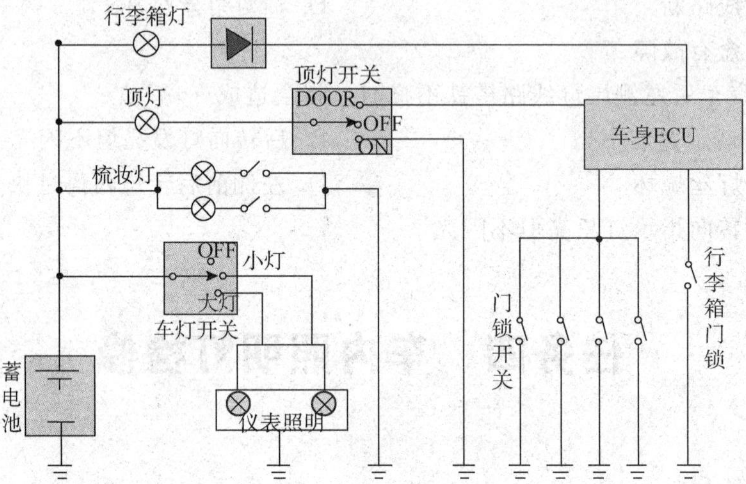

图 4-44　车内照明灯电路

门控开关安装在车门门框上，当打开车门时，门控灯开关闭合使门灯点亮，在黑暗环境下为乘客下车照明。以前门门控开关为例，门控灯位置如图 4-45 所示。门控灯电路如图 4-46 所示。

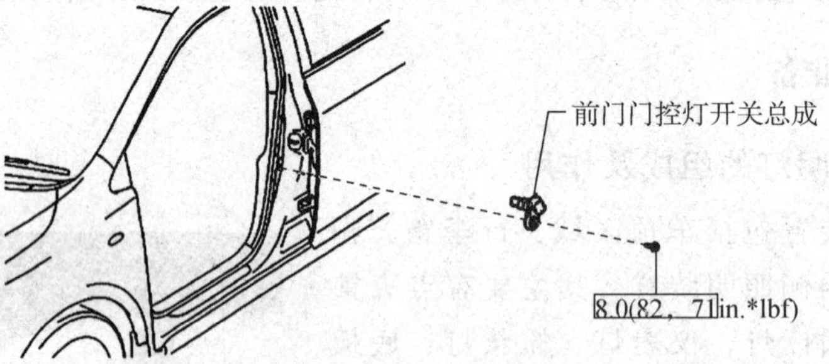

图 4-45　前门门控开关

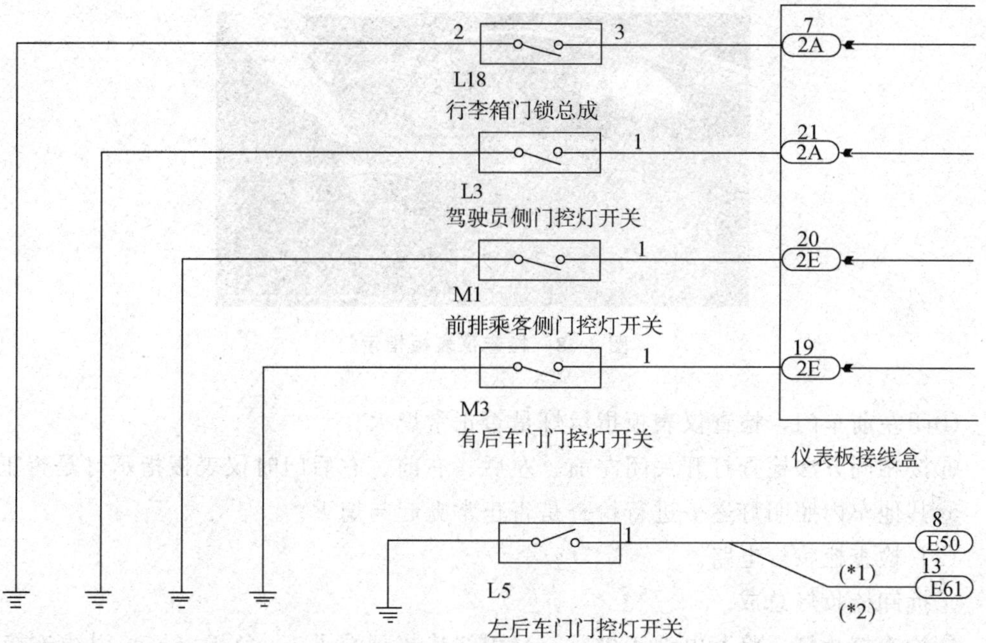

图 4-46　门控灯电路

可以看出，每一个门控开关单独控制该车门的门控灯，因此打开相应的车门后门控灯会点亮。

3. 室内顶灯、阅读灯控制线路故障检测排除

（1）检查顶灯与仪表板指示灯。

①将打开顶灯至“ON”位置，检查顶灯是否正常点亮，如图 4-47 所示。

图 4-47　检查顶灯

②将顶灯开关至“DOOR”位置。

③开左前车门，检查仪表板指示灯是否正常亮起，如图 4-48 所示。

图 4-48　检查仪表板指示灯

④闭左前车门，检查仪表板指示灯是否正常熄灭。

⑤按相同方法检查打开关闭左前、左后、右前、右后门时仪表板指示灯是否正常。

⑥其他车内照明灯逐一进行检查是否正常亮起与熄灭。

(2) 检查梳妆灯电路。

①拆卸梳妆灯总成。

②检查梳妆灯，将蓄电池正极（＋）引线连接到端子 1，负极（－）引线连接到端子 2。根据表 4-5 中的值测量电压。

表 4-5　标准电压

检测仪连接	条件	规定状态
1－2	遮阳板升高	低于 1 V
	遮阳板下降且后视镜盖打开	11～14 V
	遮阳板下降且后视镜盖关闭	低于 1 V

a. 如果结果不符合规定，则线束侧有故障。

b. 如果结果符合规定，但梳妆灯不亮，则更换灯泡。

(3) 安装梳妆灯总成。

(4) 其他车内照明灯按照类似的方法检查。

4. 室内灯、阅读灯总成拆卸、检测、更换、装配

(1) 室内顶灯拆装的步骤如下。

①拆卸顶灯玻璃罩。

②转动顶灯固定导销。

③拆下顶灯总成。

④检查顶灯总成。

a. 根据表 4-6 中的值测量电阻，如果不符合规定，则维修或更换线束或连接器。

表 4-6　标准电阻

检测仪连接	条件	规定状态
端子 E—车身搭铁	始终	小于 1 Ω

b. 根据表 4-7 中的值测量电压，如果不符合规定，则维修或更换线束或连接器。

表 4-7　标准电压

检测仪连接	条件	规定状态
端子 B—车身搭铁	始终	11～14 V

c. 将线束从车厢照明灯总成上拆下。

d. 根据表 4-8 中的值测量电阻，如果不符合规定，则更换开关座。

表 4-8　标准电阻

检测仪连接	条件	规定状态
端子 E—照明母线	灯开关置于 OFF 位置	10 kΩ 或更大
	灯开关置于 ON 位置	小于 1 Ω
端子 CTY—照明母线	灯开关置于 OFF 位置	10 kΩ 或更大
	灯开关置于 DOOR 位置	小于 1 Ω
端子 B—灯泡端子	始终	小于 1 Ω

e. 将蓄电池正极（+）引线连接到端子 B，负极（−）引线连接到照明母线。

f. 检查并确认该灯亮起，正常状态时灯亮起，若未亮起，则不符合规定，则更换灯泡。

（2）拆卸阅读灯总成的步骤如下。

①拆卸固定卡爪。

②取下阅读灯总成。

③检测阅读灯总成。

a. 将蓄电池正极（+）引线连接到端子 6，负极（−）引线连接到端子 7。

b. 根据表 4-9 中状态来检查并确认个人用灯亮起，如果不符合规定，则更换灯泡或个人用灯组成。

表 4-9　灯泡状态

条件	规定状态
左前个人用灯开关置于 ON 位置	左前个人用灯亮起
左前个人用灯开关置于 OFF 位置	左前个人用灯不亮
右前个人用灯开关置于 ON 位置	右前个人用灯亮起
右前个人用灯开关置于 OFF 位置	右前个人用灯不亮

三、任务实施

此部分内容见《汽车电汽设备实训》中“实训项目10　阅读灯总成的拆装”。

四、任务小结

1. 车内照明装置组成

车内照明装置主要有点火锁灯、按钮灯、阅读灯、仪表灯、梳妆灯、底板灯、顶灯。

雨刷器能通过雨量传感器感应雨滴的大小，自动调节雨刷运行速度，为驾驶者提供良好的视野，从而大大提高雨天驾驶的方便性和安全性。

2. 室内顶灯/门控照明灯的作用

轿车及载货车一般仅设一只顶灯，除用作室内照明外，还可兼起监视车内门是否可靠关闭的作用。

3. 室内灯总成拆卸、检测、更换、装配步骤

（1）室内顶灯拆装的步骤如下。

①拆卸顶灯玻璃罩。

②转动顶灯固定导销。

③拆下顶灯总成。

④检查顶灯总成。

（2）拆卸阅读灯总成的步骤如下。

①拆卸固定卡爪。

②取下阅读灯总成。

③检测阅读灯总成。

4. 阅读灯总成拆装步骤

（1）前期准备。

（2）前阅读灯的拆装。

（3）后阅读灯的拆装。

（4）整理工位。

五、课堂练习

1. 判断题

（1）当室内灯开关处于“ON”位置时，即使全部车门都正常关闭，该室内灯也一直点亮。（ ）

（2）当室内灯开关处于“DOOR”时，只要打开任一车门，该室内灯就会点亮。（ ）

（3）车内阅读灯受门灯开关控制，车门打开时该灯就点亮。（ ）

2. 多选题

（1）以下那一项是属于汽车的照明灯具？（ ）。

A. 后雾灯　B. 前照灯　C. 顶灯　D. 刹车灯

E. 倒车灯

（2）汽车的内部照明装置包括（ ）。

A. 故障警告灯　B. 车厢灯　C. 阅读灯　D. 手制动灯

E. 仪表灯

（3）利用灯光作汽车信号的装置包括（ ）。

A. 示宽灯　B. 牌照灯　C. 仪表灯　D. 雾灯

E. 制动灯

项目五 信号系统检修

项目导入

信号系统的主要作用是向外界提供行车信息，以提高行车安全，减少交通事故的发生。汽车信号系统的主要设备有转向灯、制动灯、危险警告灯、指示灯及喇叭等。

转向灯位于车辆的四角，当车辆转弯或变换车道时，转向灯闪烁示意车辆的行驶方向。制动灯就是我们平时所说的刹车灯，装在汽车后面，一般为红色。汽车行驶过程中按下喇叭能起到警告行人和车辆的作用。

项目目标

通过本项目的学习，应能：

1. 熟练掌握汽车信号系统的主要组成以及各部分的作用、工作原理和工作过程；
2. 独立对汽车信号系统的故障技术状况进行检查和维护。

任务一　汽车转向灯检修

一、任务目标

通过本任务的学习，应能：

1. 正确描述汽车转向及危险信号报警装置的作用和结构组成；
2. 叙述电子闪光继电器种类及控制原理分析；
3. 独立完成转向信号与危险报警装置控制电路分析及线路故障检测排除；
4. 分析转向灯保险、开关、电子闪光继电器、危险警报开关等元件性能检测；
5. 熟练完成前、后、侧转向灯总成拆装，灯泡性能检测及更换；
6. 熟练进行仪表转向指示灯故障检测及排除，组合仪表的拆装。

二、知识准备

1. 了解汽车转向及危险信号报警装置的结构组成及作用

(1) 汽车转向及危险信号报警装置的结构组成。汽车转向灯系统主要由转向灯、转向灯开关、转向指示灯、继电器和控制电脑等组成。其中，控制电脑是最主要的部件。

①转向灯。汽车转向灯一般由左（前、后、侧）转向灯、右（前、后、侧）转向灯组成，如图 5-1 所示。

图 5-1　转向灯的组成

②转向灯开关。转向灯开关主要用于控制转向灯的工作状态，如图 5-2 所示。

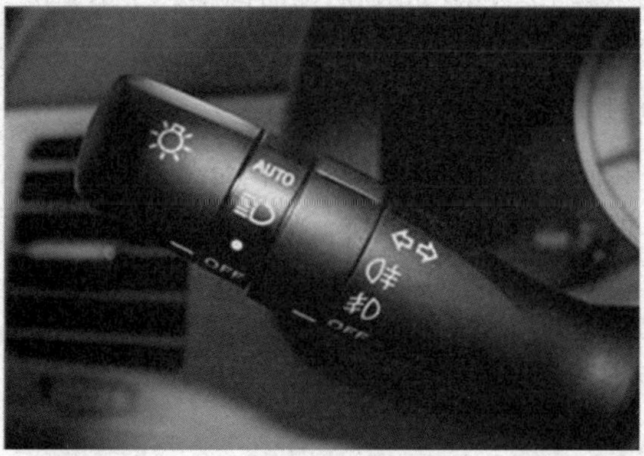

图 5-2　转向灯开关

③继电器。转向信号闪光器是控制转向信号灯使其按一定时间间隔闪烁的器件，转向信号闪光器可根据不同的原理运作。闪光器闪光频率一般在 60～120 次/分。闪光器按结构不同可分为电子式、电容式、电热式闪光器三种类型。目前被广泛使用的是电子式闪光器。

电子式闪光器通常由多谐振荡器、功率放大器和继电器三大部分组成。

它具有闪光频率稳定、使用寿命长的优点，目前小轿车和载货汽车普遍采用电子式闪光器，其结构如图 5-3 所示。

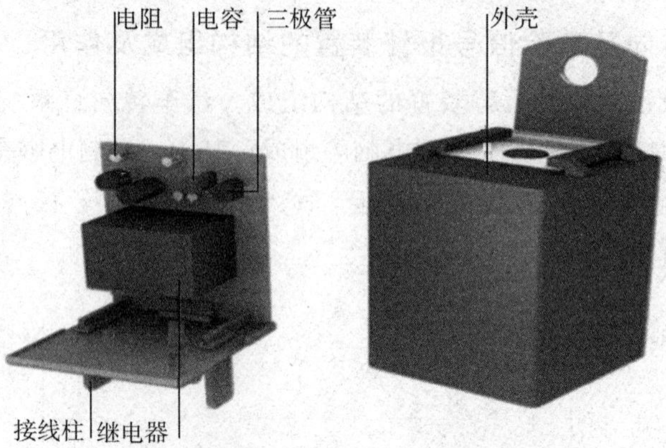

图 5-3　电子式闪光器

（2）汽车转向及危险信号报警装置的作用。在汽车起步、转弯、变更车道或路边停车时，需要打开转向信号灯以表示汽车的趋向，提醒周围车辆和行人注意。

转向信号灯按照位置有前转向灯、侧转向灯和后转向灯。主转向灯一般安装在汽车头、尾部的左右两侧，用来指示车辆行驶趋向。一般在汽车车侧中间还装有侧转向灯。近年来，在小型车上，把侧转向灯安装到左右后视镜上渐成趋势。

主转向灯功率一般为 20～25 W，侧转向灯为 5 W，光色为琥珀色。转向时，灯光呈闪烁状，频率规定为（1.5±0.5）Hz，启动时间不大于 1.5 s。在紧急遇险状态需其他车辆注意避让时，全部转向灯可通过危险报警灯开关接通同时闪烁。

2. 电子闪光继电器类型及工作原理分析

（1）闪光器类型。转向信号闪光器是控制转向信号灯使其按一定时间间隔闪烁的器件，转向信号闪光器可根据不同的原理运作。常见的闪光器有电容式、翼片式、电子式等几类。翼片式闪光器和带继电器的电子式闪光器结构简单体积小、闪光频率稳定、监控作用明显、工作时伴有响声，故被广泛使用。常用闪光器的类型如图 5-4 所示。

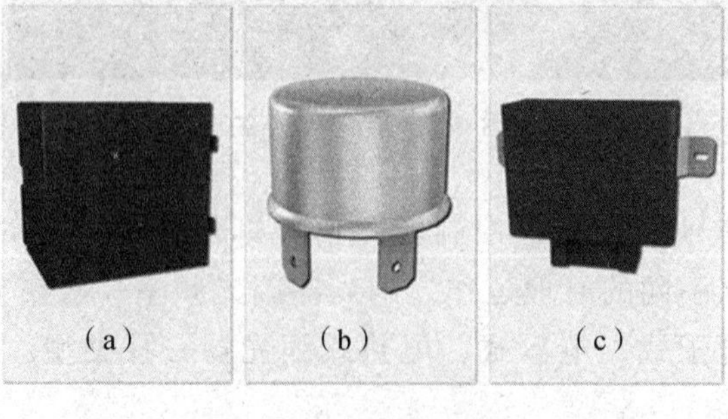

图 5-4　闪光器的类型

(a) 电容式；(b) 电热翼片式；(c) 电子式

电容式闪光器利用电容器充、放电延时的特性，控制触点周期性地打开或闭合，从而使转向灯闪烁；电子翼片式闪光器利用热胀条通电热胀、断电冷缩的特性，通过翼片变形控制触点的打开或闭合，从而使转向灯闪烁；电子闪光器主要通过三极管的导通与截止，控制转向灯电路接通或断开，从而使转向灯闪烁。

其中，电子式闪光器有带继电器晶体管闪光器（有触点）、无触点闪光器两种，如图 5-5 所示。

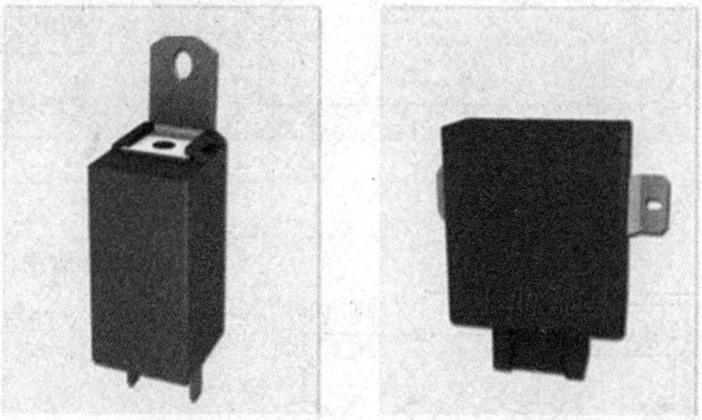

（a）　　（b）

图 5-5　电子闪光器的类型

（a）有触点晶体管式；（b）无触点晶体管式

无触点晶体管闪光器又称为全电子式闪光器。无触点式晶体管闪光器主要由芯片、电容、三极管、电阻和外壳等组成，如图 5-6 所示。

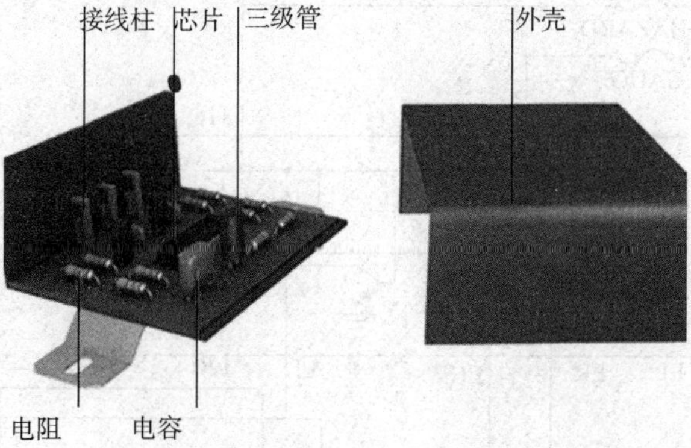

图 5-6　无触点晶体管闪光器结构

无触点电子式闪光器是利用电容器充、放电特性及三极管不断的导通与截止，控制转向灯电路接通或断开，形成转向信号灯闪烁，如图 5-7 所示。

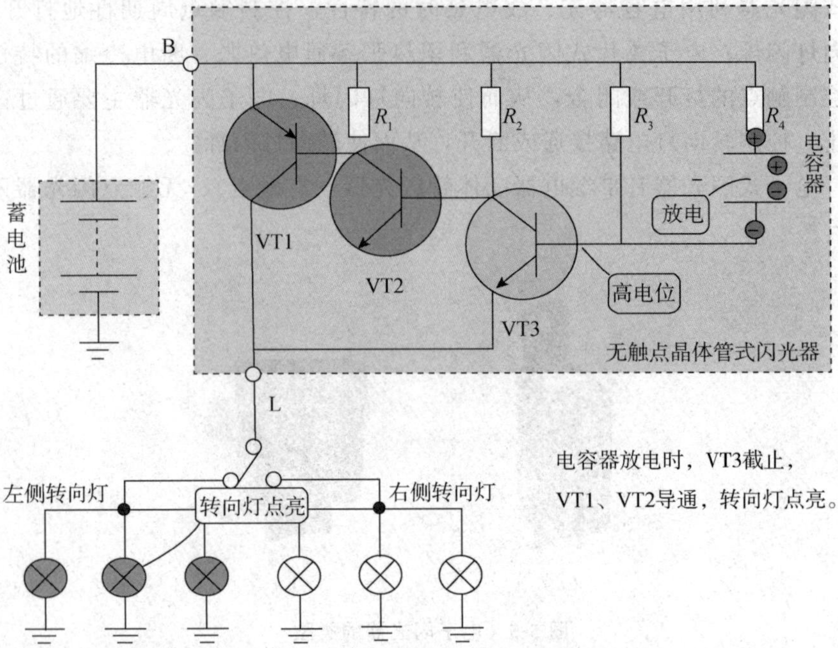

图 5-7　无触点晶体管闪光器电路原理

3. 转向信号与危险报警装置控制电路分析及线路故障检测排除

（1）一般转向信号和危险报警系统电路，如图 5-8 所示。

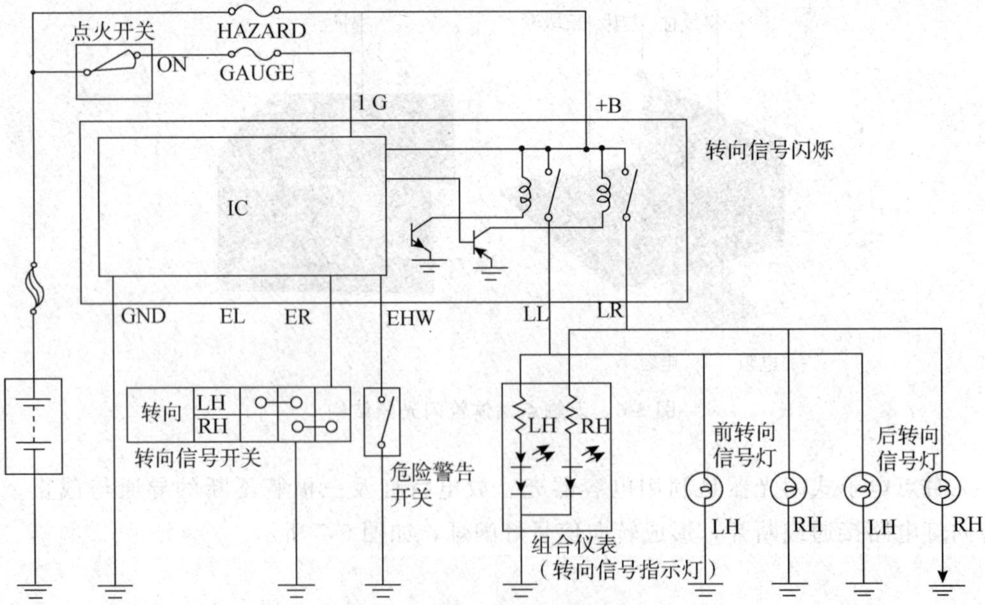

图 5-8　一般转向信号和危险报警系统电路

（2）具体电路分析。当操作转向信号开关时，转向信号闪光器打开转向信号灯 LH 或 RH，它发出闪光。

①当转向信号开关移动到左边位置时，转向信号闪光器的 EL 端子接地，电流流到 LL 端子，左转向信号灯闪烁，如图 5-9 所示。

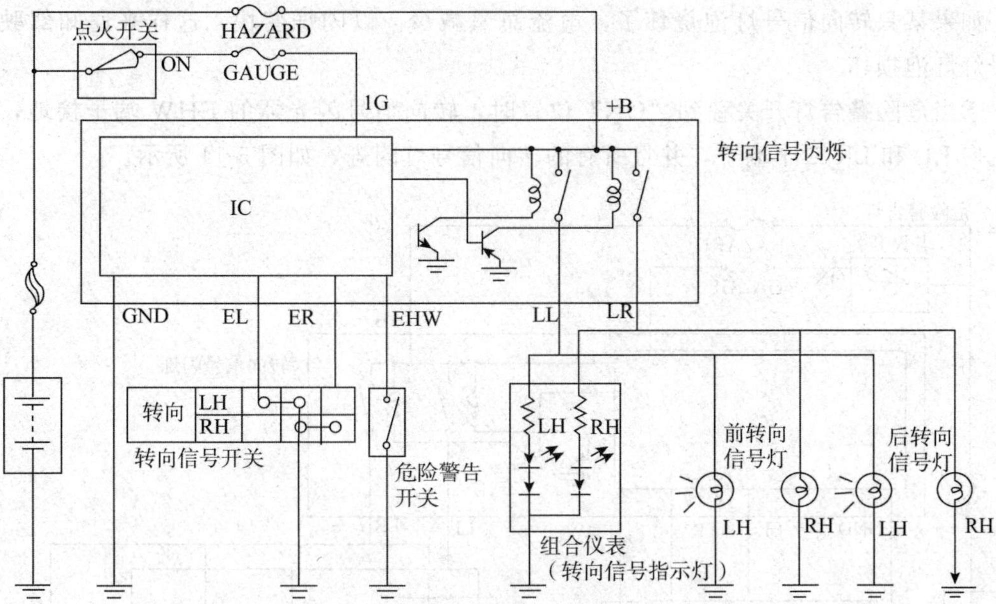

图 5-9　左转向灯点亮

在点亮前后左转向信号灯的同时，组合仪表内左转向信号指示灯也被点亮，提醒驾驶员左转向灯点亮，且左转向信号指示灯与左转向信号灯同步闪烁。

②当转向信号开关移到右侧位置时，转向信号闪光器的 ER 端子接地，电流流到 LR 端子，右转向信号灯闪烁，如图 5-10 所示。

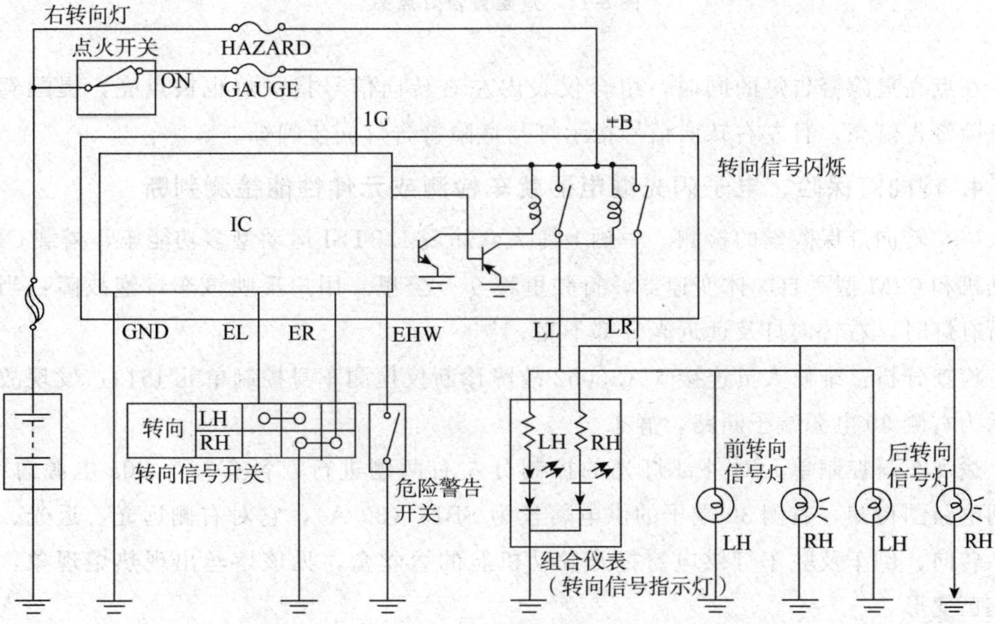

图 5-10　右转向灯点亮

在点亮前后右转向信号灯的同时，组合仪表内右转向信号指示灯也被点亮，提醒驾驶员右转向灯点亮，且右转向信号指示灯与右转向信号灯同步闪烁。

如果某只转向信号灯泡烧坏了，电流总量减少。以闪烁变快，这样来通知驾驶员信号灯灯泡损坏。

③当危险警告灯开关移到“ON”位置时，转向信号闪光器的 EHW 端子接地，电流流向 LL 和 LR 二个端子，并且所有的转向信号灯闪烁，如图 5-11 所示。

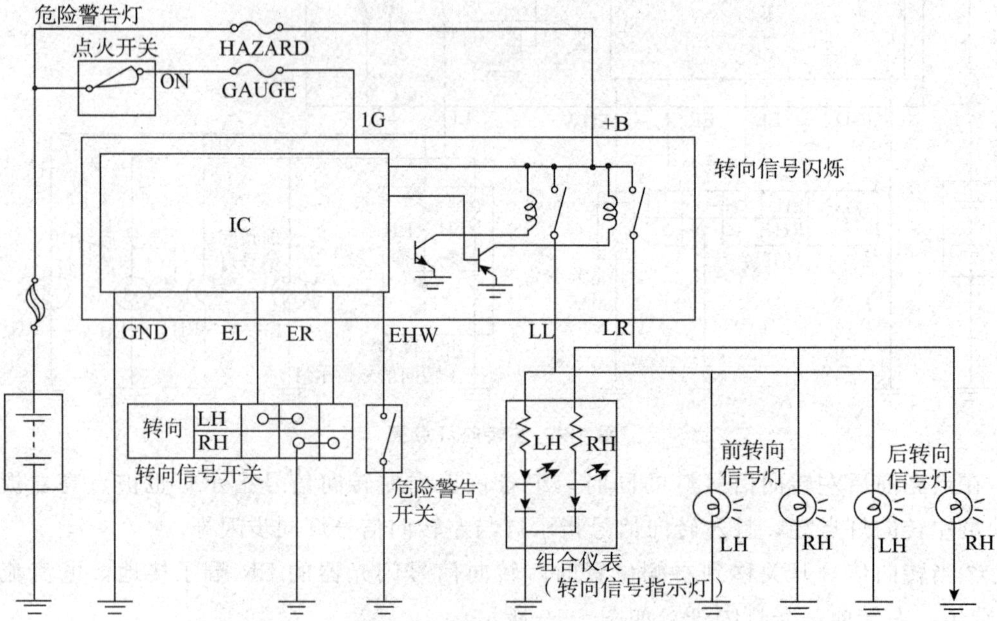

图 5-11　危险警告灯点亮

在点亮危险警告灯的同时，组合仪表内左右转向信号指示灯也被点亮，提醒驾驶员危险警告灯亮，且左右转向信号指示灯与危险警告灯同步闪烁。

4. 转向灯保险、电子闪光继电器就车检测或元件性能检测判断

（1）转向灯保险丝的检测。一辆上海大众途观 1.8TSI 运动型多功能车，搭载 CEA 发动机和 09M 型手自一体变速器，行驶里程 9 万公里。用户反映该车灯泡故障：当点亮所有灯时，右转向灯及远近光灯都不亮。

检查分析：维修人员连接 VAS5052 故障诊断仪检测车身控制单元 J519，发现故障提示为右侧 30 电源端子断路，静态。

途观车身控制单元对外部灯光的控制分左右两侧进行，各有一个 30a 电源总线。查阅电路图得知，右侧 30 端子的供电熔丝为 SB16（30 A），它对右侧远光、近光、制动、转向、倒车及驻车灯供电。打开发动机舱的熔丝盒，见该熔丝出现热熔现象，熔丝座已变形。

故障排除：对 SB16（30A）保险丝进行更换。

（2）电子闪光继电器的检测。

①拆卸。

a. 拆卸仪表板下的装饰板总成。

b. 拆卸转向信号闪光灯总成：从接线盒上拆下转向信号闪光灯总成，如图 5-12 所示。

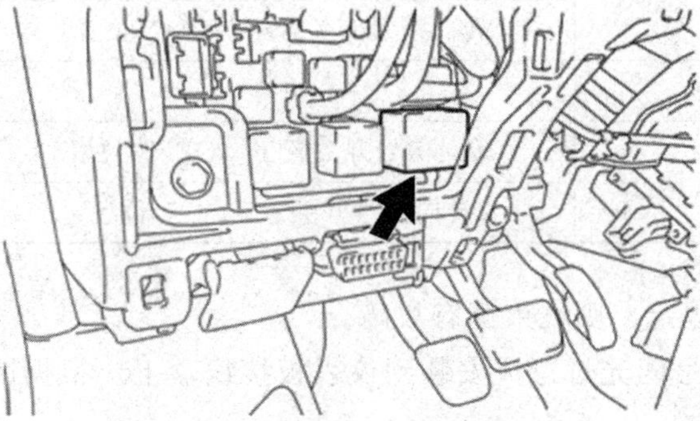

图 5-12 拆卸转向信号闪光灯总成

②检查。

a. 检查转向信号闪光灯总成：从仪表板接线盒上拆下转向信号闪光灯总成，根据图 5-13 所示标号和表 5-1 中的值测量电压。

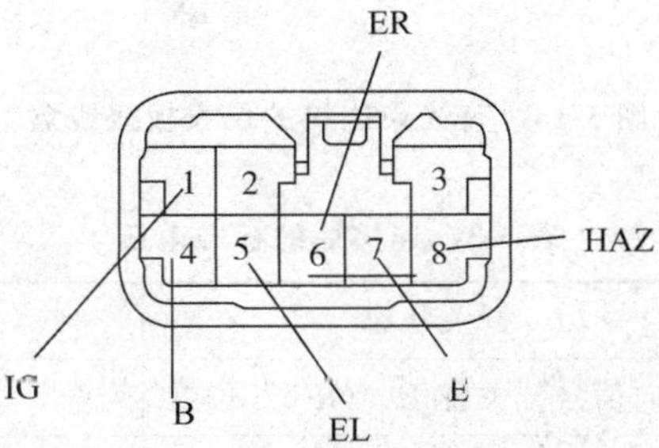

图 5-13 闪光器总成标号

表 5-1 闪光器标准电压

检测仪连接	条件	规定状态
4（B）—车身搭铁	始终	11～14 V
1（IG）—车身搭铁	点火开关置于“OFF”位置	低于 1 V
	点火开关置于“ON”（IG）位置	11～14 V

如果结果不符合规定，则线束侧有故障。根据表 5-2 中值测量电阻。

表 5-2 标准电阻

检测仪连接	条件	规定状态
5（EL）—车身打铁	转向信号开关置于“OFF”位置	10 kΩ 或更大
	转向信号开关置于“LH”位置	小于 1 Ω
6（ER）—车身打铁	转向信号开关置于“OFF”位置	10 kΩ 或更大
	转向信号开关置于“RH”位置	小于 1 Ω
7（E）—车身打铁	始终	小于 1 Ω
8（HAZ）—车身打铁	转向信号开关置于“OFF”位置	10 kΩ 或更大
	转向信号开关置于“1”位置	小于 1 Ω

如果结果不符合规定，则线束侧有故障。

b. 然后将转向信号闪光灯总成安装到仪表板接线盒上。根据图 5-14 所示标号和表 5-3 中的值测量电压。

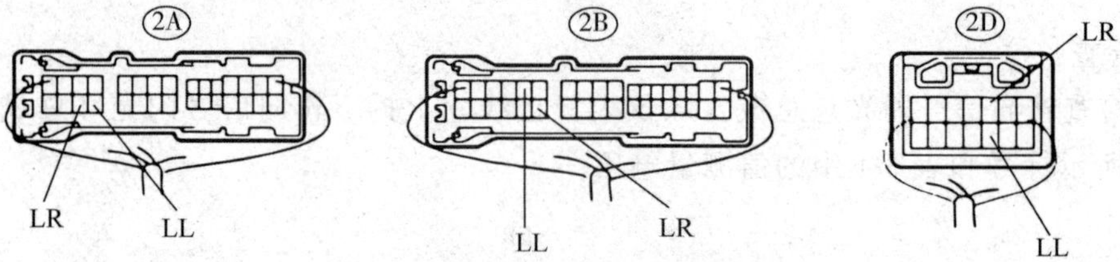

图 5-14 有线束连接的仪表板接线盒

表 5-3 连接后的标准电压

检测仪连接	开关状态	规定状态
2A. 27（LL）—车身搭铁	转向信号开关置于“OFF”位置	低于 1 V
	转向信号开关置于“LH”位置	11～14 V（每分钟 60～120 次）
	危险警告开关置于“OFF”位置	低于 1 V
	危险警告开关置于“ON”位置	11～14 V（每分钟 60～120 次）
2A. 28（LR）—车身搭铁	转向信号开关置于“OFF”位置	低于 1 V
	转向信号开关置于“RH”位置	11～14 V（每分钟 60～120 次）
	危险警告开关置于“OFF”位置	低于 1 V
	危险警告开关置于“ON”位置	11～14 V（每分钟 60～120 次）

（续表）

检测仪连接	开关状态	规定状态
2B.14（LL）－车身搭铁	转向信号开关置于“OFF”位置	低于 1 V
	转向信号开关置于“LH”位置	11～14 V（每分钟 60～120 次）
	危险警告开关置于“OFF”位置	低于 1 V
	危险警告开关置于“ON”位置	11～14 V（每分钟 60～120 次）
2B.31（LR）－车身搭铁	转向信号开关置于“OFF”位置	低于 1 V
	转向信号开关置于“RH”位置	11～14 V（每分钟 60～120 次）
	危险警告开关置于“OFF”位置	低于 1 V
	危险警告开关置于“ON”位置	11～14 V（每分钟 60～120 次）
2D.10（LL）－车身搭铁	转向信号开关置于“OFF”位置	低于 1 V
	转向信号开关置于“RH”位置	11～14 V（每分钟 60～120 次）
	危险警告开关置于“OFF”位置	低于 1 V
	危险警告开关置于“ON”位置	11～14 V（每分钟 60～120 次）
2D.3（LR）－车身搭铁	转向信号开关置于“OFF”位置	低于 1 V
	转向信号开关置于“RH”位置	11～14 V（每分钟 60～120 次）
	危险警告开关置于“OFF”位置	低于 1 V
	危险警告开关置于“ON”位置	11～14 V（每分钟 60～120 次）

如果结果不符合规定，更换转向信号闪光灯总成。

③安装。

a. 安装转向信号闪光灯总成：将转向信号闪光灯总成安装到接线盒上。

b. 安装仪表板下装饰板总成。

5. 转向灯开关（组合开关）、危险报警开关拆装及元件性能检测

（1）转向灯开关（组合开关）拆装及元件性能检测。

①拆卸转向灯组合开关，如图 5-15 所示。

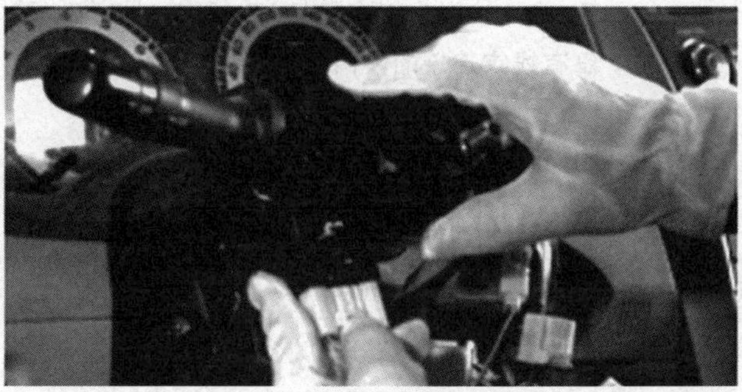

图 5-15　拆卸转向灯组合开关

a. 断开转向灯组合开关连接器。

b. 按下转向灯组合开关连接器锁扣，分离线束连接器。

②拆卸转向灯组合开关，如图 5-16 所示。

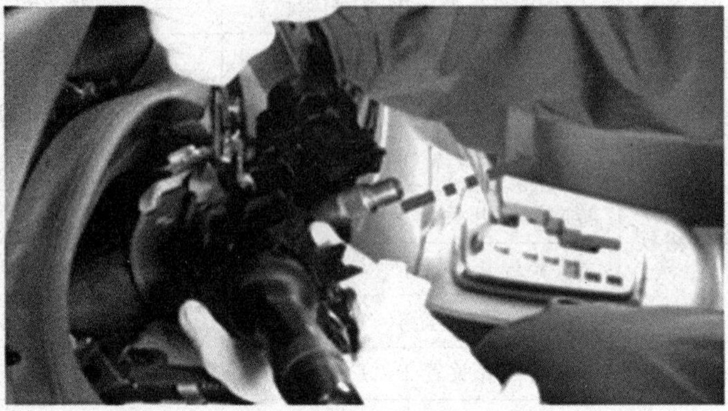

图 5-16　拆卸转向灯组合开关

a. 正确选用鲤鱼钳，夹紧转向灯组合开关固定弹簧卡箍使其松开。

b. 沿转向轴均匀用力向上拉出转向灯组合开关。

(2) 检查转向灯组合开关。

①检查新转向灯开关的零件号是否正确。

②检查新转向灯开关外观有无损坏，连接器端子有无变形、锈蚀，如有则进行更换。

③检查转向灯开关（组合开关）总成，如图 5-17 所示。

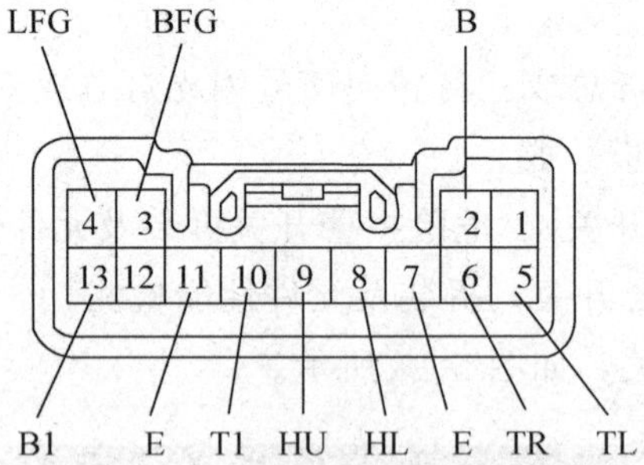

图 5-17　没有线束连接的转向灯开关（组合开关）总成

转向信号开关的标准电阻如表 5-4 所示。

表 5-4　转向信号开关的标准电阻值

检测仪连接	开关状态	规定状态
6（TR）－7（E）	转向信号开关置于“OFF”位置	10 kΩ 或更大
5（TL）－7（E）		

（续表）

检测仪连接	开关状态	规定状态
6（TR）—7（E）	转向信号开关置于“RH”位置	小于 1 Ω
5（TL）—7（E）	转向信号开关置于“LH”位置	小于 1 Ω

（3）安装转向灯组合开关。

①安装转向灯组合开关。

a. 使用鲤鱼钳夹紧转向灯组合开关固定弹簧卡箍，对准槽口均匀用力沿转向轴向下，将转向灯组合开关推至安装位置，如图 5-18 所示。

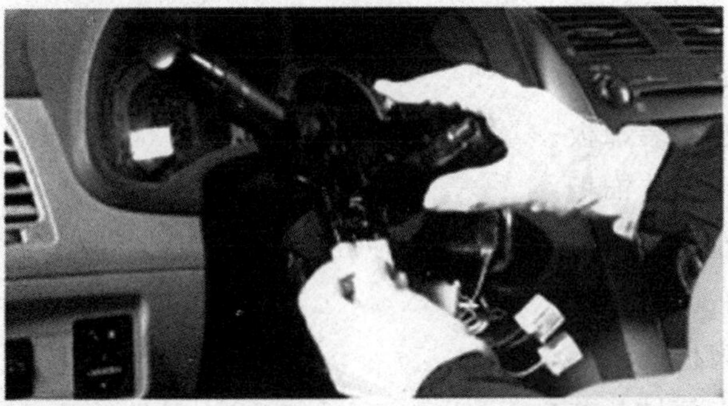

图 5-18　用鲤鱼钳夹紧转向灯组合开关固定弹簧卡箍

b. 松开固定卡箍使其卡紧，确保安装牢固。

②连接转向灯组合开关连接器。将线束连接器与灯光组合开关相连，确保插入到位，锁止可靠，如图 5-19 所示。

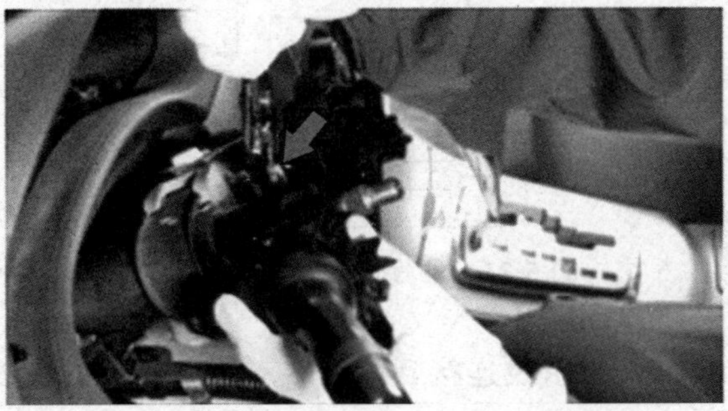

图 5-19　连接转向灯组合开关连接器

6. 危险警告开关拆装及元件性能检测

危险警告开关的位置如图 5-20 所示。

图 5-20　危险警告开关的安装位置

(1) 拆卸步骤如下。

①拆卸仪表板左下装饰板。

②拆卸仪表板右下装饰板。

③拆卸仪表板左端装饰板。

④拆卸仪表板右端装饰板。

⑥拆卸中央仪表板调风器总成。

⑦拆卸危险警告信号开关总成。

(2) 检查步骤如下。

①检查危险警告信号开关总成：根据图 5-21 中标号，测量 1 和 4 之间电阻，开关在“ON”状态下规定值小于 1 Ω，在“OFF”状态下为 10 KΩ 或更大，如果结果不符合规定，更换开关。

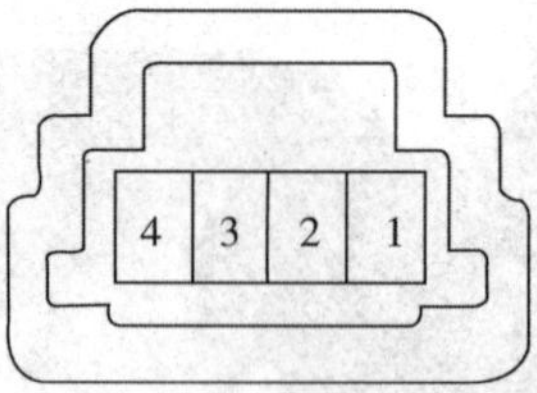

图 5-21　危险警告信号开关总成

然后将蓄电池正极（+）引线连接到端子 3，负极（−）引线连接到端子 2，检查并确认开关闭合。正常状态下闭合，如果结果不符合规定，更换开关。

(3) 安装步骤如下。

①安装危险警告信号开关总成：先接合两个卡爪，然后安装危险警告信号开关总成。

②安装中央仪表板调风器总成。

③安装仪表板左端装饰板。

④安装仪表板右端装饰板。

⑤安装仪表板左下装饰板。

⑥安装仪表板右下装饰板。

7. 侧转向灯总成拆装，灯泡性能检测及更换

侧转向信号灯总成安装在汽车前车门附近，如图 5-22 所示。

图 5-22　侧转向信号灯总成的位置

（1）拆卸转向灯总成。

（2）检查灯泡性能。检查侧转向信号灯总成，首先将蓄电池正极（+）引线连接到端子 1，负极（-）引线连接到端子 2，如图 5-23 所示。检查并确认侧转向信号灯亮起，若亮起则正常，如果结果不符合规定，则更换灯总成。

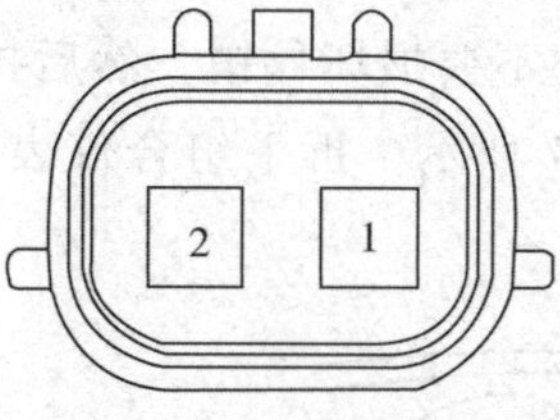

图 5-23　检车侧转向信号灯总成

（3）安装转向灯总成。

8. 仪表转向指示灯故障检测及排除，组合仪表的拆装

（1）故障现象。一辆丰田卡罗拉轿车，操作转向灯开关时，转向灯亮，但仪表转向指示灯不亮。

（2）故障诊断与排除步骤如下。

①连接故障诊断仪，将点火开关置于“ON”位置，打开诊断仪。

②检查是否输出 CAN 通信 DTC，经检查未输出 CAN 通信 DTC。

③指针无反应，组合仪表损坏。

④更换组合仪表，故障排除。

（3）故障原因分析。组合仪表故障，不能进行 CAN 通信，而发动机转速信号是通过 CAN 通信传达给组合仪表的，因此仪表无发动机转速显示。

（4）组合仪表的拆装。当组合仪表不能正常显示时，如果排除了其他部位的故障后依然不能正常显示，则进行组合仪表的检查与更换。

①拆卸步骤如下。

a. 拆卸仪表板左下装饰板。

b. 拆卸仪表板左端装饰板。

c. 拆卸仪表组装饰板总成：操作倾斜度调节杆以降下方向盘总成，在如图 5-24 图示位置粘贴保护性胶带。

脱开导销、卡爪和三个卡子，并拆下仪表组装饰板总成，如图 5-25 所示。

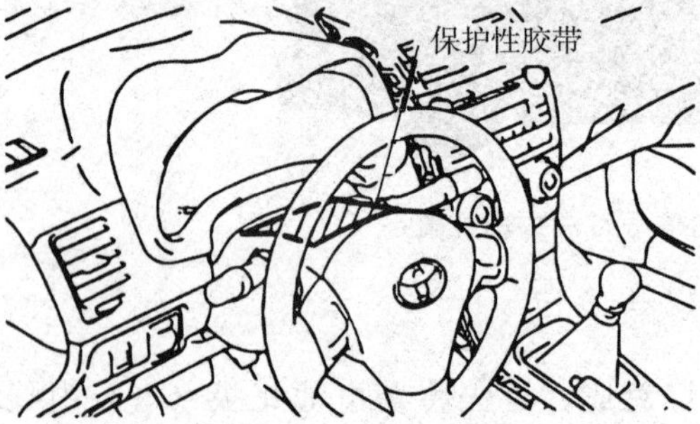

图 5-24　粘贴保护性胶带

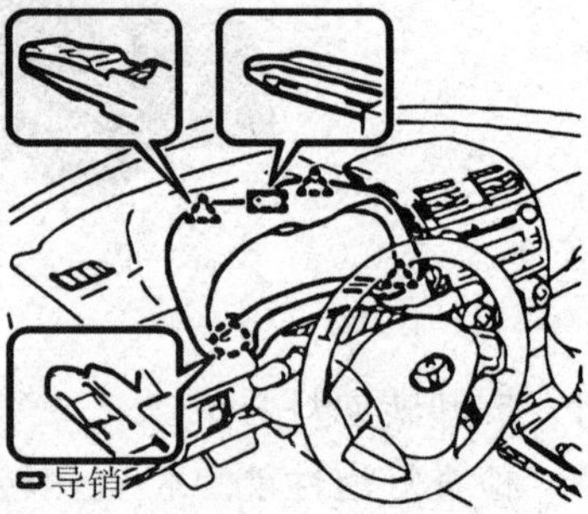

图 5-25　拆下仪表组装饰板总成

d. 拆卸组合仪表总成：拆下两个螺钉，脱开两个导销，如图 5-26 所示。

拆下组合仪表总成时，小心不要损坏导销。然后拉出组合仪表总成，断开连接器，并拆下组合仪表总成，如图 5-27 所示。拆下组合仪表总成时，不要损坏上仪表板分总成或组合仪表总成。

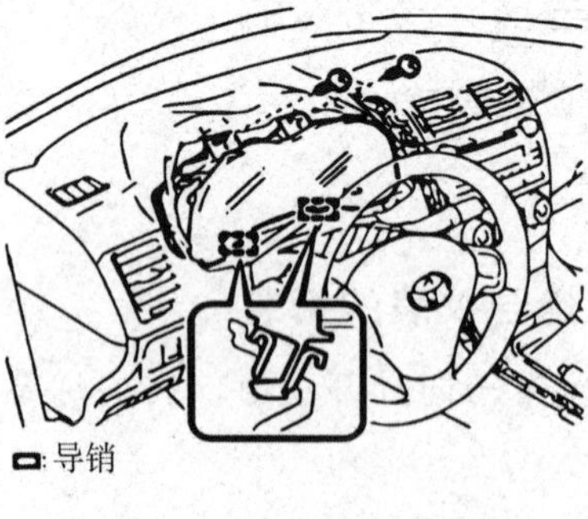

图 5-26　拆卸组合仪表总成

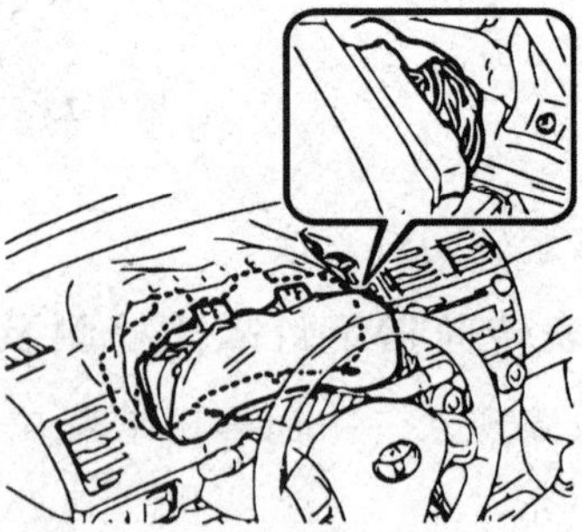

图 5-27　拆下组合仪表总成

②安装步骤如下。

a. 安装组合仪表总成：连接连接器，并暂时安装组合仪表总成。安装组合仪表总成时，不要损坏上仪表板分总成或组合仪表总成。

接合两个导销。安装组合仪表总成时，小心不要损坏导销，并将导销牢固地插入上仪表板分总成的孔内。然后用两个螺钉安装组合仪表总成。

b. 安装仪表组装饰板总成：接合导销、卡爪和三个卡子，并安装仪表组装饰板总成。清除转向柱罩上贴着的保护性胶带。

c. 安装仪表板左端装饰板。

d. 安装仪表板左下装饰板。

三、任务实施

此部分内容见《汽车电气设备实训》中“实训项目 11　转向灯开关的拆装”。

四、任务小结

1. 汽车转向灯系统主要由转向灯、转向灯开关、转向指示灯、继电器和控制电脑等组成。

2. 转向灯开关主要用于控制转向灯的工作状态，一般由左（前、后、侧）转向灯、右（前、后、侧）转向灯组成。

3. 闪光器按结构不同可分为电子式、电容式、电热式闪光器三种类型，电子闪光器有带继电器晶体管闪光器（有触点）、无触点闪光器、集成电路闪光器等。

4. 电子式闪光器通常由多谐振荡器、功率放大器和继电器三大部分组成。

5. 转向灯开关的拆装步骤如下。

（1）前期准备。

（2）拆卸仪表装饰板。

（3）拆卸转向灯开关。

（4）安装转向灯开关。

（5）安装仪表装饰板。

（6）复检。

（7）整理工位。

五、课堂练习

1. 判断题

（1）用跨接线连接插座 2 插孔与 3 插孔，打开点火开关，并将转向信号开关置于右转向位置，右转向信号灯应亮。（　）

（2）检测继电器时可以将随便两个端子与蓄电池、正负极连接。（　）

2. 单选题

（1）现代汽车上广泛使用的闪光器有（　　）。

A. 电热式　　B. 电容式　　C. 晶体管式

（2）闪光器的频率每分钟应以（　　）次为最佳。

A. 60～90　　B. 40～50　　C. 20～30　　D. 50～60

(3) 一侧转向灯正常闪烁，另一侧不亮不闪。可能产生的原因有（　　）。

A. 该侧转向开关触点无法接触　　B. 保险丝烧断

C. 闪光继电器损坏

(4) 打开转向开关后，所有转向灯只亮不闪，可能产生的原因有（　　）。

A. 闪光继电器故障　　B. 保险丝接触不良

C. 转向开关接触不良　　D. 转向灯泡烧坏

(5) 打开转向开关后，一侧正常，另一侧频率过慢。可能产生的原因有（　　）。

A. 不亮侧灯泡功率过小　　B. 闪光继电器短路

C. 转向开关故障　　D. 保险丝接触不良

(6) 汽车侧转向信号灯光色为（　　）。

A. 黄色　　B. 白色　　C. 琥珀色

(7) 接通转向开关后，左边灯正常闪烁，右边灯频率明显加快，产生的原因有（　　）。

A. 侧灯泡功率过大　　B. 闪光继电器损坏

C. 搭铁不良　　D. 保险器烧断

(8) 检查 2 端子与 3 端子是否导通时应该使万用表调到（　　）挡位。

A. 电流　　B. 电阻

C. 电压　　D. 二极管的蜂鸣档

任务二　汽车制动灯检修

一、任务目标

通过本次任务的学习，应能：

1. 正确描述制动灯系统的作用及结构组成；
2. 正确分析制动灯系统电路；
3. 熟练进行制动灯系统控制线路故障检测及排除，保险丝性能判断更换；
4. 熟知制动灯开关的工作原理、拆装及性能检测步骤；
5. 独立进行制动灯总成及高位刹车灯总成拆装、灯泡性能检测、拆装和更换。

二、知识准备

1. 制动灯系统的作用及构成

制动灯主要用于车辆在制动停车或制动减速行驶时，向后发出灯光信号，以警告尾随的车辆。当汽车制动时，踩下制动踏板，制动警报灯发亮，用于通知后面车辆该车正在制动，如图 5-28 所示。

图 5-28 制动灯功用

当踩下制动踏板时，制动灯开关导通，制动灯亮起；当松开制动踏板时，制动灯开关断开，制动灯熄灭，如图 5-29 所示。

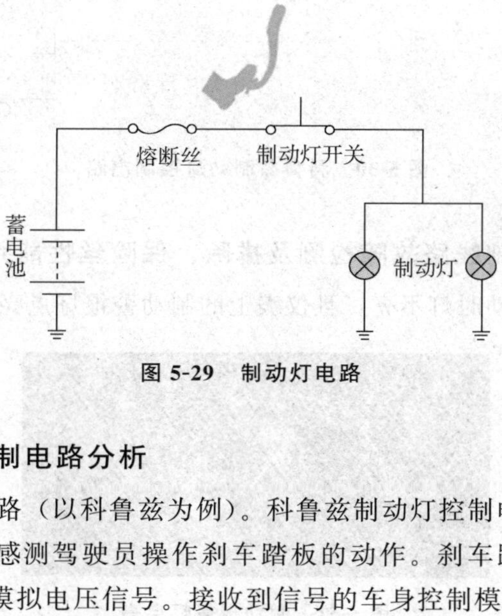

图 5-29 制动灯电路

2. 制动灯系统控制电路分析

(1) 制动灯控制电路（以科鲁兹为例）。科鲁兹制动灯控制电路如图 5-30 所示。刹车踏板位置传感器用于感测驾驶员操作刹车踏板的动作。刹车踏板位置传感器向车身控制模块 K9 提供一个模拟电压信号。接收到信号的车身控制模块将同时向左、右刹车灯和中置高位停车灯提供蓄电池电压。

(2) 其具体控制电路分析如下。

①当驾驶员踩踏刹车踏板时，B22 刹车踏板位置传感器感知到刹车踏板的动作，于是通过 7 号端子向 K9 车身控制模块发送一个模拟电压信号；车身控制模块得到信号后控制左右刹车灯和中置高位停车灯的开关闭合，电路接通。电路从蓄电池正极→K9 车身控制模块→左右刹车灯、中置高位停车灯→搭铁→蓄电池负极，灯泡点亮。

②当驾驶员松开刹车踏板时，K9 车身控制模块接收到的模拟电压信号断开，左、右刹车灯和中置高位停车灯电路断开，灯泡熄灭。

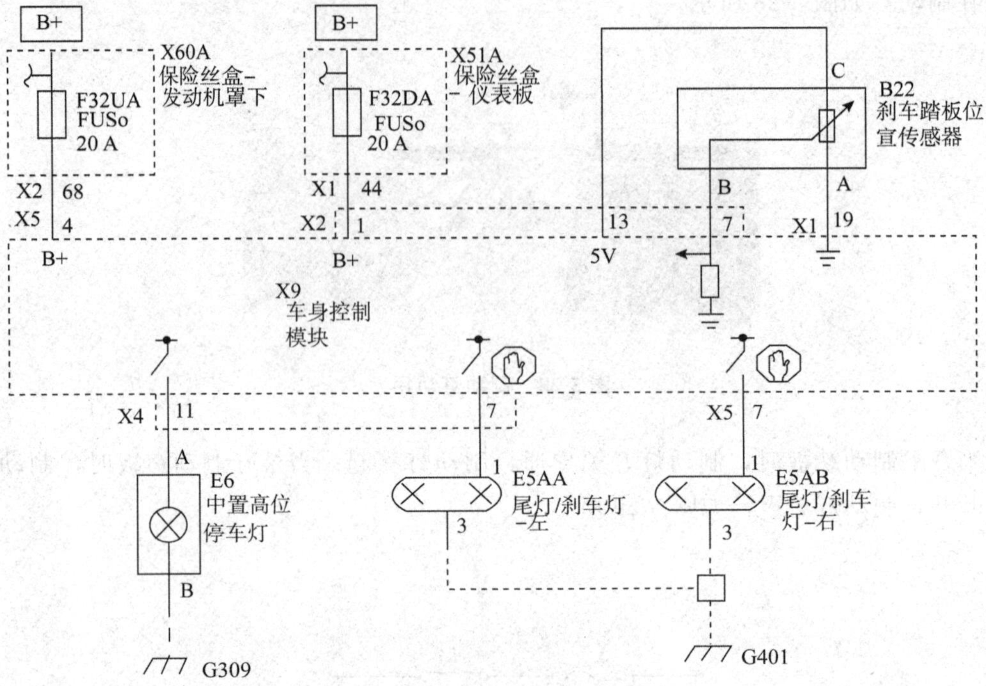

图 5-30 科鲁兹制动灯控制电路

3. 制动灯系统控制线路故障检测及排除，保险丝性能判断更换

（1）故障现象。制动时灯不亮，且仪表上的制动警报灯点亮。如图 5-31 所示。

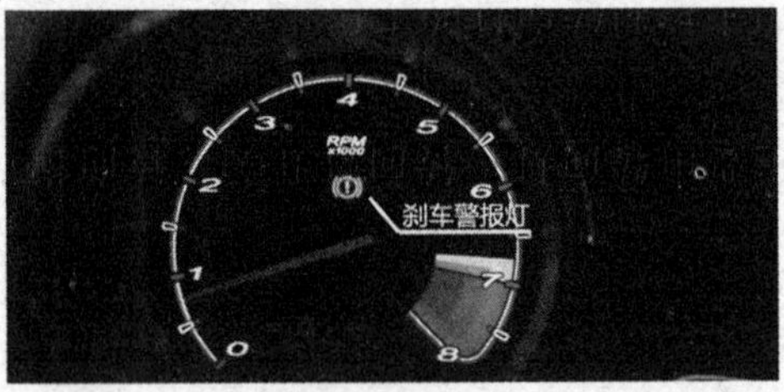

图 5-31 制动报警灯点亮

（2）故障分析如下。

①制动灯的灯泡损坏。

②制动灯开关损坏。

③制动灯保险丝损坏。

④线路有断路。

（3）故障诊断与排除如下。

①因为两制动灯都不亮，检查保险丝。在仪表板下找到保险丝盒，抽出相应的保险丝，对改保险丝的电阻值进行测量。该保险丝电阻为“1”，表示该保险丝烧坏，

断路。

②换上新的保险丝，重新启动车辆。踩下刹车，刹车灯亮，且仪表制动报警灯消失，故障排除。

4. 制动灯开关的拆装及性能检测

(1) 拆卸制动开关的步骤如下。

①按压线束侧制动灯开关连接器的锁扣，拔出制动灯开关连接器。

②逆时针转动制动灯开关总成，将其拆下。

(2) 检查制动开关的步骤如下。

①检查新的制动灯开关零件号是否正确、外观是否完好。

②选用万用表，将万用表打在“欧姆”挡，并对其较零。

③使用万用表测量制动开关 1 号、2 号端子，并读取测量值，标准值为小于 1Ω。

④制动开关的触头压到底。

⑤读取测量值，标准值为 10 Ω 或更大。

(3) 安装制动开关的步骤如下。

①将制动灯总成插入支撑座，并顺时针转动 1/4 圈使制动灯开关总成锁紧，如图 5-32 所示。

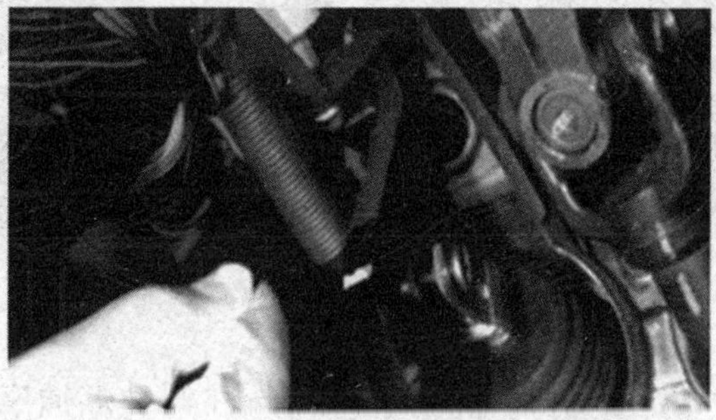

图 5-32　安装制动开关

②连接制动灯开关连接器。

③选用塞尺，检查推杆的凸出部分与缓冲垫之间的距离是否为 1.5～2.5 mm，否则应重新安装。

④调整制动灯开关总成。

(4) 制动灯开关检验的步骤如下。

①将点火开关置于“ON”位置。

②轻踩制动踏板时制动灯应点亮，松开制动踏板时制动灯应熄灭，否则继续调整制动灯开关至合适位置。如图 5-33 所示。

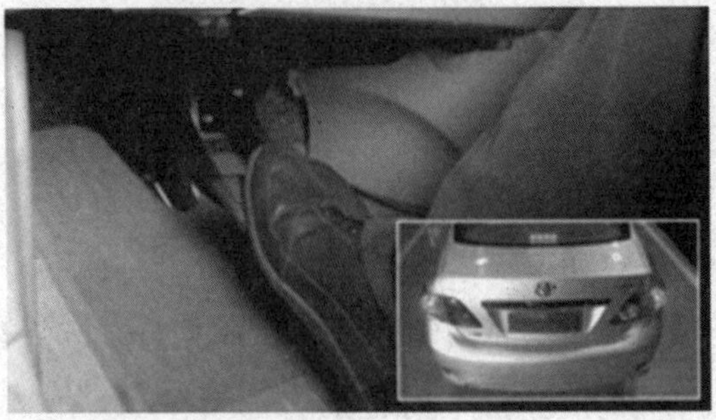

图 5-33　制动灯开关检验

5. 制动灯总成拆装、灯泡性能检测、拆装更换

（1）确认组合灯的位置。确认制动灯的工作状态后，点火开关置于”OFF”位置，打开行李箱盖，确认组合的位置，如图 5-34 所示。

（2）使用十字螺丝刀拆卸后组合灯盖。

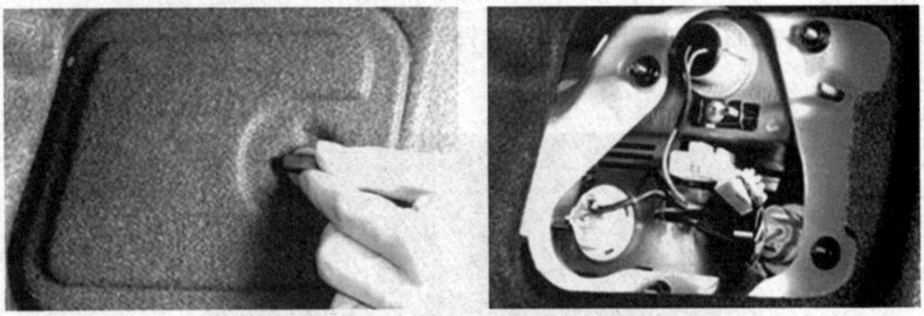

图 5-34　拆卸后组合灯盖

（3）拆卸制动灯。确认制动灯位置后，用手按住制动灯插座，向逆时针方向转动并拆卸，如图 5-35 所示。

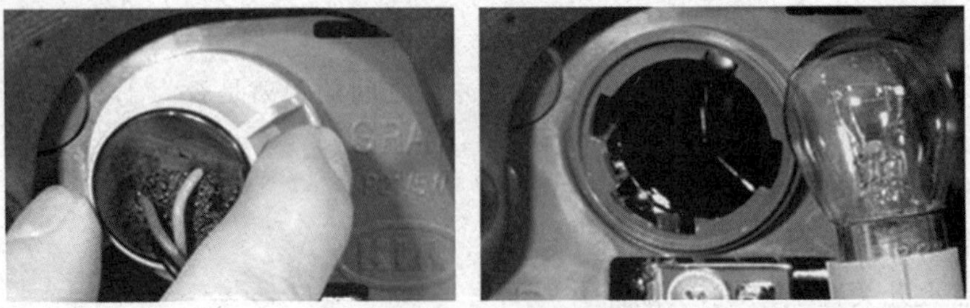

图 5-35　拆卸制动灯

（4）灯泡性能检测。检查灯泡的状态，如果灯泡异常，更换新品灯泡，如图 5-36 所示。

图 5-36　灯泡性能检测

(5) 安装。以拆卸的相反顺序进行安装。安装结束后，确认灯光的工作状态是否正常。

三、任务实施

此部分内容见《汽车电气设备实训》中“实训项目 12　高位制动灯的拆检”。

四、任务小结

1. 制动灯主要用于车辆在制动停车或制动减速行驶时，向后发出灯光信号，以警告尾随的车辆。

2. 制动灯系统控制电路分析。

(1) 当驾驶员踩踏刹车踏板时，B22 刹车踏板位置传感器感知到刹车踏板的动作，于是通过 7 号端子向 K9 车身控制模块发送一个模拟电压信号；车身控制模块得到信号后控制左右刹车灯和中置高位停车灯的开关闭合，电路接通。

(2) 当驾驶员松开刹车踏板时，K9 车身控制模块接收到的模拟电压信号断开，左右刹车灯和中置高位停车灯电路断开，灯泡熄灭。

(3) 检测保持线圈是否断路。

3. 制动灯系统控制线路故障检测及排除。

(1) 故障现象。制动时灯不亮，且仪表上的制动警报灯点亮。

(2) 故障分析步骤如下。

①制动灯的灯泡损坏。

②制动灯开关损坏。

③制动灯保险丝损坏。

④线路有断路。

(3) 故障诊断与排除如下。

①因为两制动灯都不亮，检查保险丝。在仪表板下找到保险丝盒，抽出相应的保险丝，对改保险丝的电阻值进行测量。改保险丝电阻为“1”，表示该保险丝烧坏，断路。

②换上新的保险丝，重新启动车辆。踩下刹车，刹车灯亮，且仪表制动报警灯消失，故障排除。

五、课堂练习

1. 判断题

（1）倒车雷达检测车辆后部障碍物的检测范围分为垂直方向和水平方向，这两个方向的检测范围越大越好。（　　）

（2）安装倒车雷达的传感器时，传感器的方向应该尽量偏向下部。（　　）

（3）当踏下制动踏板时，刹车灯开关触点闭合，刹车灯电路接通，刹车灯点亮。（　　）

（4）制动灯开关复位弹簧折断或过软，可以知道哪个灯不能熄灭。（　　）

（5）倒车雷达装置在倒车时起到辅助倒车功能。（　　）

2. 单选题

（1）制动灯俗称“刹车灯”，装于汽车尾部，（　　）色光。

A. 黄色　　B. 白色　　C. 红色　　D. 橙色

（2）倒车灯装于汽车尾部，（　　）色光。

A. 黄色　　B. 白色　　C. 红色　　D. 橙色

任务三　汽车喇叭检修

一、任务目标

通过本次任务的学习，应能：

1. 正确描述电喇叭控制系统的作用、类型及结构组成；
2. 简单叙述电喇叭元件工作原理分析及维护调整；
3. 正确分析喇叭控制系统电路并对线路故障检测；
4. 独立完成喇叭保险丝、继电器、游丝性能检测判断；
5. 成功进行喇叭按钮开关性能检测及拆装更换，方向盘、游丝拆装更换。

二、知识准备

1. 喇叭的功用、分类和结构

（1）喇叭的基本功用。汽车喇叭是汽车行驶中的声响警示装置。在汽车的行驶过程中，驾驶员根据需要和规定发出必需的音响信号，警告行人和引起其他车辆注意，以保证交通安全，同时还用于催行和传递信号，如图 5-37 所示。

图 5-37　喇叭基本功用

（2）喇叭的分类。汽车喇叭按其发音动力、外形、声频、音质、接线方式可分为不同类型，如表 5-5 所示。目前绝大部分车辆均采用电喇叭，只有少数车辆采用气喇叭，如重型卡车、货车等。

表 5-5　喇叭的分类

分类方式	类型
按其发音动力分类	电喇叭
	气喇叭
按外形分类	螺旋形
	筒形
	盆形
按声频分类	高音喇叭
	低音喇叭
按音质分类	单音喇叭
	双音喇叭
	三音喇叭
按接线方式分类	单线制喇叭
	双线制喇叭

（3）喇叭的结构。汽车喇叭主要以电喇叭为主，其主要由膜片、衔铁、线圈、触点以及共鸣片等组成，如图 5-38 所示。

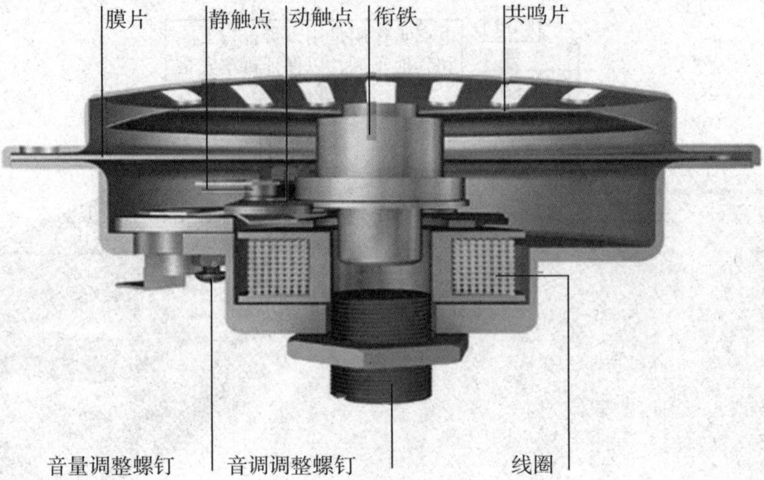

图 5-38　喇叭结构状态

2. 电喇叭元件工作原理分析及维护调整

(1) 电喇叭工作原理

当按下汽车转向盘上的喇叭按钮时，就形成了电流通路：蓄电池正极线圈→活动触点臂触点→固定触点→臂按钮→搭铁蓄电池负极。线圈通电产生吸力，上铁芯被吸与下铁芯撞击，产生较低的基本频率，并激励膜片及与膜片连城一体的共鸣板产生共鸣，从而发出比基本频率强的多而且分布比较集中的谐音。同时压下动触点臂，使触点分开以切断电路，电磁力消失。当铁芯磁力消失后，衔铁又回到原位，触点重新闭合，电路再次接通。这样线圈中将流过时通时断的电流，因此振动膜片时吸时放，产生高频振动而发出音响，如图 5-39 所示。

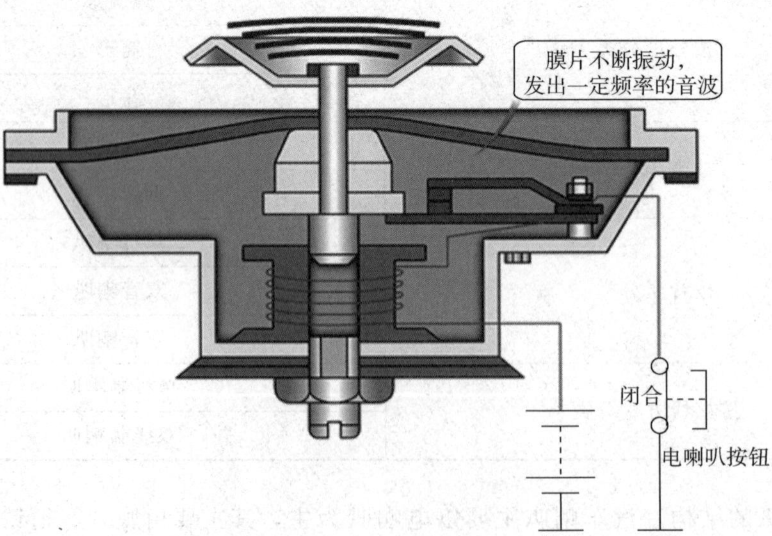

图 5-39　电喇叭工作原理

（2）喇叭的调整。

①音调的调整。大多数汽车都装备两个喇叭，两个喇叭互相并联接线，然后与喇叭开关串联。两个喇叭中一个音调应比另一个的高。喇叭发出的音调与膜片每秒振动次数有关，振动越快音调越高，其音调的改变可以通过调整衔铁与铁芯间的间隙来实现，间隙减小可提高喇叭的音调，反之，则降低。

②音量的调整。电喇叭音量的大小与通过喇叭线圈的电流大小有关，通过的电流越大，音量就越大，反之音量就小，调整触点压力还可以改变音量。

（3）电喇叭的维护。

①经常保持喇叭外表清洁，各接线要牢固。

②经常检查、紧固喇叭和支架的固定螺钉，保证其搭铁可靠。

③喇叭的固定方法对其发音影响较大。为了使喇叭的声音正常，喇叭不能作刚性安装，而应固定在缓冲支架上，即在喇叭与固定支架之间要装有片状弹簧或橡皮垫。

④经常检查发电机输出电压。电压过高会烧坏喇叭触点，电压过低喇叭将发出异常声音。

⑤洗车时，不能用水直接冲洗喇叭筒，以免水进入喇叭筒而使喇叭不响。

⑥在检修喇叭时，应注意各金属垫和绝缘垫的位置，不可装错。

⑦喇叭连续发音不得超过 10 s，以免损坏喇叭。

3. 喇叭控制系统电路分析及线路故障检测

（1）科鲁兹喇叭电路。科鲁兹喇叭控制电路如图 5-40 所示。由于通过喇叭的是大电流，因此需要用到继电器来保护喇叭。喇叭的电路控制分为两路：一路为控制电路：从蓄电池正极通过喇叭继电器线圈然后搭铁；另一路为工作电路：是从蓄电池正极到喇叭继电器触点再到喇叭，最后到搭铁。

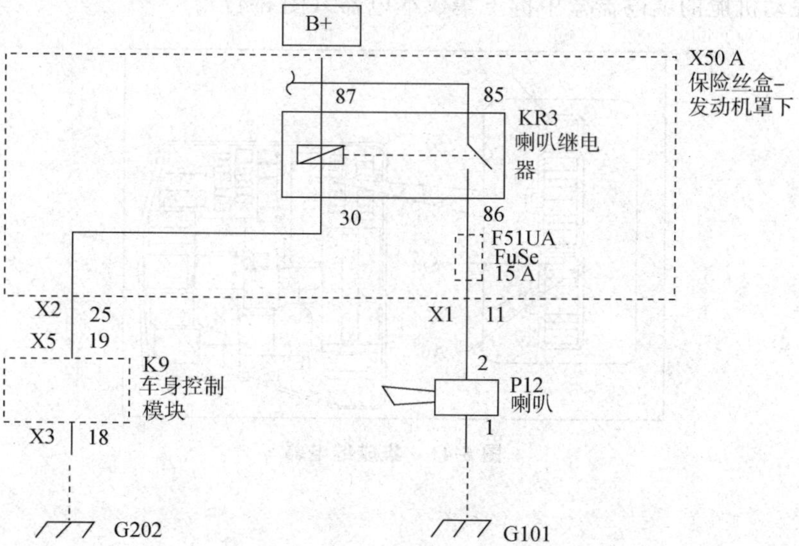

图 5-40　科鲁兹喇叭控制电路

（2）其具体控制电路分析。当按下喇叭开关时，K9 车身控制模块接收到喇叭开关信号后控制喇叭继电器线圈搭铁使控制电路接通；喇叭继电器线圈通电后吸合喇叭继电器触点开关使工作电路接通，电流便从蓄电池正极→继电器 85 号端子→86 号端子→15 A 保险丝→喇叭→搭铁。

（3）科鲁兹喇叭故障分析。在很多有关喇叭的故障中，出现问题时往往是喇叭本身的故障。特别是某些汽车设计的喇叭安装位置存在缺陷，在下雨时很容易使喇叭被雨水淋湿，造成喇叭的损坏。常见的喇叭故障如下。

①有时不响。按压喇叭开关，如果喇叭有时响，有时不响，多是喇叭内部的触点接触不好，有些也是喇叭本身的问题。

②声音沙哑。声音沙哑多是由于插头接触不良，特别是转向盘周围的各个触点，由于使用频繁，容易使触点出现磨损。

③完全不响。首先检查熔丝看是否熔断，然后拔下喇叭插头，用万用表测量在按喇叭开关时此处是否有电。如果没电，应检查喇叭线束和喇叭继电器；如果有电，则是喇叭本身的问题，此时也可以试着调节喇叭上的调节螺母看是否能发声，如果还是不响，则需要更换喇叭。

4. 喇叭保险丝、继电器、游丝性能检测判断

（1）检查保险丝。翻阅维修手册，找到喇叭的相关保险丝。目测熔断器是否烧坏，如果无法目测，则选用数字万用表测量熔断器两插脚之间的电阻，如测得的阻值为 0，则说明熔断器已烧坏，需要进行更换。

（2）检查喇叭继电器。

①打开发动机舱中的继电器盒盖，找到喇叭继电器，继电器的具体位置可查阅继电器盒盖内侧上的分布图。

②从发动机舱的继电器盒中拆下集成继电器（图 5-41）。

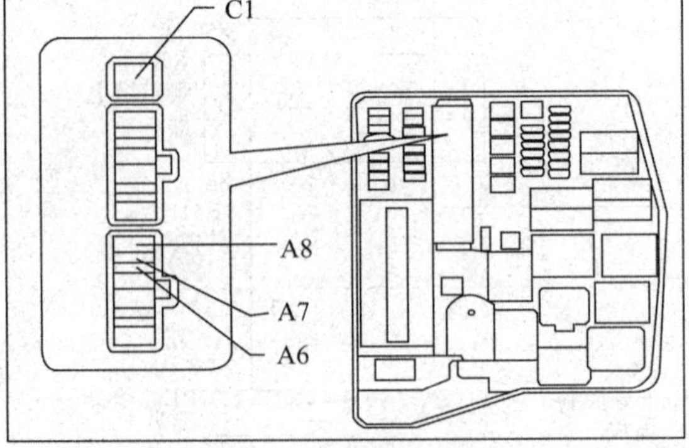

图 5-41　集成继电器

如果检测的结果不符合表 5-6 的标准，则更换集成继电器。

表 5-6　标准电阻

检测仪连接	条件	规定状态
C1－A8	蓄电池电压没有施加在端子 A6 和 A7 上时	10 kΩ 或更大
C1－A8	蓄电池电压施加在端子 A6 和 A7 上时	小于 1 Ω

（3）检查螺旋电缆。

①拆卸螺旋电缆。

②检查螺旋电缆。

a. 目测观察连接器或者螺旋电缆上是否有划痕、裂缝、凹痕或碎片。如果有，则需要换上新的螺旋电缆。

b. 检查螺旋电缆（图 5-42）。

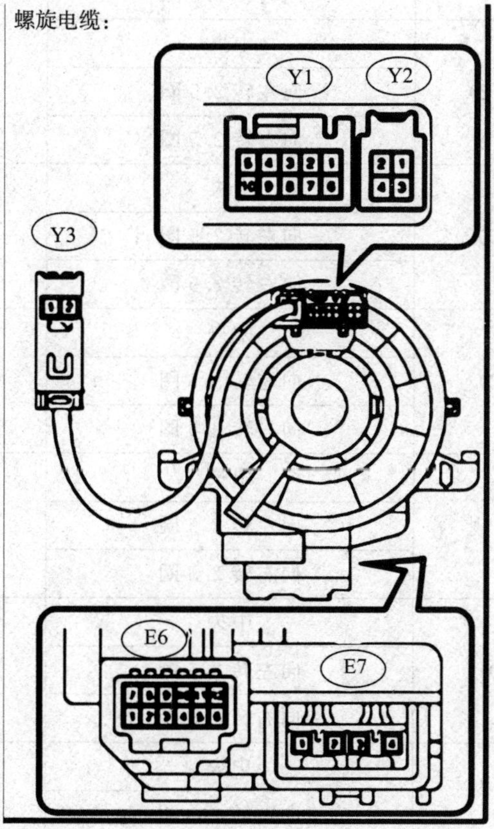

图 5-42　螺旋电缆

如果数值不在表 5-7 规定的范围，则需更换螺旋电缆。

表 5-7　标准电阻

检测仪连接	条件	规定状态
Y1－1－E6－8（HO）	中央	小于 1 Ω
	向左转 2.5 圈	
	向右转 2.5 圈	
Y1－1－E6－3（CCS）	中央	小于 1 Ω
	向左转 2.5 圈	
	向右转 2.5 圈	
Y1－2－E6－4（ECC）	中央	小于 1 Ω
	向左转 2.5 圈	
	向右转 2.5 圈	
Y1－5－E6－12（IL＋2）	中央	小于 1 Ω
	向左转 2.5 圈	
	向右转 2.5 圈	
Y1－8－E6－4（EAU）	中央	小于 1 Ω
	向左转 2.5 圈	
	向右转 2.5 圈	
Y1－9－E6－5（AU2）	中央	小于 1 Ω
	向左转 2.5 圈	
	向右转 2.5 圈	
Y1－10－E6－6（AU1）	中央	小于 1 Ω
	向左转 2.5 圈	
	向右转 2.5 圈	
Y3－1－E－2（D－）	中央	小于 1 Ω
	向左转 2.5 圈	
	向右转 2.5 圈	
Y3－2－E7－1（D＋）	中央	小于 1 Ω
	向左转 2.5 圈	
	向右转 2.5 圈	

③安装螺旋电缆。

5. 喇叭按钮开关性能检测及拆装更换，方向盘、游丝拆装更换

(1) 检查喇叭按钮（图 5-43）。从车辆拆下方向盘装饰盖，目视检查，方向盘装饰盖上的喇叭按钮接触片是否变形或烧蚀损坏。如有变形，则换上新的方向盘装饰盖。

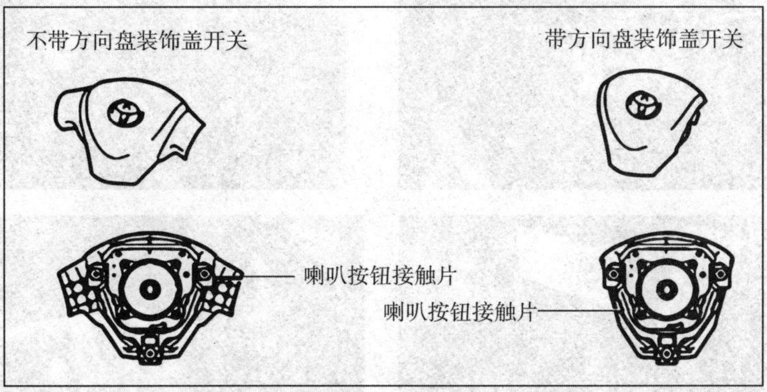

图 5-43　检查喇叭按钮

(2) 方向盘、游丝拆装更换。

①启动车辆，将方向盘顺时针转到 90°位置，拨开气囊卡扣，回正方向盘，拔出钥匙，断开蓄电池负极。

②拆下一黄一蓝的气囊线，如图 5-44 所示。

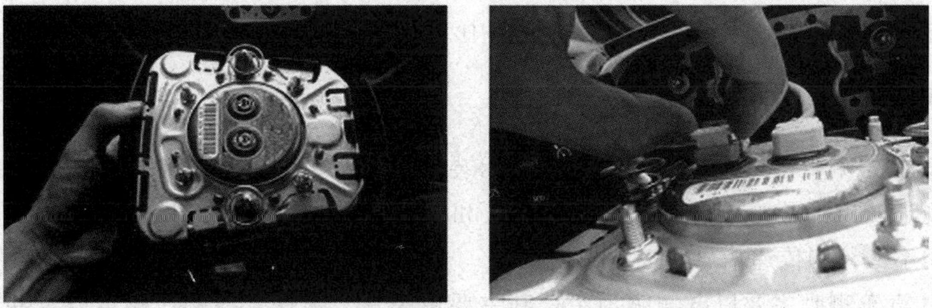

图 5-44　拆下一黄一蓝的气囊线

③取下多功能方向盘连接线束插头。

④拆方向盘中心螺丝，并取下方向盘，如图 5-45 所示。

⑤拆装饰罩。

⑥拆四颗游丝固定螺丝，取下游丝总成。

⑦安装新的游丝总成。

⑧重新安装回去。

⑨此时喇叭能正常发声。

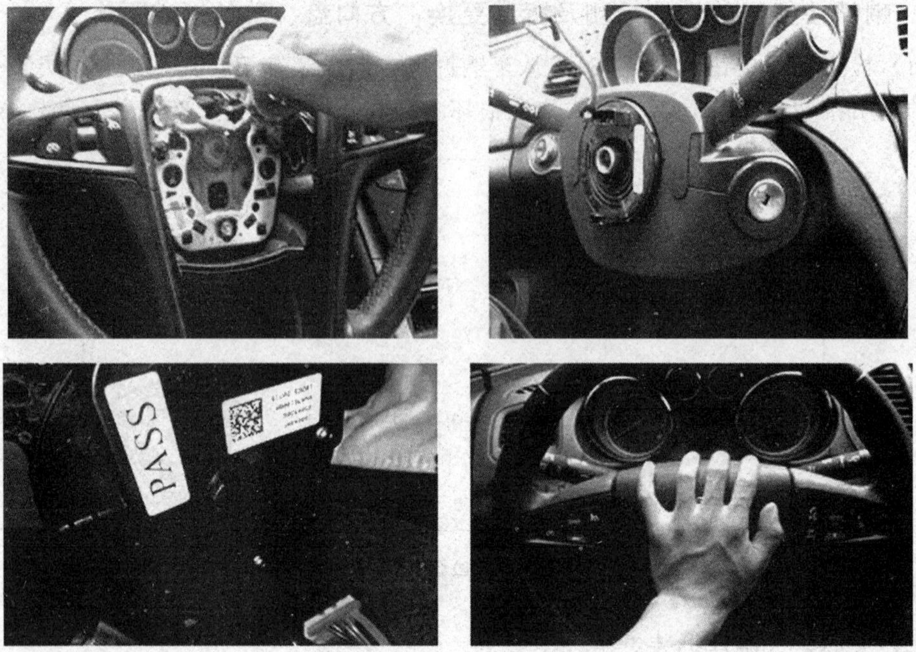

图 5-45　取下方向盘

三、任务实施

此部分内容见《汽车电气设备实训》中“实训项目 13　喇叭总成的拆装”。

四、任务小结

1. 汽车喇叭是汽车行驶中的声响警示装置。在汽车的行驶过程中，驾驶员根据需要和规定发出必需的音响信号，警告行人和引起其他车辆注意，以保证交通安全，同时还用于催行和传递信号。

2. 汽车喇叭主要以电喇叭为主，其主要由膜片、衔铁、线圈、触点以及共鸣片等组成。

3. 电喇叭具体线路分析。

当按下喇叭开关时，K9 车身控制模块接收到喇叭开关信号后控制喇叭继电器线圈搭铁使控制电路接通；喇叭继电器线圈通电后吸合喇叭继电器触点开关使工作电路接通，电流便从蓄电池正极→继电器 85 号端子→86 号端子→15A 保险丝→喇叭→搭铁。

4. 喇叭总成拆装步骤如下。

（1）拆卸散热器上空气导流板。

（2）拆卸散热器格栅防护罩。

（3）拆卸前保险杠总成。

（4）拆卸低音喇叭总成。

（5）拆卸高音喇叭总成。

（6）安装高、低音喇叭。

（7）安装散热器格栅防护罩。

（8）安装散热器上空气导流板。

五、课堂练习

1. 判断题

（1）电喇叭利用电磁力使金属膜片振动产生音响。（　　）

（2）为了得到较为和谐悦耳的声音，在汽车上常装有两个不同音调的电喇叭。其中高音喇叭膜片厚、扬声器短，低音喇叭则相反。两喇叭并联，由喇叭继电器控制。（　　）

（3）改变铁芯气隙，可以改变喇叭发音频率，即音调。铁芯气隙越小，音调越低；反之，音调越高。（　　）

（4）电子电喇叭中无触点，它是利用晶体管电路产生的脉冲激励膜片振动产生声音的。（　　）

（5）改变电喇叭铁芯气隙可以改变电喇叭的音量。（　　）

（6）改变电喇叭触点预压力可改变电喇叭的音量。（　　）

（7）汽车喇叭按发音动力分为电喇叭和气喇叭。（　　）

（8）流过喇叭线圈的电流越大，则音量越大。（　　）

2. 单选题

（1）调整电喇叭下铁芯螺钉，甲认为可调整喇叭的音调，乙认为可调整喇叭的音量。你认为（　　）。

A. 甲对　　　　B. 乙对

C. 甲、乙都对　　　　D. 甲、乙都不对

（2）汽车喇叭声级在距车前 2 m、离地面 1.2 m 处测量时，其值应为（　　）

A. 80～100 dB　　　　B. 90～115 dB

C. 90～140 dB　　　　D. 50～105 dB

项目六 仪表报警系统

项目导入

汽车组合仪表用来指示汽车运行以及发动机运转状况，是汽车与驾驶员进行信息交互的界面，让驾驶员随时了解汽车各系统的工作状态，保证汽车安全而可靠地行驶。组合仪表安装在驾驶室转向盘前方的面板上，仪表盘上有各种指示仪表、指示灯和报警灯，因此组合仪表也是维修人员发现和排除故障的重要参考装置。

汽车仪表总成一般由面罩、表框、表芯、表座、底板、印制线路板、插接器、报警灯及指示灯等部件组成，有些仪表还带有仪表稳压器及报警蜂鸣器。

项目目标

通过本项目的学习，应能：

1. 熟知仪表报警系统的结构组成；
2. 独立完成车速里程表的工作原理及检测拆装；
3. 独立完成燃油表的工作原理及检测拆装；
4. 独立完成冷却液温度表的工作原理及检测拆装。

任务一　车速里程表认知

一、任务目标

通过本任务的学习，应能：

1. 熟知车速里程表的作用；
2. 正确描述车速里程表的作用及工作原理；
3. 正确分析车速里程表控制线路；
4. 了解车速传感器结构及工作原理。

二、知识准备

1. 电子式车速里程表结构及工作原理

车速里程表用来指示汽车行驶速度和汽车累计行驶里程，它由车速表和里程表两部分组成。奥迪 100 型轿车的组合仪表中装有指针式电子车速里程表。电子车速里程表电路主要由车速传感器、电子电路、车速表和里程表四部分组成，如图 6-1 所示。

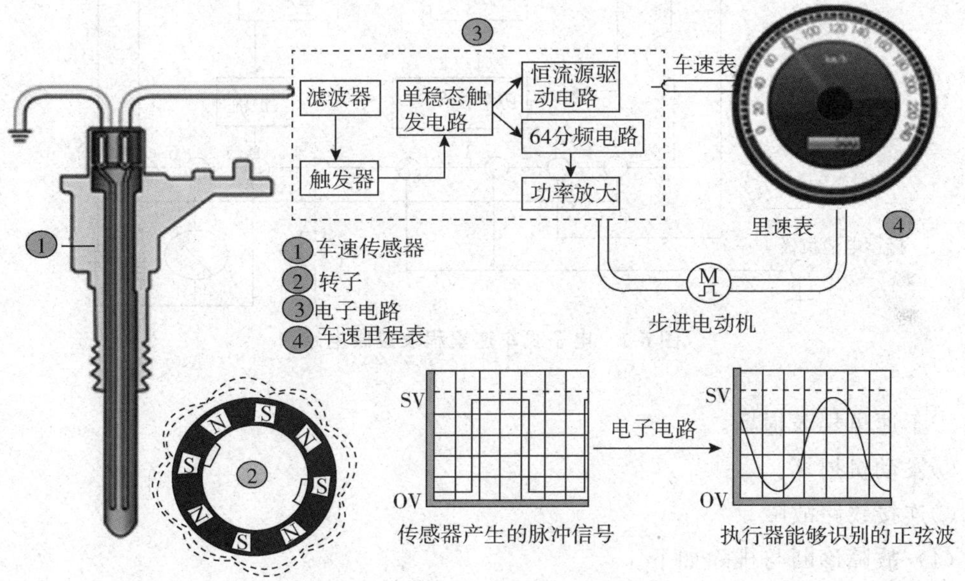

图 6-1 电子式车速里程表

安装在仪表板背后的印制线路软板，是将连接电路印制在聚氯乙烯塑料薄片上，一方面使各仪表及指示灯之间的电路连接；另一方面实现了仪表板与线束之间的连接。从而使仪表电路连接简单清晰，提高了使用的方便性和可靠性。

2. 车速里程表控制线路分析及故障检测判断

（1）电子式车速里程表控制电路。电子式车速里程表控制电路图如图 6-2 所示。

（2）常见故障如下。

①行车中车速表指针永远指零，里程表不计数。

②行车中车速表指针不断摆动，有时跳动。

③指针只在高速行驶时才稍许摆动，中速、低速时常指向零，或中低速时指针指数偏大，示值不准。

（3）故障原因。

①车速里程表霍尔车速传感器故障。

②车速里程表指针卡住。

③变速器输出轴驱动齿轮磨损严重或齿轮啮合间隙过大。

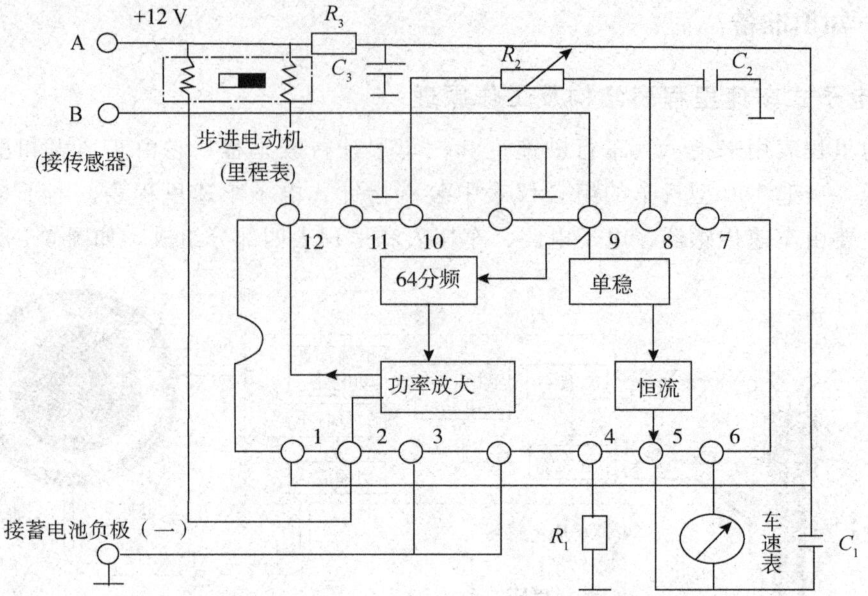

图 6-2　电子式车速里程表控制电路图

④车速里程表损坏。

⑤发动机损坏。

⑥连接线路故障。

（4）故障诊断与排除如下。

①如果出现车速里程表不工作的故障，应先检查霍尔车速传感器及驱动齿轮的啮合有无故障。如果正常，再拆检车速里程表。

②如果只出现车速表指示不准的故障，一般是表内部损坏。

③检查车速信号到发动机电脑连线，发动机至仪表的信号线。

3. 车速传感器

车速传感器具有检测电控汽车的车速，控制电脑用这个输入信号来控制发动机怠速，自动变速器的变扭器锁止，自动变速器换挡及发动机冷却风扇的开闭和巡航定速等其他功能。光电式车速传感器如图 6-3 所示，光电式车速传感器原理如图 6-4 所示。

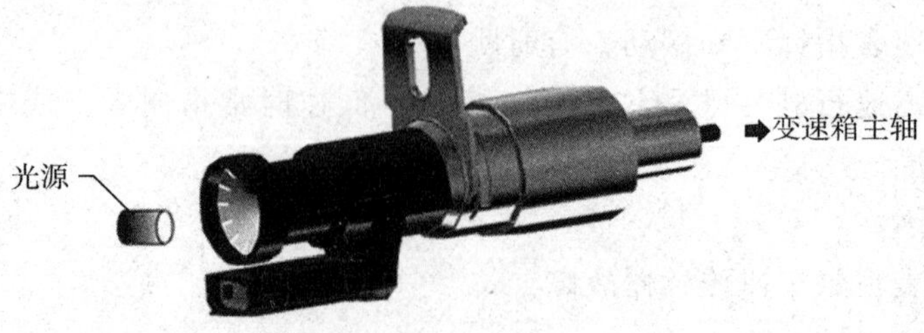

图 6-3　光电式车速传感器

图 6-4　光电式车速传感器原理

车速传感器的输出信号可以是磁电式交流信号，也可以是霍尔式数字信号或者是光电式数字信号，车速传感器通常安装在驱动桥壳或变速器壳内，车速传感器信号线通常装在屏蔽的外套内，这是为了消除有高压电火线及车载电话或其他电子设备产生的电磁及射频干扰，用于保证电子通信不产生中断，防止造成驾驶性能变差或其他问题。

三、任务实施

1. 实训目标

(1) 能熟知常用车速里程表的工作原理。

(2) 对照实车能正确读出车速及里程数。

2. 组织方式

(1) 由老师带领同学对照实训车辆讲解车速里程表的工作原理。

(2) 再由四位学生一组，读出大实训车的当前里程数及车速指针在不同位置处时代表的车速。

(3) 由老师对学生的知识掌握情况进行考核。

3. 实训准备

(1) 技术要求与标准：查询大众迈腾维修手册，了解车速里程表的结构与工作原理等。

(2) 场地设施：电气实验教室、消防设施等。

(3) 设备设施：一台大众迈腾实训专用车等。

(4) 安全防护：车轮挡块、车内三件套等。

4. 操作步骤

(1) 安装车轮挡块。

(2) 安装车内三件套。

(3) 读取当前里程数。

(4) 车速指针指在不同位置处时，读出其代表的车速。

(5) 整理工位。

四、任务小结

1. 车速里程表作用、组成及分类

车速里程表用来指示汽车行驶速度和汽车累计行驶里程，它由车速表和里程表两

部分组成，按其工作原理可以分为磁感应式和电子式两种。

2. 车速里程表常见故障

（1）行车中车速表指针永远指零，里程表不计数。

（2）行车中车速表指针摆动不停，有时跳动。

（3）指针只在高速行驶时才稍许摆动，中速、低速时常指向零，或者中低速时指针指数偏大，示值不准。

3. 车速里程表常见故障的原因

（1）车速里程表霍尔车速传感器故障。

（2）车速里程表指针卡住。

（3）变速器输出轴驱动齿轮磨损严重或齿轮啮合间隙过大。

（4）车速里程表损坏。

（5）发动机损坏。

（6）连接线路故障。

五、课堂练习

1. 判断题

（1）车速里程表用来指示汽车行驶速度和汽车累计行驶里程，它由车速表和温度表两部分组成。（　　）

（2）车速里程表按其工作原理可分为磁感应式和电子式两种。（　　）

2. 单选题

（1）车速传感器安装在（　　）。

A. 气缸体上　　B. 油底壳上　　C. 离合器上　　D. 变速器上

（2）下列哪个不属于仪表拆卸的步骤（　　）。

A. 拆卸喇叭按垫　　B. 拆卸方向盘　　C. 拆卸组合仪表　　D. 拆卸装饰板

任务二　燃油表认知

一、任务目标

通过本任务的学习，应能：

1. 熟练掌握燃油表的作用及类型；

2. 了解燃油表的组成及工作原理；

3. 正确进行油表感应器性能检测、拆装、更换；

4. 正确进行燃油表拆装、检测、判断的作业技能。

二、知识准备

1. 燃油表功用、类型及工作原理

燃油表用来指示汽车油箱中的存油量。它与装在油箱内的燃油传感器配合工作。其传感器一般为可变电阻式。燃油指示表从工作原理上可分为电磁式燃油表、电热式燃油表、动磁式燃油表、电子式燃油表。燃油表工作原理如图 6-5 所示。

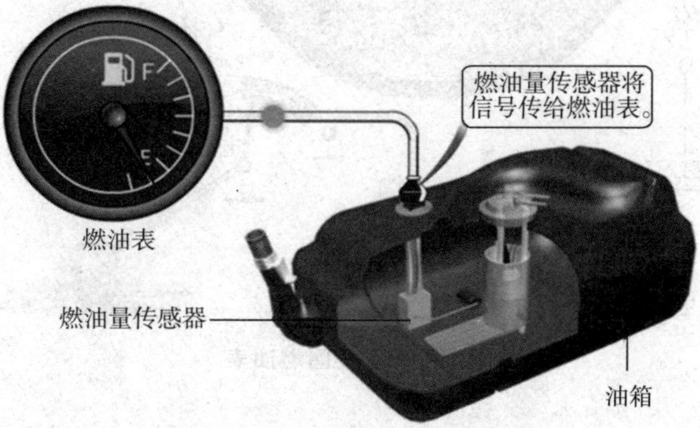

图 6-5　燃油表工作原理

（1）电磁式燃油表如图 6-6 所示。

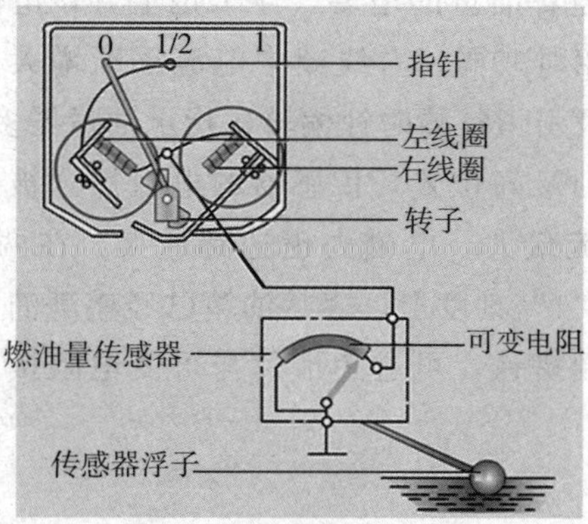

图 6-6　电磁式燃油表

①双线圈燃油表。双线圈燃油表的结构和电路如图 6-7 所示。其燃油表有左、右两只线圈，（线圈内有铁芯），中间置有转子，转子上连有指针。可变电阻式传感器由电阻器、滑片、浮子等组成。浮子漂浮在油面上，随油面的高低而起落，带动滑片使电阻器的阻值随之改变。

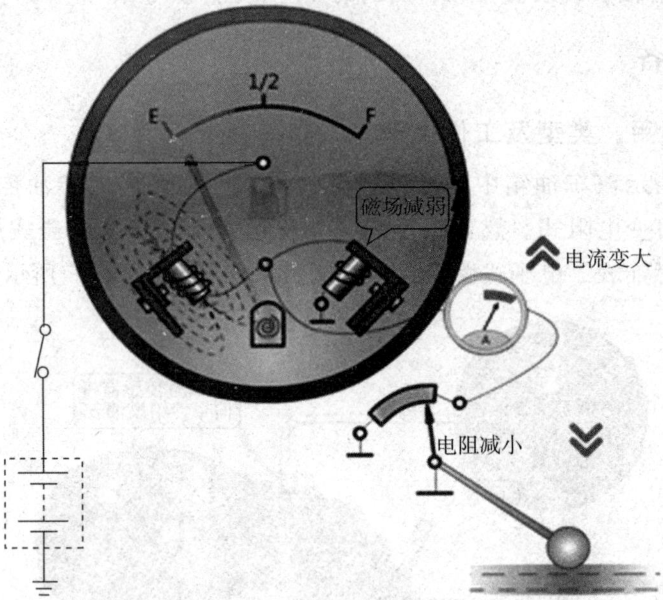

图 6-7　双线圈燃油表

当油箱内无油时，浮子下降到最低位置，传感器上的电阻器被短路，同时右线圈也被短路；而左线圈在电源电压的作用下，电流达到最大，产生的电磁强度也最大，吸引转子带动指针偏向最左端，指在“0”刻度上。

当向油箱中加油时，随着油量的增多，浮子也上升，电阻逐渐增大。左线圈中的电流逐渐减小，电磁强度相对减弱。右线圈中电流逐渐增大，电磁强度相对增强，两线圈合成磁场偏向右方，吸引指针顺时针偏转，指示油量增多。

当油箱注满浮子上升到最高位置，传感器的电阻被全被接入，这时左线圈中的电流最小，而右线圈中的电流最大，电磁力也达到最大，在两线圈合成磁场的作用下，带动指针偏向最右端指在“1”刻度上，表示油箱已经盛满油。

传感器的可变电阻末端搭铁，可避免滑片与可变电阻接触不良时产生火花，引起火灾危险。

②三线圈式燃油表。

(2) 电热式燃油表。电热式燃油表的结构和电路如图 6-8 所示，为了稳定电源电压，在电路中还串接了一个仪表稳压器。

当燃油量较多时，浮子上升，传感器阻值减小，流过指示表电热线圈中的电流较大，双金属片变形大，指针指向燃油较多方向；相反燃油较少时，浮子下降，传感器电阻较大，流过电热线圈中的电流减小，双金属片变形小，指针指向燃油较少方向。

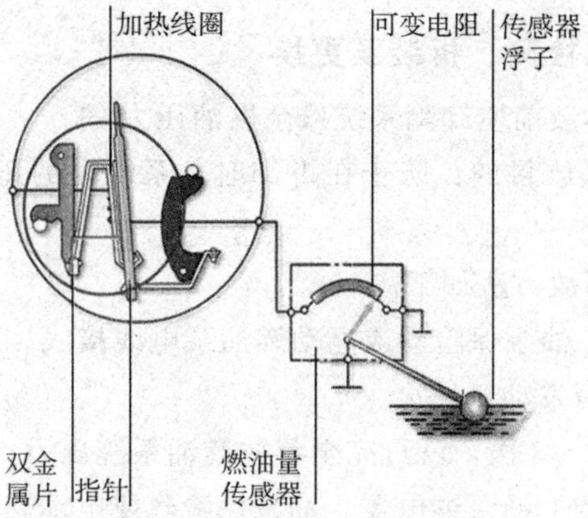

图 6-8　电热式燃油表

2. 燃油表常见故障及原因

(1) 故障现象

①接通电源，指针不动，无论存油多少其示值均为“0”。故障原因如下。

a. 指示表电源线断脱。

b. 燃油表内部断路或接触不良。

c. 指示仪表接线柱的导线接反。

d. 右线圈烧断或指示表至传感器间导线。

e. 油箱内浮子被卡住。

②无论存油量多少，示值总为“1”或偏高。故障原因如下。

a. 指示表下接线柱至传感器之间的连线断脱。

b. 传感器可变电阻损坏，滑片与可变电阻接触不良，滑动触点臂折断。

③指示表指针大幅度摆动，指示表示值失准。故障原因如下。

a. 线头松动，搭铁不良。

b. 传感器滑片与电阻接触不良或中间电阻磨断。

c. 仪表未配套使用性能不良。

d. 传感器浮子使用过久，防油能力差，失去规定浮力，激烈震动，使柱杆弯曲。

(2) 故障检查步骤。

①接通点火开关，观察燃油表是否工作。如果燃油表不工作，则进行如下检查。

②拔下燃油表传感器插头，用万用表测量紫/黑色线是否有电，再检查棕色线与车身搭铁情况。如果紫/黑色线有电、棕色线正常，则说明燃油表传感器有故障，应更换。

③如果紫/黑色线无电，则检查燃油表传感器插头紫/黑色线至组合仪表插头之间线路是否断路。

④检查保险丝。

⑤检查点火开关。

3. 油表感应器性能检测、拆装及更换

(1) 拆装前准备。拆装前应卸除系统残余燃油压力。

①燃油系统的压力释放目的：防止在拆卸时，系统内的压力油喷出，造成人身伤害和火灾。

②燃油系统的压力释放方法如下。

a. 拔下油泵继电器、油泵保险丝或电动燃油泵电线接线。

b. 启动发动机，直至发动机熄火。

c. 再使发动机启动 2～3 次，就可完全释放燃油系统压力。

d. 关闭点火开关，装上油泵继电器、油泵保险丝或电动燃油泵电源接线。

(2) 拆卸油表感应器。

①正确拆卸后座椅，拆卸油箱盖板。

②正确规范拆卸燃油压力管，拆卸连接线束。

③正确规范拆卸燃油泵总成压板，取出燃油泵总成。

④分解燃油泵，取出油表感应器。

(3) 燃油表的检测。

①拆下燃油泵连接器。

②用专用工具把测试灯连接到配线侧的连接器上。

③将点火开关置于“ON”位置，观察测试灯是否点亮，不亮则修理电气配线。

④观察燃油表指针摆动是否正常，不正常则更换组合仪表。

⑤正常则更换燃油泵。

(4) 安装油表感应器。

①正确安装油表感应器于燃油泵总成内。

②正确规范安装燃油泵总成。

③正确规范安装燃油泵总成压板。

④正确规范安装燃油压力管及连接线束。

⑤正确安装油箱盖板及后座椅。

⑥正确规范预置系统燃油压力。

4. 燃油不足报警灯及燃油表的检测

(1) 燃油不足报警灯工作原理。燃油不足报警灯电路如图 6-9 所示。

其报警开关为热敏电阻式，装在油箱内。当箱内燃油量多时，负温度系数的热敏电阻元件浸没在燃油中，散热快，温度较低，电阻值较大。因此，电路中几乎没有电流，报警灯不亮。

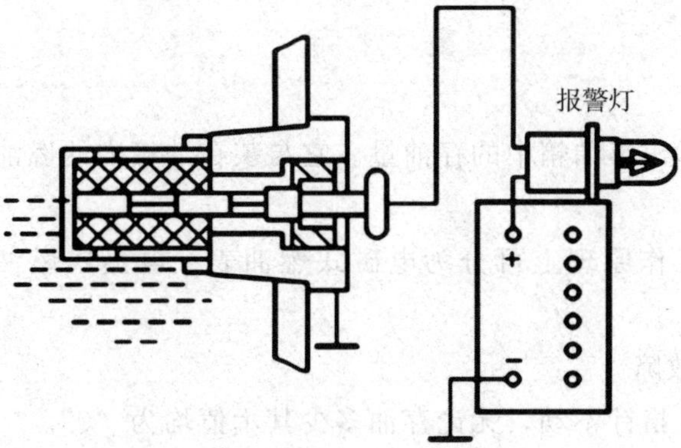

图 6-9　燃油不足报警灯电路

而当燃油减少到规定值以下时，热敏电阻元件露出油面，散热较慢，温度升高，电阻值减小，电路中流增大，则报警灯点亮。

三、任务实施

1. 实训目标

(1) 能熟知燃油表的工作原理。

(2) 熟悉燃油表的结构。

(3) 能在实车上正确判断燃油量。

2. 组织方式

(1) 由老师带领同学对照燃油系统元件结构讲解燃油表的工作原理。

(2) 再由四位学生一组，对燃油表结构进行认识，并能正确判断当前实训专用车上的燃油量。

3. 实训准备

(1) 技术要求与标准：查询大众迈腾维修手册，了解燃油系统的结构原理等。

(2) 场地设施：电气实验教室、消防设施等。

(3) 设备设施：一台大众迈腾实训专用车、燃油系统教具等。

(4) 安全防护：车轮挡块、车内三件套等。

4. 操作步骤

(1) 对照燃油系统教具，理解燃油表的工作原理。

(2) 安装车轮挡块。

(3) 安装车内三件套。

(4) 实车认识燃油系统的分布。

(5) 读取当前燃油量。

(6) 整理工位。

四、任务小结

1. 燃油表功用

燃油表用来指示汽车油箱中的存油量。它与装在油箱内的燃油传感器配合工作。

2. 燃油表类型

燃油指示表从工作原理上可分为电磁式燃油表、电热式燃油表、动磁式燃油表、电子式燃油表。

3. 燃油表常见故障

（1）接通电源，指针不动，无论存油多少其示值均为“0”。

（2）无论存油量多少示值总为“1”或偏高。

（3）指示表指针大幅度摆动，指示表示值失准。

4. 燃油表的检测步骤

（1）拆下汽油泵连接器。

（2）用专用工具把测试灯连接到配线侧的连接器上。

（3）将点火开关置于“ON”位置，观察测试灯是否点亮，不亮则修理电气配线。

（4）观察燃油表指针摆动是否正常，不正常则更换组合仪表。

（5）正常则更换燃油泵。

五、课堂练习

1. 判断题

（1）燃油表是显示油箱里的燃油压力的一种仪表。（　　）

（2）燃油表指针指在“1/2”时，表示油箱无油。（　　）

（3）发动机正常工作时，无论存油量多少示值总为“1”。（　　）

2. 单选题

（1）从工作原理分，燃油表可分为（　　）。

A. 双金属片式　　B. 磁感应式

C. 霍尔式　　D. 压力式

（2）电热式燃油表主要由（　　）等组成。

A. 加热线圈　　B. 双金属片式

C. 指针　　D. 刻度盘

（3）燃油系统的压力释放方法有（　　）。

A. 拔下电动燃油泵电线接线　　B. 启动发动机，直至发动机熄火

C. 拔下油泵保险丝　　D. 拔下油泵继电器

任务三　冷却液温度表认知

一、任务目标

通过本任务的学习，应能：

1. 熟练掌握冷却液温度表的作用、类型、组成及工作原理；
2. 简单分析与判断冷却液温度表控制线路的故障；
3. 正确进行冷却液温度表的拆装、检测、判断。

二、知识准备

1. 冷却液温度表的作用、类型及工作原理

（1）冷却液温度表的功用。冷却液温度表的作用是指示发动机冷却液的温度。正常情况下，冷却液温度表指示值应为 85～95℃。冷却液温度表与装在发动机水套上的水温传感器配合工作，如图 6-10 所示。

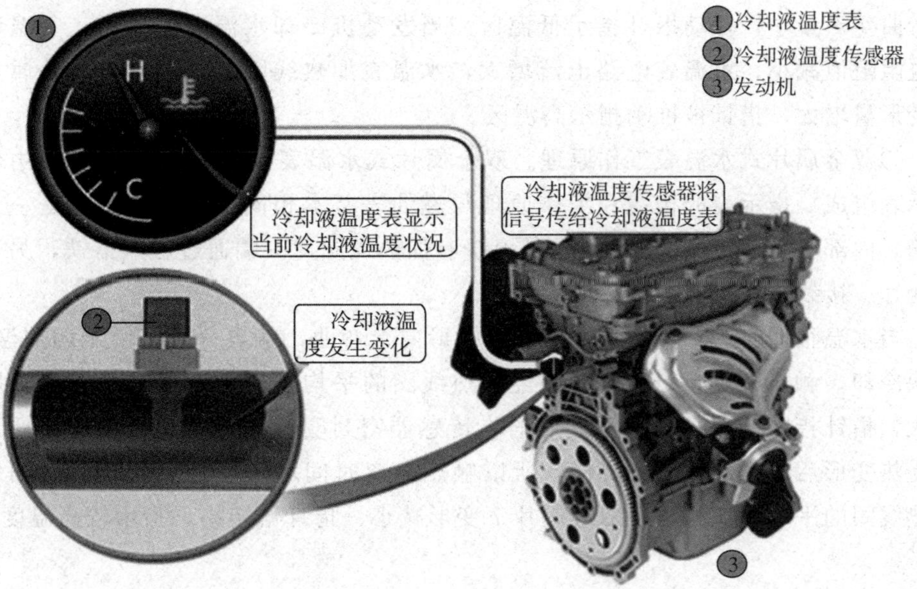

图 6-10　发动机冷却液温度表的功用

①电磁式冷却液温度表工作原理。当冷却液温度较低时，负热敏电阻（温度越高，阻值越小）所在电路电阻较大，电流较小，使得左线圈所在支路电流较大，其产生的磁场强，指针被副线圈吸引向左端，显示冷却液温度较低。

当冷却液温度升高时，负热敏电阻所在电路电阻减小，电流变大，使得左线圈所在支路电流变小，其产生的磁场变弱，指针被主线圈吸引向右端，显示冷却液温度升高。

电磁式温度表与热敏电阻式传感器配套工作的冷却液温度表工作原理如图 6-11 所示。

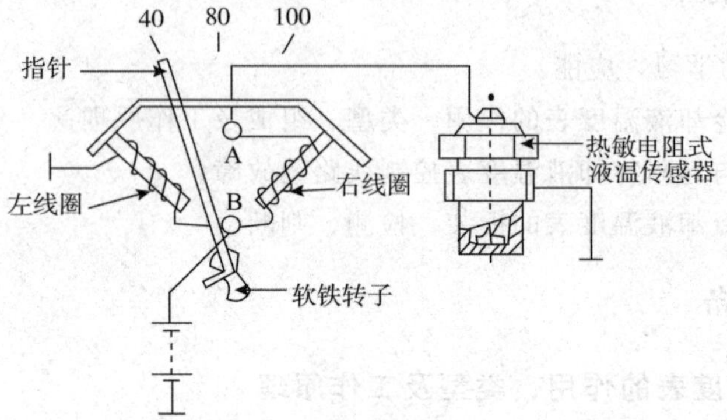

图 6-11　电磁式冷却液温度表与热敏电阻式传感器

②电热式冷却液温度表工作原理。当发动机冷却水温度较低时，传感器负温度系数热敏电阻阻值较大，水温表电路电流较小，水温表加热线圈温度较低，双金属片受热弯曲变形量小，拉动指针指示低温区。当发动机冷却水温度上升后，负温度系数热敏电阻阻值减小，水温表电路电流增大，水温表加热线圈温度上升，双金属片受热弯曲变形量增大，指针被推动指示高温区。

③双金属片式水温表工作原理。双金属片式水温表，如图 6-12 所示，由传感器和指示表组成。指示表的构造和工作原理与燃油表基本相同。水温传感器是一个密封的套筒，内部装有条形双金属片 2，其上绕有加热线圈，一端通过触点搭铁，另一端通过接触片、接线柱与水温表加热线圈相连。

当水温很低时，双金属片 2 经加热变形向上弯曲，触点分开，由于四周温度较低，很快冷却，触点又重新闭合。故流经加热线圈的平均电流大，指示表中双金属片 7 变形大，指针指向低温。当水温增高时，传感器密封套筒内温度也增高。因此，双金属片受热变形后，冷却的速度降慢，所以触点分离时间增长，触点闭合时间缩短，流经加热线圈的平均电流减小，双金属片 7 变形减小，指针偏转小，指示较高温度。

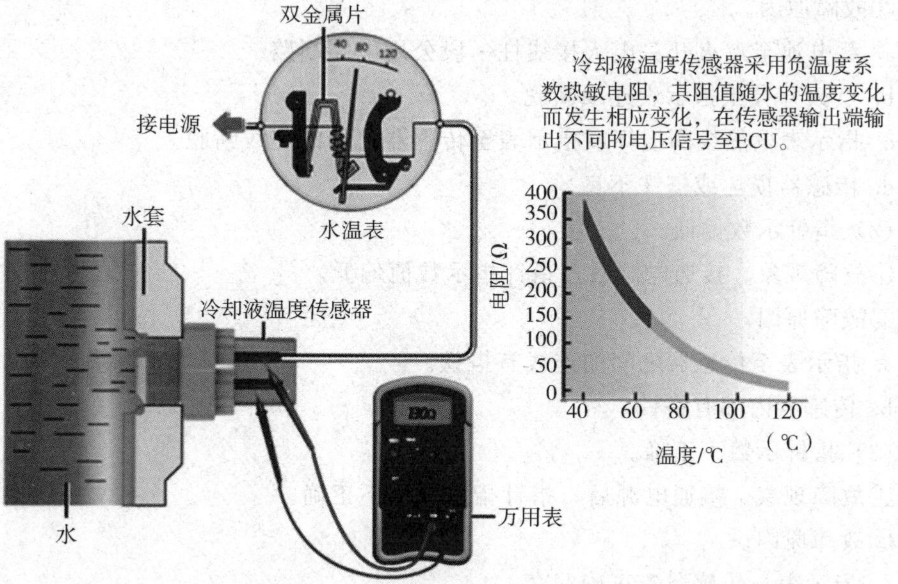

图 6-12　双金属片式水温表

2. 冷却液温度表故障实例

（1）故障现象。发动机运转后冷却液温度表指针不指示。

（2）故障可能原因分析。

①温度表损坏。

②冷却液温度传感器失效。

③温度表线路断路。

④稳压器损坏。

⑤发动机电脑损坏。

（3）故障诊断与排除。

①打开发动机舱盖，拔下冷却液温度传感器插头。检查冷却液温度传感器电阻是否正常；如正常，检查传感器信号至发动机电脑信号，发动机电脑至仪表信号。

②如果上述线路正常，接上组合仪表插头，打开点火开关，检查冷却液温度传感器插头的黄/红线是否有电。如果有电，则说明冷却液温度传感器损坏；如果无电，则为冷却液温度表本身或稳压器故障。

③拆下仪表板，线束保持正常连接，将万用表连接在稳压器正极输出端和搭铁端之间测量电压，如果电压值高于 10.5 V 或低于 9.5 V，则表明稳压器有故障。否则，为冷却液温度表本身故障，则更换发动机冷却液温度表。

3. 冷却液温度表常见故障分析

（1）指针不动、指示数值偏高。

①故障现象。接通电源后，指示表指针不动或指示数值偏高。

②故障原因。

a. 蓄电池至点火开关出火接线柱一段公用电路断路。

b. 点火开关至指示表连线断脱。

c. 指示表电热线圈损坏或指示表至传感器之间的连线断脱。

d. 传感器损坏或搭铁不良。

(2) 指针示数偏低。

①故障现象。接通电源后，指针指示数值偏低。

②故障原因。

a. 指示表至传感器之间的连线有搭铁。

b. 传感器内部有搭铁。

(3) 指针示数不正确。

①故障现象。接通电源后，指针指示数值不正确。

②故障原因。

a. 指示表与传感器未正确配套。

b. 指示表或传感器性能不良（如电热线圈烧坏造成短路或传感器的热敏电阻衰老变质）。

三、任务实施

1. 实训目标

(1) 能熟知冷却液温度表的工作原理。

(2) 能在实车上正确判断冷却液温度。

2. 组织方式

(1) 由老师带领同学在实车上认识冷却系统的结构。

(2) 再由四位学生一组，能正确判断当前实训专用车上的冷却液温度。

(3) 由老师对学生知识掌握程度进行判断。

3. 实训准备

(1) 技术要求与标准：查询大众迈腾维修手册，了解冷却系统的结构与工作原理等。

(2) 场地设施：电气实验教室、消防设施等。

(3) 设备设施：一台大众迈腾实训专用车等。

(4) 安全防护：车轮挡块、车内三件套等。

4. 操作步骤

(1) 安装车轮挡块。

(2) 安装车内三件套。

(3) 实车认识冷却系统的分布。

(4) 读取当前冷却液温度。

(5) 整理工位。

四、任务小结

1. 冷却液温度表作用

冷却液温度表的作用是指示发动机冷却液的温度。正常情况下，冷却液温度表指示值应为 85～95℃。冷却液温度表与装在发动机水套上的水温传感器配合工作。

2. 冷却液温度表

可分为电磁式冷却液温度表、电热式冷却液温度表、双金属式冷却液温度表。

3. 发动机冷却液温度表检测步骤

(1) 拆下发动机水温传感器连接器。

(2) 把测试灯连接在配线侧连接器和接地端子之间。

(3) 将点火开关置于“ON”位置，观察测试灯是否点亮，如果不亮则修理电气配线。

(4) 检查发动机冷却液温度表指针摆动是否正常。正常则更换发动机水温传感器，不正常则更换发动机冷却液温度表。

4. 冷却液温度表常见故障

(1) 接通电源后，指示表指针不动或指示数值偏高。

(2) 接通电源后，指针指示数值偏低。

(3) 指针指示数值不正确。

五、课堂练习

1. 填空题

(1) 水温表用来指示发动机冷却水工作温度。它由装在发动机或水管上的（　　）和装在仪表板上的（　　）组成。

(2) 双金属片式水温表由（　　）和（　　）组成。

(3) 温度传感器内装有（　　）温度系数的热敏电阻，负温度系数热敏电阻的阻值随温度的升高而（　　）。

2. 单选题

(1) 冷却液温度表与装在（　　）的水温传感器配合工作。

A. 启动机　　B. 火花塞　　C. 电动机水套上　　D. 发动机水套上

(2) 冷却液温度表的作用是指示发动机冷却液的温度。正常情况下，冷却液温度表指示值应为（　　）。

A. 45～95℃　　B. 85～95℃　　C. 38～55℃　　D. 36～45℃

任务四　仪表报警系统认知

一、任务目标

通过本任务的学习，应能：

1. 了解仪表报警系统的组成及作用；
2. 正确分析仪表报警系统各个指示灯的线路原理；
3. 熟练掌握仪表报警系统各个指示灯故障诊断与排除的方法。

二、知识准备

1. 仪表板指示灯种类及作用

为了警示汽车、发动机或某一系统处于不良或特殊状态，保证汽车可靠工作和安全行驶，引起汽车驾驶员的注意，防止事故发生，汽车上安装了多种报警装置，主要包括报警灯和监视器两类。这里主要讲述报警灯。

报警灯由报警开关控制，当被监测的系统或总成工作不正常时，开关自动接通而使报警灯发亮，以提醒驾驶员注意，如大灯、尾灯故障报警灯、水温报警灯、机油压力报警灯、燃油不足报警灯、气压不足报警灯、制动灯线路短路报警灯、液面过低报警灯等。

报警灯通常安装在仪表板上，功率为1～4 W，在灯泡前设有滤光片，使报警灯发出黄光或红光，滤光片上通常制有标准图形符号。有些汽车报警灯采用发光二极管显示，标准图形符号标在发光二极管旁边。

常见的汽车报警灯、指示灯图形符号和含义如表 6-1 所示。

表 6-1　报警灯、指示灯的图形符号和含义

名称	图形符号	含义
ABS 警告灯		该指示灯用来显示 ABS 的工作状况。当打开钥匙 ON，车辆自检时，ABS 灯会点亮数秒，随后熄灭。如果未闪亮或者启动后仍不熄灭，表明 ABS 出现故障
O/D 挡指示灯		该指示灯用来显示自动挡的 O/D 挡（Over－Drive）超速挡的工作状态，当 O/D 挡指示灯闪亮，说明 O/D 挡已锁止。此时加速能力获得提升，但会增加油耗

（续表）

名称	图形符号	含义
安全带指示灯		该指示灯用来显示安全带是否处于锁止状态，当该灯点亮时，说明安全带没有及时的扣紧。有些车型会有相应的提示音。当安全带被及时扣紧后，该指示灯自动熄灭
充电指示灯		该指示灯用来显示电瓶使用状态。打开钥匙门，车辆开始自检时，该指示灯点亮。启动后自动熄灭。如果启动后电瓶指示灯常亮，说明该电瓶出现了使用问题，需要更换
机油压力指示灯		该指示灯用来显示发动机内机油的压力状况。打开钥匙 ON，车辆开始自检时，指示灯点亮，发动机启动后熄灭。该指示灯常亮，说明该车发动机机油压力低于规定标准，需要维修
燃油量指示灯		该指示灯用来显示车辆内储油量的多少，当钥匙 ON 打开，车辆进行自检时，该油亮指示灯会短时间点亮，随后熄灭。如启动后该指示灯点亮，则说明车内油量已不足
车门未关指示灯		该指示灯用来显示车辆各车门状况，任意车门未关上，或者未关好，该指示灯都有点亮相应的车门指示灯，提示车主车门未关好，当车门关闭或关好时，相应车门指示灯熄灭
气囊系统指示灯		该指示灯用来显示安全气囊的工作状态，当打开钥匙 ON，车辆开始自检时，该指示灯自动点亮数秒后熄灭，如果常亮，则安全气囊出现故障
制动器磨损报警灯		该指示灯用来显示车辆刹车盘磨损的状况。一般地，该指示灯为熄灭状态，当刹车盘出现故障或磨损过度时，该指示灯点亮，修复后熄灭
驻车制动器指示灯		该指示灯用来显示车辆手刹的状态，平时为熄灭状态。当手刹被拉起后，该指示灯自动点亮。手刹被放下时，该指示灯自动熄灭。有的车型在行驶中未放下手刹会伴随有警告音
冷却液温度指示灯		该指示灯用来显示发动机内冷却液的温度，钥匙门打开，车辆自检时，会点亮数秒，后熄灭。水温指示灯常亮，说明冷却液温度超过规定值，需立刻暂停行驶。水温正常后熄灭
发动机故障指示灯		该指示灯用来显示车辆发动机的工作状况，当打开钥匙门时，车辆自检时，该指示灯点亮后自动熄灭，如常亮则说明车辆的发动机出现了机械故障，需要维修
转向指示灯		该指示灯是用来显示车辆转向灯所在的位置。通常为熄灭状态。当车主点亮转向灯时，该指示灯会同时点亮相应方向的转向指示灯，转向灯熄灭后，该指示灯自动熄灭

（续表）

名称	图形符号	含义
远光指示灯		该指示灯是用来显示车辆远光灯的状态。通常的情况下该指示灯为熄灭状态。当车主点亮远光灯时，该指示灯会同时点亮，以提示车主，车辆的远光灯处于开启状态
清洗液指示灯		该指示灯是用来显示车辆所装玻璃清洁液的多少，平时为熄灭状态，该指示灯点亮时，说明车辆所装载玻璃清洁液已不足，需添加玻璃清洁液。添加玻璃清洁液后，指示灯熄灭
雾灯指示灯		该指示灯是用来显示前后雾灯的工作状况，当前后雾灯点亮时，该指示灯相应的标志就会点亮。关闭雾灯后，相应的指示灯熄灭
示宽指示灯		该指示灯是用来显示车辆示宽灯的工作状态，平时为熄灭状态，当示宽灯打开时，该指示灯随即点亮。当示宽灯关闭或者关闭示宽灯打开大灯时，该指示灯自动熄灭
空调内循环指示灯		该指示灯是用来显示车辆空调系统的工作状态，平时为熄灭状态。当点亮内循环按钮，车辆关闭外循环，空调系统进入内循环状态时，该指示灯自动点亮。内循环关闭时熄灭
VSC 指示灯		该指示灯是用来显示车辆 VSC（电子车身稳定系统）的工作状态，多出现在日系车上。当该指示灯点亮时，说明 VSC 系统已被关闭
TCS 指示灯		该指示灯是用来显示车辆 TCS（牵引力控制系统）的工作状态，多出现在日系车上。当该指示灯点亮时，说明 TCS 系统已被关闭

2. 车门指示灯控制线路分析及不正常点亮故障诊断排除

（1）故障现象。一辆行驶里程约 3 000 km 的 2016 年大众全新宝来轿车。该车组合仪表提示右前车门打开。

（2）故障分析。故障诊断用故障检测仪读取车身控制模块（BCM）数据流，发现右前车门确实始终处于打开状态。如图 6-13 所示，正常情况下，打开右前车门时，右前车门接触开关（F3）闭合搭铁；关闭右前车门时；右前车门接触开关断开。

推断可能的故障原因有以下几个。

①右前车门接触开关损坏。

②右前车门接触开关线路对搭铁短路。

（3）故障诊断。脱开右前车门门锁控制单元（F221）导线连接器 T8s，测量导线连接器 T8s 端子 5 与搭铁间的导通性，导通，说明右前车门接触开关线路对搭铁短路。

拆下手套箱，掀开毛毡，发现右前车门线束与金属支架发生干涉，且右前车门接

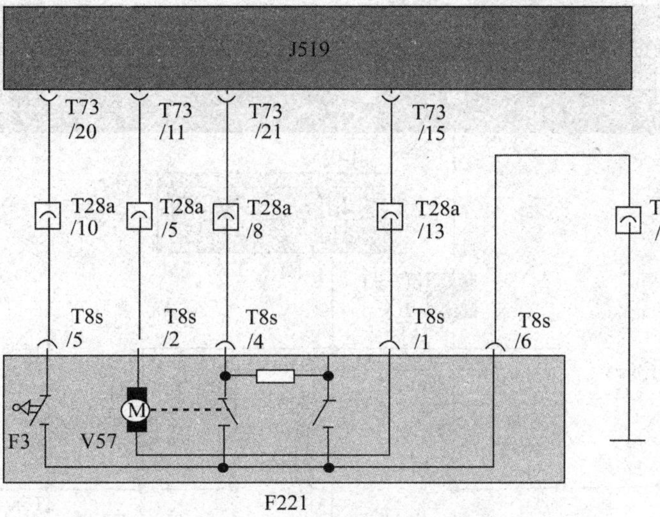

图 6-13 右前车门门锁控制电路

触开关信号线已破皮搭铁。

（4）故障排除。将脱落的供油管可靠连接，再次读取测量值时，显示为正常。

3. 制动信号灯控制线路分析及不正常点亮故障诊断排除

（1）故障现象。一辆行驶里程约 20 000 km 的 2011 款捷达（型号为 FV7160FG）轿车。该车高位制动灯工作不正常，打开尾灯时，高位制动灯也跟着亮。

（2）故障分析。从图 6-14 中可以看出，高位制动灯控制电路为 J519（车载电源控制单元）→S44（保险丝）→F（制动开关）→M25（高位制动灯）→58（搭铁）→G6（搭铁）；尾灯控制电路为 J519→S7，S8（左右尾灯保险丝）→M4，M2（左右尾灯）→T5m/3，T5n/3（左右尾灯连接器端子）→T5m/4，T5n/4（连接器搭铁端子）→58（搭铁）→G6（搭铁），制动灯控制电路为 J519→S44（保险丝）→F（制动开关）→M20，M21（左右制动灯）→T5m/2，T5n/2（左右制动灯连接器端子）→T5m/4，T5n/4（连接器搭铁端子）→58（搭铁）→G6（搭铁）。

可能的故障原因如下。

①线路故障。

②控制开关短路故障。

③灯泡本身故障。

（3）故障诊断。

①实车测试，发现高位制动灯和制动灯并未常亮，受尾灯开关控制开关处未短路。

②实车检查，先检查了右侧尾灯连接器端子，灯光控制开关位于尾灯位置，用万用表检测右尾灯 4 号端子的电压，为蓄电池电压，工作正常；再检查左侧尾灯导线连接器端子，同样方法，测量结果也是蓄电池电压，工作正常，则控制线路正常。

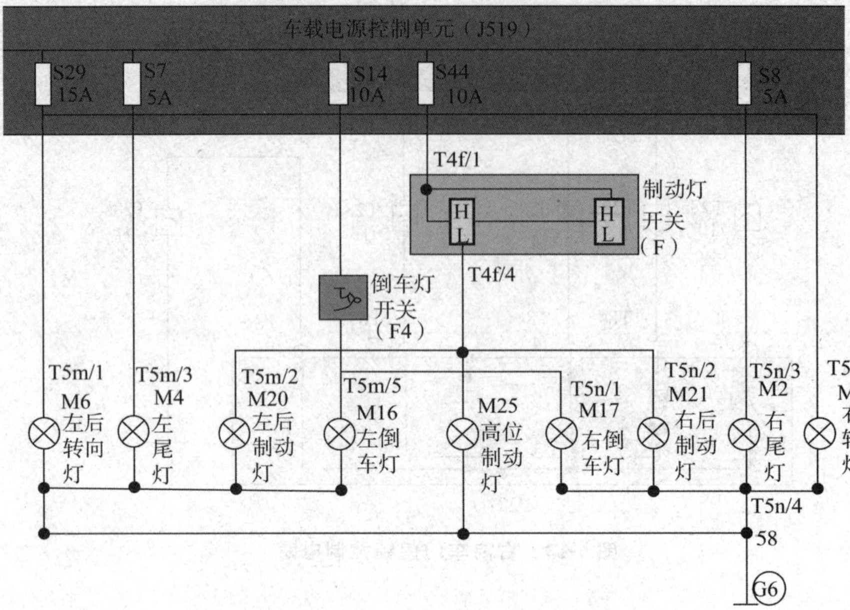

图 6-14　捷达轿车高位制动灯控制电路

（4）故障排除。将右侧尾灯灯泡更换为双灯丝灯泡后，实车检查，踩下制动踏板，高位制动灯点亮，灯光开关位于尾灯位置，高位制动灯不亮。故障现象消除，判断出为灯泡本身故障。

4. 蓄电池报警灯控制线路分析及不正常点亮故障诊断排除

（1）故障现象。2012 年款的朗逸汽车更换新的蓄电池后，仪表上的充电指示灯常亮，显然该车充电系统存在故障。

（2）故障分析。一般故障灯常亮的原因有以下几种。

①蓄电池故障。

②发电机皮带及张紧轮故障。

③发电机故障。

④线路故障。

（3）故障诊断与排除。由于该车已经更换了蓄电池，所以蓄电池故障基本可以排除。首先检查发电机皮带张紧度，断开蓄电池负极电缆，用拇指按压施加大约 100 N 的力度，皮带下压为 5 mm 左右，符合标准值。

再检查发电机，接好蓄电池负极并启动发动机，通过测量发电机 B+端子与负极之间的电压来检查发电机发电量是否正常。经测量，发电机的发电电压为 4.9 V，且随着发动机转速升高并无明显变化。而正常发电机两端电压要高于蓄电池电压且随发动机转速升高而升高，因此可判断故障原因为发电机损坏。更换发电机后，并重新进行检测，结果充电指示灯依然常亮。

对朗逸汽车电源系统电路进行分析。

如图 6-15 所示，朗逸汽车发电机连接共有 3 根线，其中 1 根连接发电机 B+和蓄电池；1 根连接发电机 L 端与 J519；另外 1 根连接发电机和发动机控制单元之间，为 DMF 线。B+线在发动机启动瞬间，向发电机转子提供励磁磁场，发动机启动后，发电机通过该线向蓄电池充电。L 线的作用是当点火开关打开时，J519 通过此线在发电机内部搭铁，J519 通过 CAN 线向仪表传送信号，仪表上充电指示灯被点亮。当启动后，发电机发出的电量通过 L 线反馈给 J519、J519 再通过 CAN 将信号传递给仪表，充电指示灯熄灭。DMF 线的作用是发动机控制单元通过此线向发电机提供励磁电流，实现发电机发电，并通过调节该电流的大小从而控制发电量，实现稳定压力的作用。

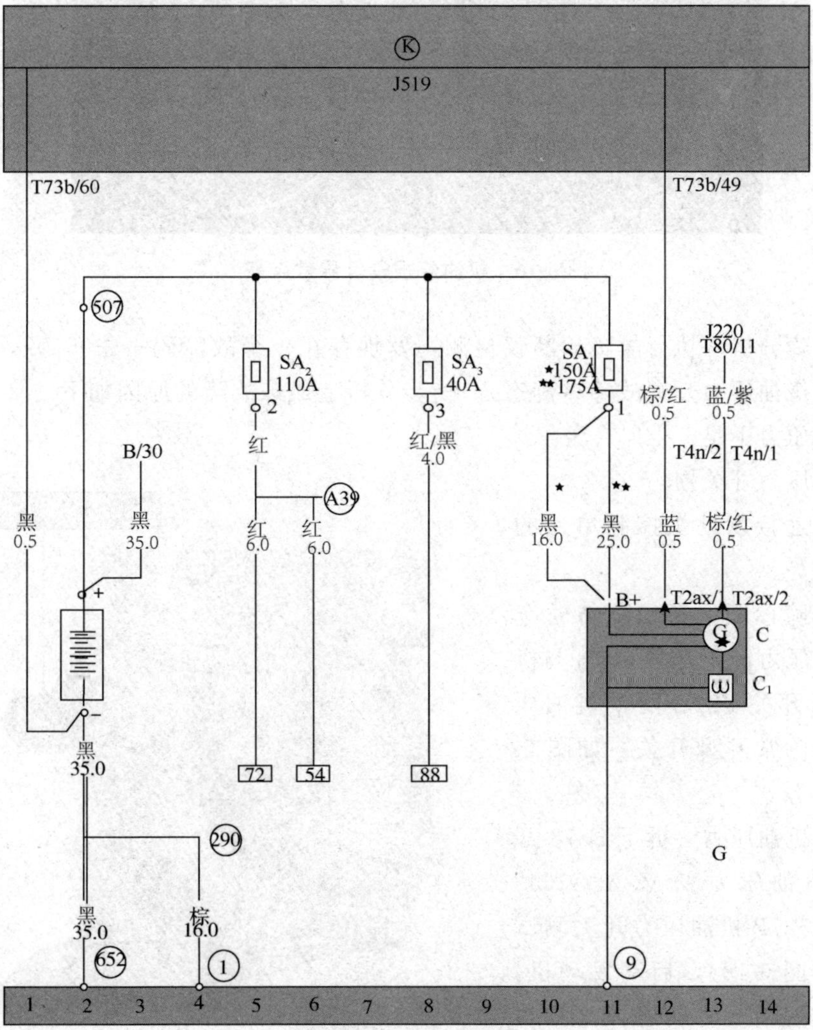

图 6-15　朗逸汽车电源系统

基于上述对于汽车电源系统电路分析，本着从易到简单的原则，首先对 B+进行了检查，使用万用表欧姆挡，测量 B+至熔丝 SA1 之间的电阻为 0.5 Ω，正常。接着测量

SA1 至蓄电池正极之间的电阻，结果发现无穷大，说明这里存在断路故障。经过仔细观察，发现 SA1 处的熔丝螺栓没有拧紧，导致线路虚接，从而产生故障。

重新紧固螺栓后，故障指示灯恢复正常，并再无此故障出现。

5. 机油压力报警灯控制线路分析及不正常点亮故障诊断排除

（1）故障现象。帕萨特轿车，装配 1.8TSI 发动机，行驶中机油灯报警灯异常点亮，如图 6-16 所示。

图 6-16　机油灯报警灯异常点亮

（2）故障分析。执行故障诊断仪检测，发现存在一个故障码——05709，用于降低机油压力的机油压力开关故障（静态）。初步分析造成该故障的原因如下。

①机油压力不足。

②机油压力开关损坏。

③开关连接发动机控制单元的线存在断路等。

（3）故障诊断。新帕萨特轿车配置了机油压力低压开关 F378 与机油压力高压开关 F22，两个机油压力开关，均为常开型开关，如图 6-17 所示。

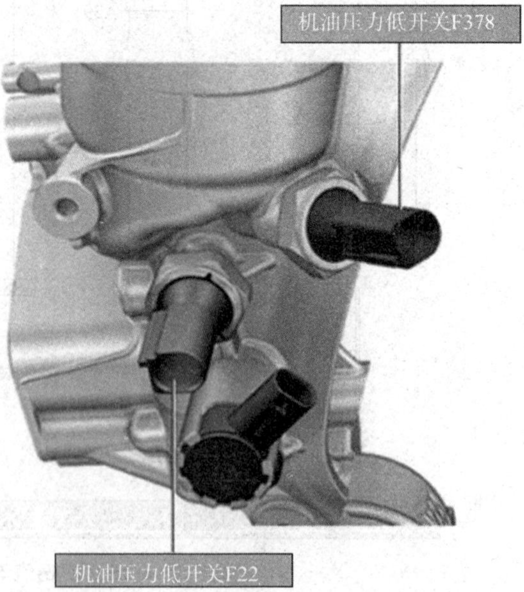

图 6-17　F378 与 F22 安装位置

①检查机油压力。拆下 F378 开关并连接机油压力表 V. A. G1342 及 V. A. G1527B 机油压力开关测试组件测量（图 6-18），启动发动机，然后踩下加速踏板将转速提高到约 2 000 r/min 并保持住，观察表上指示的压力为 2.0 bar，维修手册中的技术参数为 1.6～2.1 bar，在规定范围内。再将发动机转速提高到约 3 700 r/min，观察表上的机油压力为 3.2 bar，维修

手册中的规定值为：3.0～4.0 bar，也在规定范围内。排除机油压力不足造成的机油灯报警的原因。

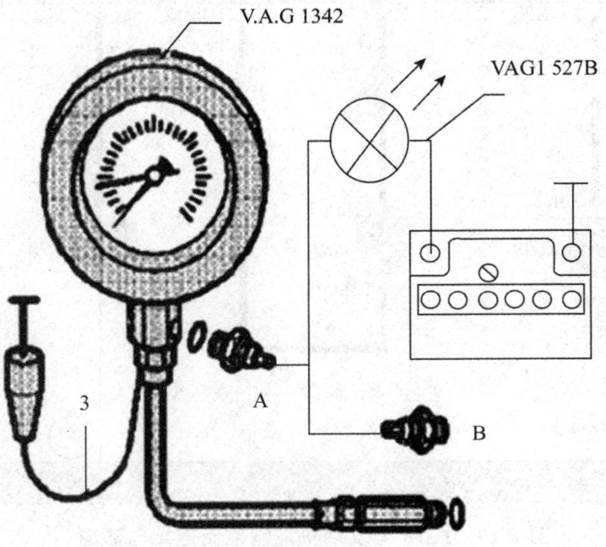

图 6-18 机油压力测量与油压开关测试示意图

a. 检查 F378 开关是否正常。拆下 F378 开关连接压力表，将开关装到压力表上，使用专用连接线，将开关的针脚与试灯的一端连接，试灯的另一端与蓄电池正极连接。连接完成后试灯不应亮起，如果试灯亮起则 F378 开关损坏；启动发动机后压力在 0.55～0.85 bar 时试灯应亮起，如果不亮，更换开关。连接后试灯没有亮起，启动发动机后缓慢踩下加速踏板，约 0.6 bar 时试灯亮起，这说明 F378 开关正常。

b. 检查 F22 开关是否正常。拆下 F22 开关连接压力表，将开关装到压力表上，使用专用连接线，将开关的针脚与试灯 V. A. G1527B 的一端连接，试灯的另一端与蓄电池正极连接（图 6-18）。连接完成后试灯不应亮起，如果试灯亮起则更换开关；启动发动机后压力在 2.15～2.95 bar 时试灯应亮起，如果不亮，更换开关。连接后试灯没有亮起，启动发动机后缓慢踩下加速踏板，约 2.9 bar 时试灯亮起，说明 F22 开关正常。

②检查机油压力相关线路。发动机熄火，接通点火开关，清除发动机控制单元的故障码。由电路图可知，F378 与发动机控制单元 J623 连接，F22 则与仪表相连，如图 6-19 和图 6-20 所示。

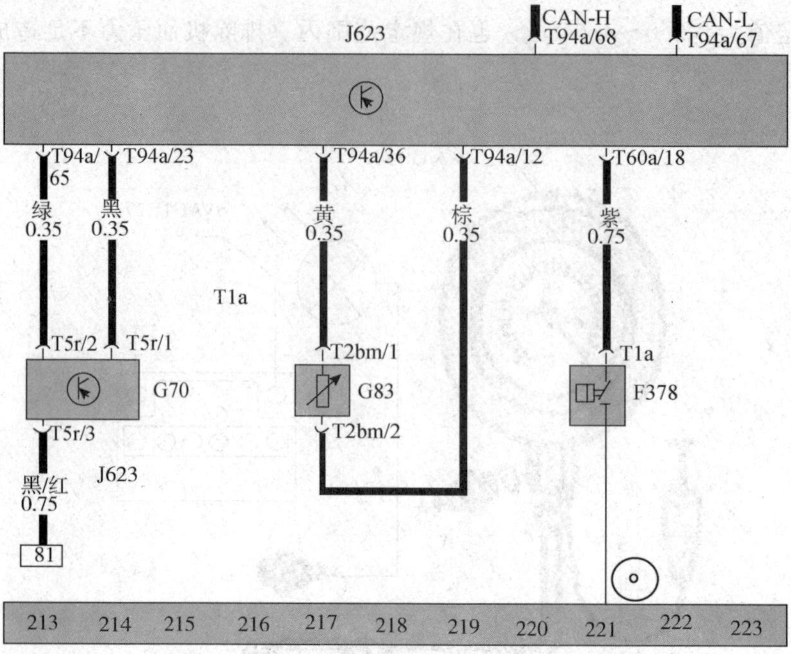

图 6-19　F378 与发动机控制单元连接电路图

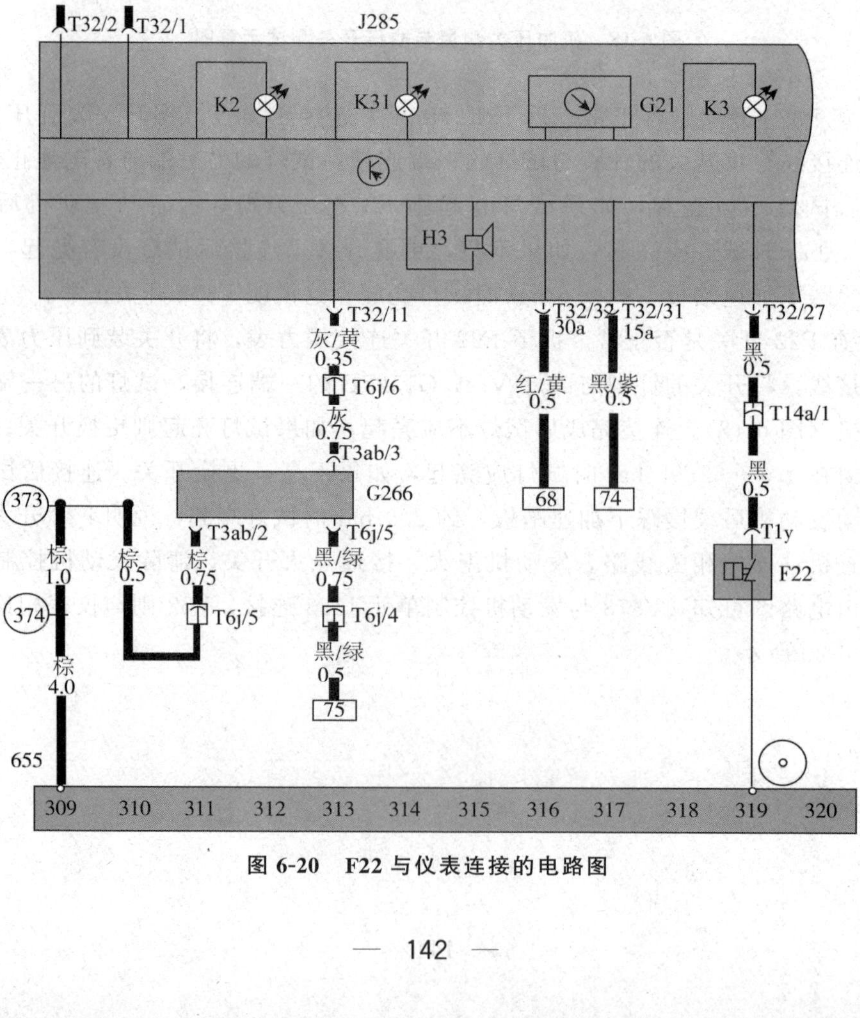

图 6-20　F22 与仪表连接的电路图

拔掉棕色开关插头，启动发动机怠速运转，发现组合仪表上的机油灯亮起，检查发现存在同样故障码 05709；将 F378 开关插买插回并清除故障码，然后拔掉 F22 开关插头将发动机转速提高到约 3 000 r/min，发现组合仪表上的 EPC 灯亮起，检查故障发现存招故障码 05707，机油压力开关故障。

将 F378 开关插头拔下，经过检测机油压力开关得知，发动机运转时用于检测的试灯亮起，这说明机油压力开关与搭铁导通；发动机熄火后机油压力开关不亮，这说明机油压力开关与搭铁断开。接通点火开关后，拔下 F378 开关的插头测量该插头内的插脚对搭铁的电压，测量电压约为蓄电池电压。启动发动机后仍然约为蓄电池电压，该插头的线束是连接发动机控制单元 T60a/18 号针脚，这说明接通点火开关后发动机控制单元输出约 12 V 电压。

发动机启动后并建立机油压力，机油压力开关内部导通并搭铁，接地后 F378 开关连接的线束的电压为 0 V，控制单元认为机油压力正常。启动发动机后拔下 F378 开关的插头并将插头的插脚与蓄电池负极连接，经过长时间运转发动机，机油灯没有亮起，这说明线束及控制单元不存在故障。

将插头装回 F378 开关，发动机运转后测量 F378 开关连接的线束对地的电压，当机油灯亮起时，约为蓄电池电压，踩下加速踏板提高发动机转速，电压 0 V，此时机油灯没有亮起。

③当发动机转速升高时，机油灯不亮，故障原因还是机油压力低。

④检查相同车辆发动机的机油压力，怠速时约为 1.81 bar，再次测量存在故障车辆发动机的机油压力，怠速测量结果为 0.5 bar，这说明机油压力过低。

⑤拆下机油泵后用手堵住机油泵出油口，转动机油泵链轮，发现限压阀处漏油，这说明机油泵泄压。

(4) 故障排除。更换机油泵，启动发动机试验机油压力报警控制功能，确认故障排除，发动机故障码 05706、05709 变为偶发，清除故障码，结束维修交车。

6. 燃油量不足报警灯控制线路分析及不正常点亮故障诊断排除

(1) 故障现象。一辆行驶里程约 10 000 km 的 2015 年上海大众凌渡 1.4T 轿车。车主在加注燃油后发现燃油指示表无显示（图 6-21）。

图 6-21　加注燃油后的仪表显示

(2) 故障分析。接车后，连接故障检测仪，读取故障代码显示：燃油存量传感器 1 电阻太大。根据读取的故障代码与故障现象分析，造成此故障的可能原因如下。

①IC（仪表）故障。

②油量传感器故障。

③燃油油位相关线路故障。

④仪表匹配故障。

(3) 故障诊断与排除。

①在仪表选项里出现故障码提示：燃油存量传感器 1 电阻太大。

②检测燃油位置传感器的电阻，空油箱时，燃油位置传感器的电阻约为 17 Ω；装满燃油箱时，电阻约为 60 Ω，不正常。更换燃油位置传感器，但故障依旧存在。

③接着检测仪表，对仪表进行作动诊断，各个指针都运动正常。检查仪表与燃油位置传感器之间的线路，均正常。

④仪表匹配内对燃油的 A 值初始化燃油算法。试车发现，故障彻底排除。

7. 冷却液温度高或液位低报警灯控制线路分析及不正常点亮故障诊断排除

(1) 故障现象。一辆行驶里程约 2 000 km、搭载 CEA 发动机的 2015 款上海大众途观。该车辆在颠簸路面上行驶时，组合仪表上的冷却液温度及液位警告灯偶尔点亮，持续约 10 s 后熄灭。

(2) 故障分析。故障诊断正常情况下，当发动机冷却液温度过高或冷却液不足时，组合仪表点亮冷却液温度及液位警告灯以提醒驾驶人。发动机冷却液温度由安装在发动机前部气缸体中间的冷却液温度传感器（G62）监测，冷却液液位由安装在冷却液膨胀罐内的冷却液液位传感器（G32）监测。根据故障现象推断可能的故障原因有以下几个。

①冷却液不足。

②冷却液温度偶尔过高。

③G32 及其线路故障。

④G62 及其线路故障。

⑤组合仪表（J285）故障。

⑥发动机控制单元（J623）故障。

(3) 故障诊断与排除。

①检查冷却液液位，正常。

②用故障检测仪检测，J285 及 J623 中均无故障代码存储；查看发动机数据流，冷却液温度信号正常。发现故障是偶发的，于是再现故障。

③找一段颠簸路面试车，故障出现时 G62 信号会突然跳变至 100℃以上。G62 为负温度系数热敏电阻，电阻越小温度越高，G62 信号线偶尔会对搭铁短路。

根据 G62 控制电路（图 6-22）仔细检查 G62 线路，发现发动机线束破损，且有黄色的 G62 信号线破损。更换 G62 信号线，再次在颠簸路面试车，故障现象消失，故障被排除。

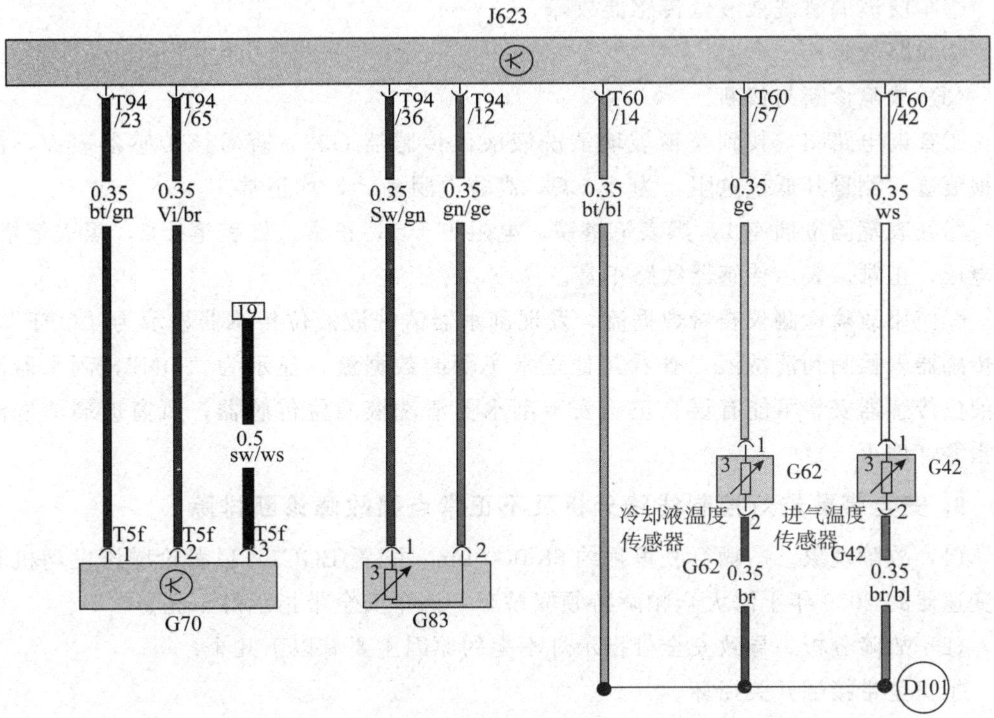

图 6-22　G62 控制电路

8. 冷却液温度高或液位低报警灯控制线路分析及不正常点亮故障诊断排除

（1）故障现象。加满风窗玻璃清洗液后，组合仪表仍显示风窗玻璃清洗液液位报警信息，如图 6-23 所示。

图 6-23　风窗玻璃清洗液液位报警

(2) 故障分析。

①车窗玻璃清洗液液位传感器故障。

②线路故障。

(3) 故障诊断与诊断。

①查询电路图，找到车窗玻璃清洗液液位传感器 G33，查看该传感器表面，没有破损痕迹，测量其低位电阻，为 0.5 Ω，高位电阻为∞，均正常。

②红表笔测量插座 1，黑表笔搭铁，电阻小于 1，正常。红表笔接 2，黑表笔搭铁，有电压，正常。表示传感器线路正常。

③使用故障检测仪查看数据流，发现刮水器清洗液液位传感器显示为“OFF”，说明传感器未检测到清洗液，查看其他正常车辆的数据流，显示为“ON”，刮水器清洗液液位传感器安装可能有误。正确安装刮水器清洗液液位传感器，风窗玻璃清洗液液位报警灯熄灭。

9. 安全带警告灯控制线路分析及不正常点亮故障诊断排除

(1) 故障现象。一辆行驶里程约 68 000 km，配置 BGC1.8L 涡轮增压发动机和手动变速器的 2009 年上海大众帕萨特领驭轿车，该车安全带指示灯不亮。

(2) 故障分析。导致安全带指示灯不亮的原因主要有以下几个。

①安全带接触开关损坏。

②仪表灯故障。

③控制线路故障。

(3) 故障诊断与排除。

①查看电路图，如图 6-24 所示，得知安全带接触开关连接组合仪表中的安全带指示灯 K19，其接地点在左前 A 柱靠下。将驾驶人侧座椅调整到最高位置，拔下安全带接触开关的 2 针插头，用万用表测量安全带接触开关的 T2cf/1 和 T2cf/2 的通断，经过测量安全带接触开关正常，排除了安全带开关存在故障的可能性。

②安全带接触开关到组合仪表的线束存在断路以及接地点虚接也会造成指示灯 K19 不亮，经过测量，接地点的电阻正常。

③使用上海大众专用车辆诊断仪 VAS5051 B 进入组合仪表控制单元，选择执行元件测试功能，检查组合仪表中的安全带指示灯 K19 是否亮起，经过检查指示灯 K19 正常亮起，组合仪表也正常。

④找到同等配置的帕萨特领驭车型查看组合仪表编码是否正确，结果编码不一样重新给组合仪表编码，故障消失。

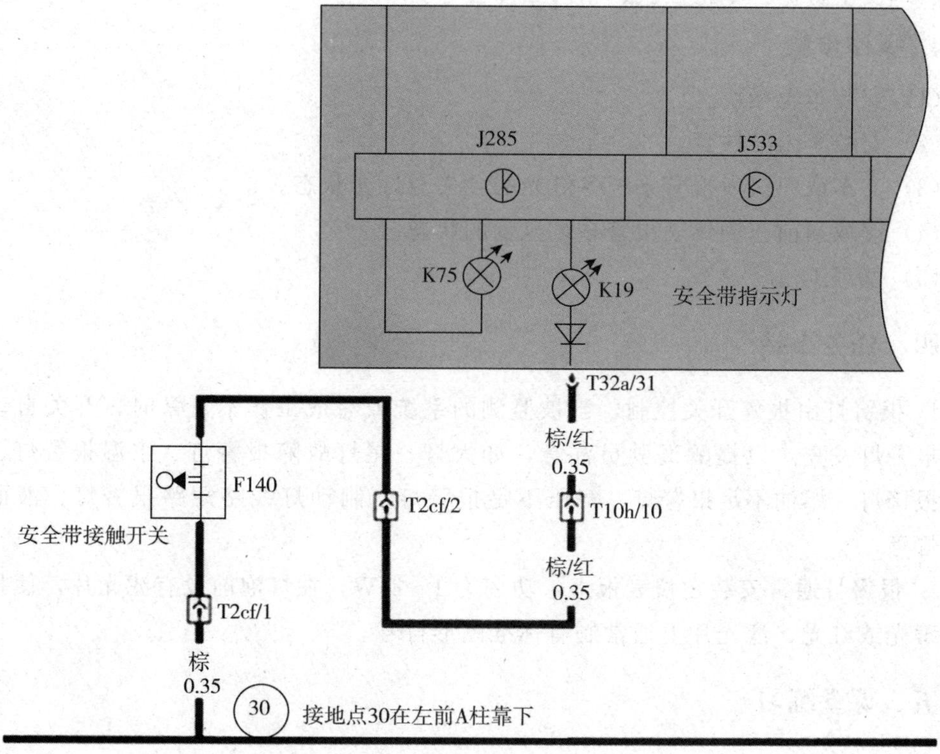

图 6-24　安全带指示灯及接触开关电路

三、任务实施

1. 实训目标

（1）能熟知仪表报警系统各灯光的含义。

（2）能熟知各灯光状态代表的含义。

2. 组织方式

（1）由老师带领同学在实车上认识仪表报警系统的各灯光的含义与灯光状态代表的含义。

（2）再由四位学生一组，在实车上认识、讨论。

（3）由老师对学生知识点掌握程度进行考核。

3. 实训准备

（1）技术要求与标准：查询大众用户手册，了解仪表报警系统各灯光的含义与各灯光状态代表的含义等。

（2）场地设施：电气实验教室、消防设施等。

（3）设备设施：一台大众迈腾实训专用车等。

（4）安全防护：车轮挡块、车内三件套等。

4. 操作步骤

（1）安装车轮挡块。

（2）安装车内三件套。

（3）实车认识仪表报警系统各灯光的含义与灯光状态。

（4）读取当前车辆仪表报警系统显示的状态。

（5）整理工位。

四、任务小结

1. 报警灯由报警开关控制，当被监测的系统或总成工作不正常时，开关自动接通而使报警灯发亮，以提醒驾驶员注意，如大灯、尾灯故障报警灯、水温报警灯、机油压力报警灯、燃油不足报警灯、气压不足报警灯、制动灯线路短路报警灯、液面过低报警灯等。

2. 报警灯通常安装在仪表板上，功率为1～4 W，在灯泡前设有滤光片，使报警灯发出黄光或红光，滤光片上通常制有标准图形符号。

五、课堂练习

1. 判断题

（1）O/D警告灯用来显示安全气囊的工作状态。（　　）

（2）充电警告灯用来显示电瓶使用状态。（　　）

（3）拆卸仪表总成时应先断开电源。（　　）

（4）车速里程表与装在油箱内的燃油传感器配合工作，传感器一般为可变电阻式。（　　）

2. 单选题

（1）检修燃油表时，将点火开关置于“ON”位置，发现燃油表指针摆动不正常，则（　　）。

A. 修理电气配线　　B. 更换组合仪表

C. 更换燃油泵　　D. 更换线圈

（2）下列哪一个是燃油不足警告灯符号（　　）。

A

B

C

D

（3）拆卸后的仪表总成应放置在：（　　）

A. 棉垫上　　B. 牛皮纸上

C. 塑料绝缘板上　　D. 导电垫板上

项目七
雨刮、电动车窗的检修

项目导入

汽车电气设备除了电源系统、启动系统、照明与信号系统等之外，还包括车身电气系统，诸如开关和继电器、雨刮器、中控门锁、电动车窗和电动后视镜等。

本项目主要是通过检查雨刮器、电动车窗的实践操作，认知这些辅助电气设备的构造和工作原理以及相应的检修方法。

项目目标

通过本次项目的学习，应能：

1. 熟练掌握雨刮电机及刮水器的结构及工作原理；
2. 了解风窗洗涤装置的组成、作用及工作原理；
3. 熟练掌握电动车窗的组成、功用、类型及工作原理；
4. 正确操作电动车窗的检修。

任务一　雨刮系统检修

一、任务目标

通过本次任务的学习，应能：

1. 熟练掌握雨刮系统的组成；
2. 了解雨刮系统的功用；
3. 正确分析雨刮系统的工作原理；
4. 正确进行掌握雨刮器常见故障的诊断与排除。

二、知识准备

1. 雨刮器功用、结构

（1）雨刮器功用。雨刮器是汽车常用的车身附件，主要用于在雨天刮除挡风玻璃上雨水，也用于扫除风窗玻璃上妨碍视线的雨雪和尘土。因此，它对于行车安全具有重要的作用，如图 7-1 所示。雨刮片的动力源来自电动机，雨刮器电动机是整个刮水系统的核心，雨刮片是安装在雨刮支架上的重要附件。

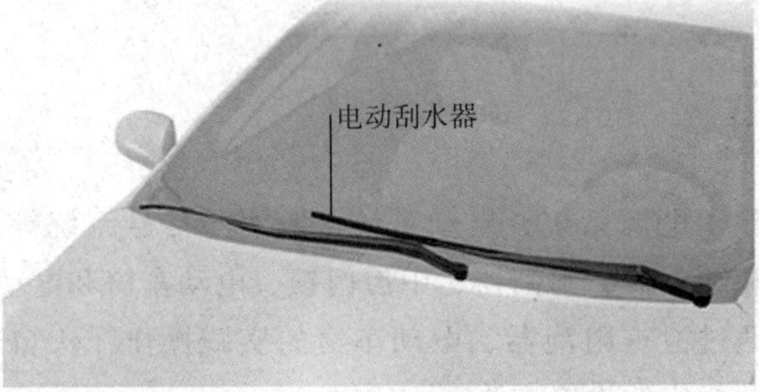

图 7-1　雨刮器

（2）雨刮器结构。电动雨刮器是由电动机、涡轮总成、底板、曲柄、连杆、摆臂、摆杆和雨刮片（刮水片）组成。如图 7-2 所示。

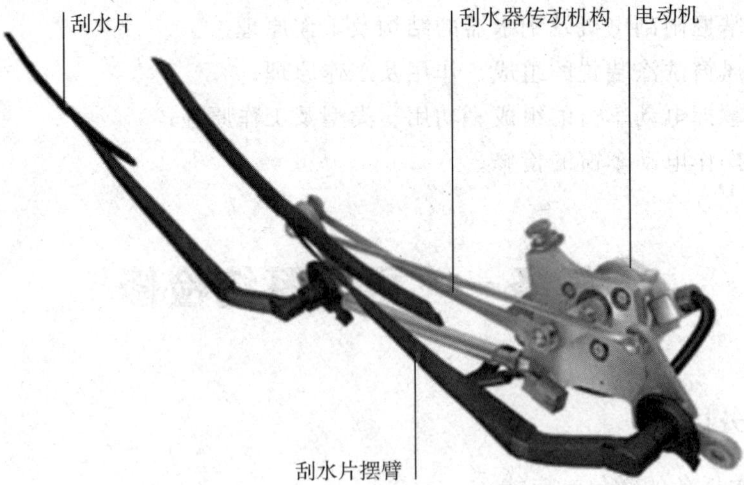

图 7-2　雨刮器结构

2. 雨刮器工作原理

（1）雨刮器功用。雨刮器的刮水电动机有绕线式和永磁式两种。绕线式刮水电动机的磁极绕有励磁绕组，通电流时产生磁场；永磁式刮水电动机的磁极用永久磁极制成，体积小、质量轻、结构简单，使用广泛。

雨刮器控制电路主要由蓄电池、刮水器与洗涤器开关、减荷继电器、刮水器继电器、刮水电动机及洗涤器电动机等组成。通过控制刮水器开关，可实现刮水器的停机复位、低速运转、高速运转、间歇控制和喷水器工作。

①自动复位电路。在任意时刻刮水结束后刮水片都能自动回到风窗玻璃最下端，当刮水片没有停到适当位置，则自动复位开关触片将接触，电路为蓄电池正极（+）→电源开关→保险丝→刮水器电动机→刮水器开关→自动复位触片→搭铁→蓄电池负极（−），维持刮水器电动机电路接通，以低速运行。当刮水片摆到适当位置后，自动复位触片分离，切断电动机的搭铁线，如图 7-3 所示。

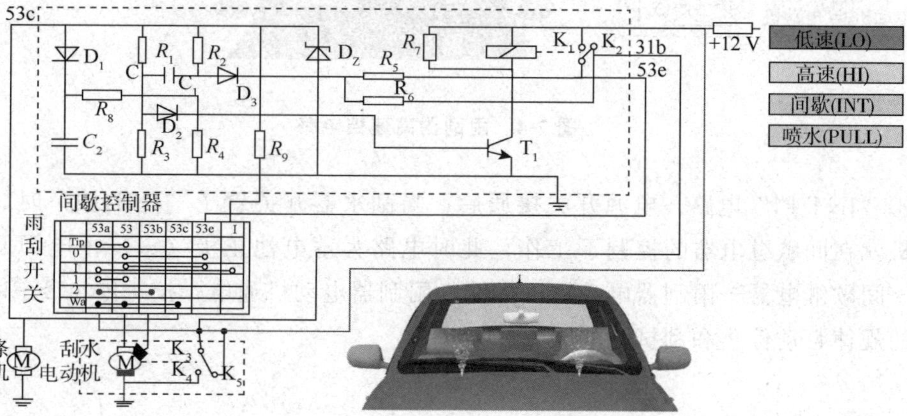

图 7-3　雨刮器低速挡电路

②“LO 挡”电路。电源开关接通后，当刮水器开关置于“LO 挡”时，此时电路为蓄电池正极（+）→电源开关→保险丝→刮水器开关→刮水器电动机→搭铁，刮水器电动机通电，但因此电路中与刮水器电动机串联的电枢绕组较多，电枢在永久磁场作用下低速运转。

③“HI 挡”电路。电源开关接通后，当刮水器开关置于“HI 挡”时，此时电路为蓄电池正极（+）→电源开关→保险丝→雨刮器开关→雨刮器电动机→搭铁，雨刮器电动机通电，但因此电路中与雨刮器电动机串联的电枢绕组减少，电枢在永久磁场作用下高速运转，如图 7-4 所示。

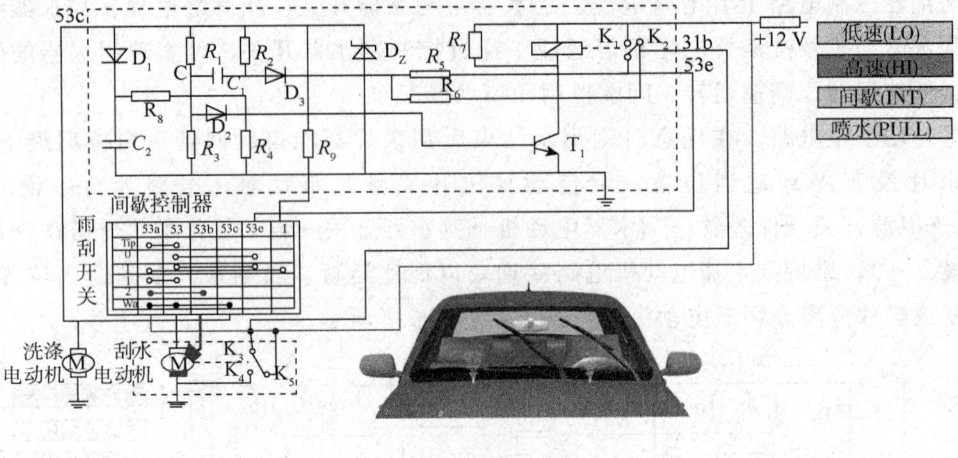

图 7-4　雨刮器高速档电路

④ “INT 挡”电路。电源开关接通后，当刮水器开关置于“INT 挡”时，雨刮器电动机就在间歇继电器的控制下工作，此时电路为蓄电池正极（+）→电源开关→保险丝→间歇继电器→雨刮器电动机→搭铁，雨刮器电动机通电，按每停止 2～12 s 刮水一次的规律自动停止和刮拭，如图 7-5 所示。

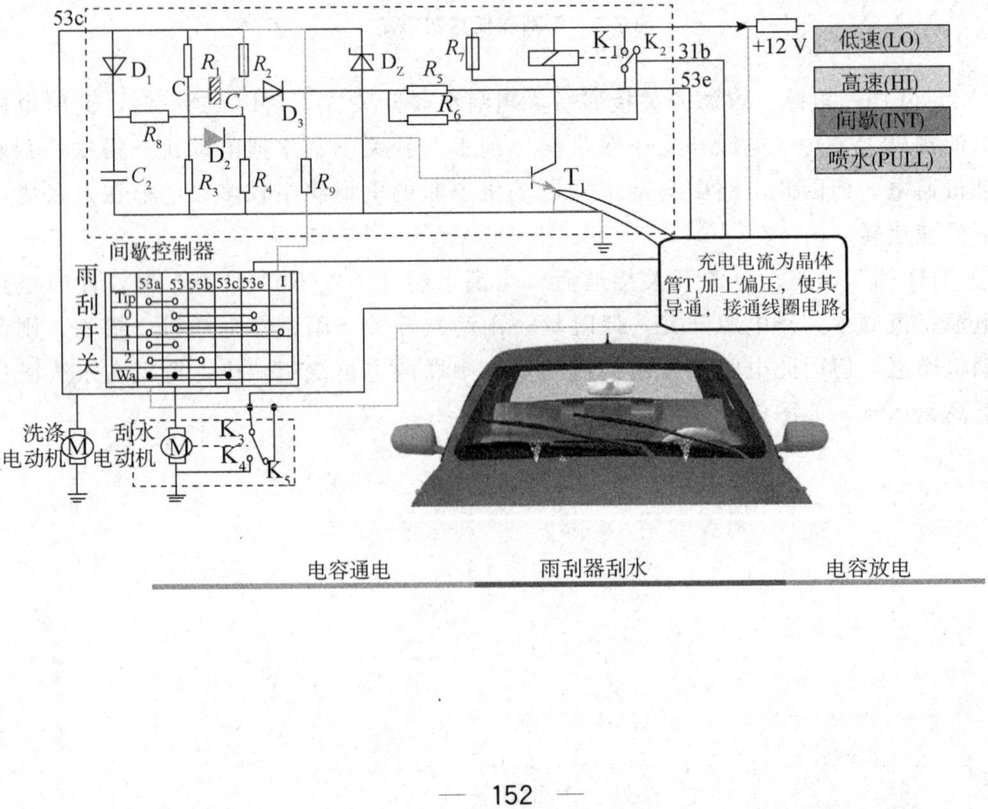

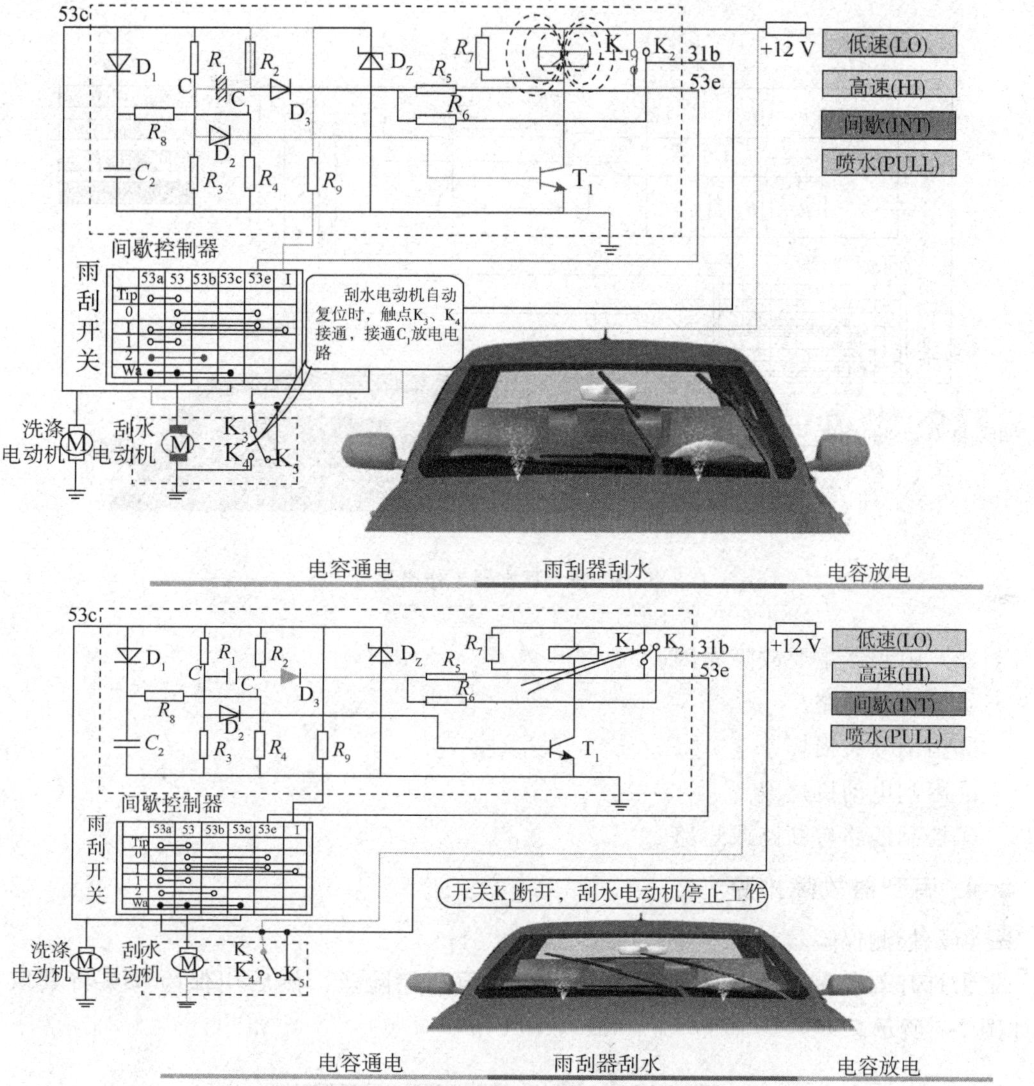

图 7-5　雨刮器间歇控制电路

⑤“PULL 挡”电路。当雨刮器开关置于“PULL 挡”时，此时电路为蓄电池正极（+）→电源开关→保险丝→雨刮器和洗涤器组合开关→雨刮器电动机和洗涤电动机→搭铁，雨刮器电动机和洗涤电动机同时通电，洗涤工作开始。如图 7-6 所示。

3. 雨刮器常见故障与分析

（1）雨刮器常见故障现象。

①雨刮器各个挡位都不工作。

②雨刮器个别挡位不工作。

③雨刮器不能复位。

④雨刮器不工作。

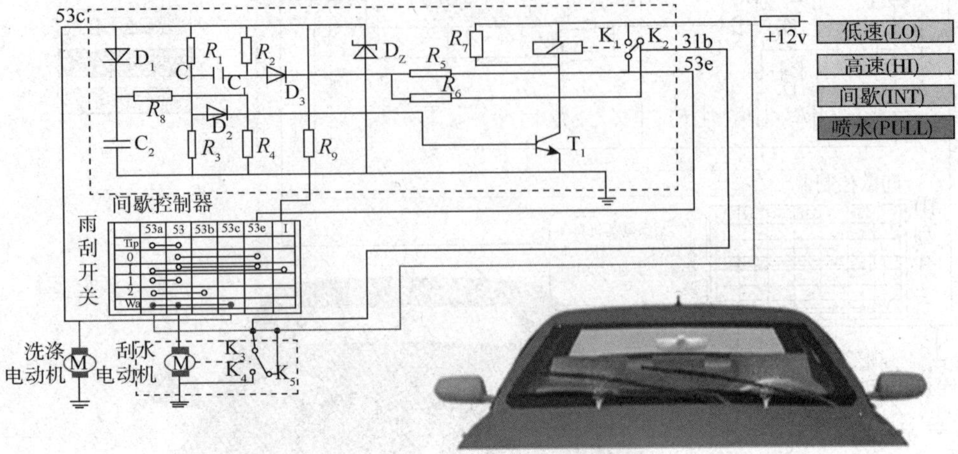

图 7-6 喷水器工作电路

（2）雨刮器主要故障原因。

①保险丝断路。

②雨刮开关损坏。

③雨刮电动机烧毁。

④控制线路有断路或短路。

4. 雨刮器故障排除

（1）检测保险丝。

①打开驾驶室中的仪表板接线盒，找到雨刮保险丝，然后用保险丝夹将其取下，如图 7-7 所示。

图 7-7 找到雨刮器保险丝

②目测保险丝是否烧坏，若无法目测，则选用数字万用表测量保险丝两插脚之间的电阻，如测得的阻值为 0，则说明保险丝已烧坏，需要进行更换。烧坏的保险丝如图 7-8 所示。

图 7-8　烧坏的保险丝

③更换保险丝之前，先查电路是否过载，如果有则先要进行排除，否则新换的保险丝很快也会被熔断。

(2) 检查雨刮电动机。将雨刮电动机拆下来，测试各个挡位运转是否正常、运转速度是否正常，能否停止在规定位置，若上述测试中有一项没通过，则更换雨刮电动机。

①检查刮水器的零件号是否完整、是否完好。找到刮水器电动机的线束端，按后续检测方法对刮水器电动机进行检查，如图 7-9 所示。

图 7-9　检查刮水器电动机

②检查 LO 操作。将蓄电池正极引线连接至端子 5，将蓄电池负极引线连接至端子 4，检查并确认电动机低速运行，如图 7-10 所示。

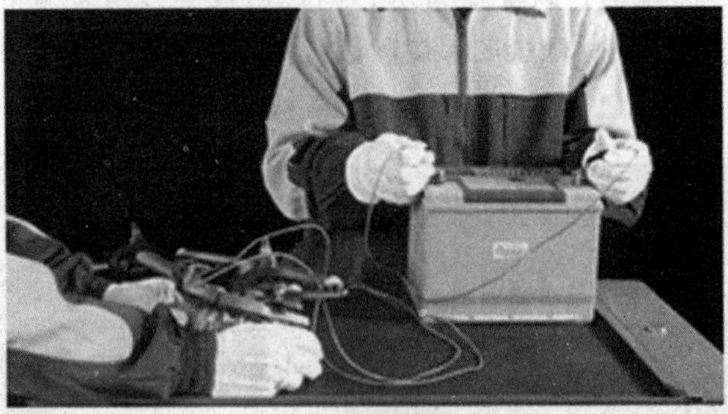

图 7-10　检查“LO”

③检查 HI 操作。将蓄电池正极引线连接至端子 3，将蓄电池负极引线连接至端子 4，检查并确认电动机高速运行，如图 7-11 所示。

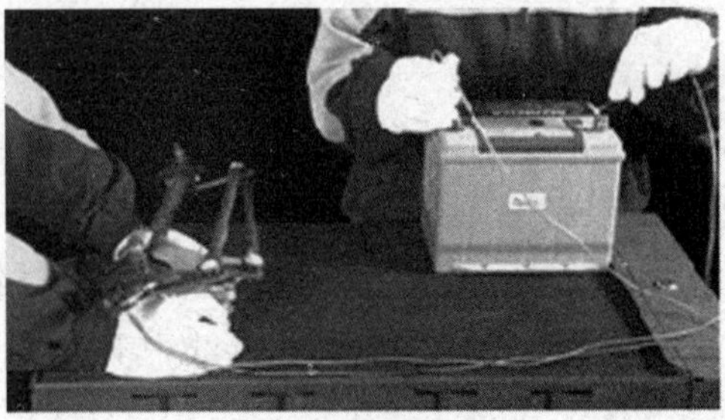

图 7-11　检查“HI”

④检查自动停止运行。将蓄电池正极引线连接至端子 5，将蓄电池负极引线连接至端子 4，电动机低速旋转时，断开端子 5，使雨刮电动机停止在除自动停止位置外的任何位置，如图 7-12 所示。

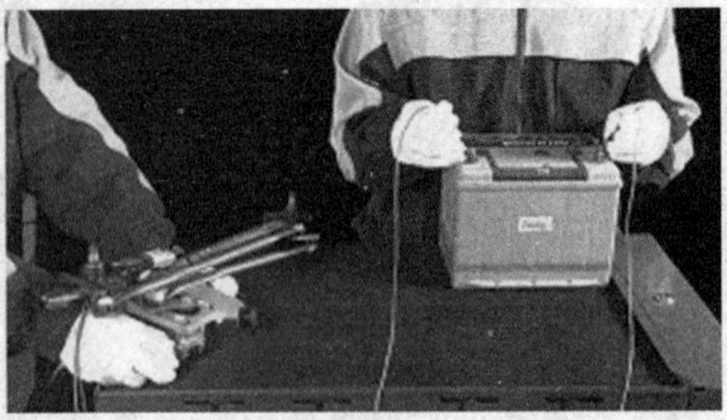

图 7-12　检查自动停止运行

用 SST 连接端子 1 和端子 5，然后将蓄电池正极引线连接至端子 2，将蓄电池负极引线连接至端子 4，以使电动机以低速重新启动；检查并确认电动机在自动停止位置自动停止。

（3）检查雨刮器开关。

①选用数字万用表检测雨刮开关。根据表 7-1 中的值测量电阻，若测得的阻值与标准不相符，则更换雨刮开关总成。

表 7-1　雨刮开关规定状态电阻值

检测仪连接	开关状态	规定状态
E10－1（＋S）－E10－3（＋1）	INT	小于 1 Ω
	OFF	
E10－2（＋B）－E10－3（＋1）	MIST	
	LO	
E10－2（＋B）－E10－4（＋2）	HI	

②选用数字万用表检测清洗器开关。根据表 7-2 中的值测量电阻，若测得的阻值与标准不相符，则更换雨刮开关总成。

表 7-2　标准阻值

检测仪连接	开关状态	规定状态
E9－2（EW）－E9－3（WF）	ON	小于 1 Ω
	OFF	10 kΩ 或更大

三、任务实施

此部分内容见《汽车电气设备实训》中“实训项目 14　雨刮电机的拆装”。

四、任务小结

1. 雨刮器的作用：雨刮器是汽车常用的车身附件，主要用于在雨天刮除挡风玻璃上雨水，也用于扫除风窗玻璃上妨碍视线的雨雪和尘土。

2. 雨刮器结构：电动雨刮器是由电动机、涡轮总成、底板、曲柄、连杆、摆臂、摆杆和雨刮片（刮水片）组成。

3. 雨刮器的刮水电动机有绕线式和永磁式两种。绕线式刮水电动机的磁极绕有励磁绕组，通电流时产生磁场；永磁式刮水电动机的磁极用永久磁极制成，体积小、质量轻、结构简单，使用广泛。

4. 雨刮器控制电路主要由蓄电池、刮水器与洗涤器开关、减荷继电器、刮水器继电器、刮水电动机及洗涤器电动机等组成。

5. 雨刮器常见故障现象如下。

①雨刮器各个挡位都不工作。

②雨刮器个别挡位不工作。

③雨刮器不能复位。

④雨刮器不工作。

6. 雨刮器故障原因如下。

①保险丝断路。

②雨刮开关损坏。

③雨刮电动机烧毁。

④机械传动部分连接处锈蚀或松脱。

⑤控制线路有断路或短路。

7. 雨刮器故障排除步骤如下。

①检测保险丝。

②检查雨刮电动机。

③检查雨刮器开关。

五、课堂练习

1. 判断题

（1）雨刷片的长度越长、刷的面积越大、视野越好。（　　）

（2）当刮水器电机“嗡嗡”作响而不会转动时，说明雨刷器机械传动部分有锈死或卡住的地方。（　　）

2. 单选题

（1）带有间歇挡的刮水器在下列情况下使用间歇挡（　　）

A. 大雨天　　B. 中雨天

C. 毛毛细雨或大雾天　　D. 晴天

（2）上海桑塔纳轿车间歇挡工作时，刮水片摆动的间歇时间为（　　）

A. 3 s 左右　　B. 6 s 左右　　C. 10 s 左右　　D. 12 s 左右

（3）汽车在大雨天行驶时，刮水器应工作在：（　　）。

A. 点动挡　　B. 间歇挡　　C. 快速挡　　D. 喷水挡

任务二　风窗清洗装置检修

一、任务目标

通过本次任务的学习，应能：

1. 正确描述风窗清洗装置的工作原理；

2. 了解风窗清洗装置的组成及作用；

3. 熟练掌握风窗清洗液检查与添加；

4. 简单分析风窗清洗装置的故障。

二、知识准备

1. 风窗清洗装置组成及作用

（1）风窗清洗装置组成。风窗玻璃清洗器主要由储液罐、洗涤泵、软管、三通管接头、喷嘴及刮水开关等组成，如图 7-13 所示。

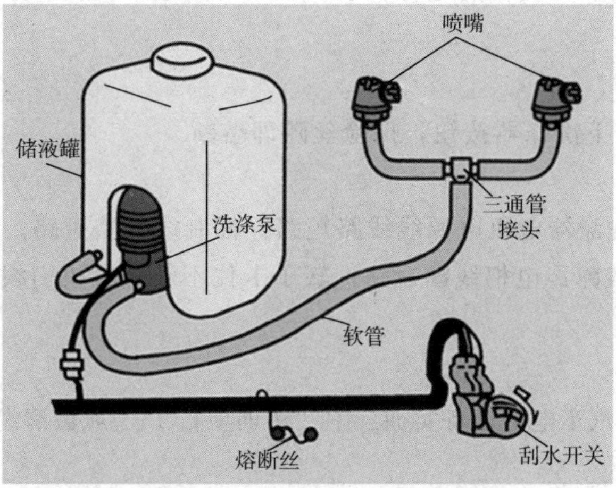

图 7-13　风窗玻璃洗涤装置

洗涤泵由永磁直流电机和离心式叶片组成一体，喷射压力为 70～88 kPa。洗涤泵喷嘴一般直接安装在风窗玻璃的下面，其喷嘴方向可以根据使用情况调整，喷水直径一般为 0.8～1.0 mm，能够使洗涤液喷射在风窗玻璃的适当位置。洗涤泵的连续工作时间不应超过 1 min，对于刮水和洗涤分别控制的汽车，应先开洗涤泵，再接通刮水器，喷水停止后，刮水器应继续刮动 3～5 次，以便达到良好的清洁效果。

（2）风窗清洗装置作用。汽车风窗玻璃电动洗涤器是将洗涤液喷射到汽车风窗玻璃上的一种装置，通常要与雨刮配合使用，主要用来清洗各种车辆在行驶途中风窗玻璃表面的灰沙、泥浆及不洁物的污染。在冬季，也可用来清除风窗玻璃表面的雪和霜，为驾驶人员在行车中提供良好的视野，保证行车安全。

2. 雨刮器常见故障及原因

（1）洗涤器电机不转。

①故障现象。洗涤器电机不转。

②故障原因。

a. 保险丝损坏。

b. 线路故障：保险丝至洗涤器电机间线路断路；洗涤器按钮开关控制引线至洗涤器电机间线路断路。

c. 电机故障：电机电刷损坏；电机引线断路。

d. 控制开关故障：控制开关引线断路；控制开关触点损坏。

（2）喷水无力或不喷水。

①故障现象。洗涤器电机有运转声但喷水无力或不喷水。

②故障原因。

a. 堵塞：储液箱至水泵间管路堵塞；喷嘴堵塞。

b. 电机转子轴与水泵叶轮间打滑。

c. 电机故障：电刷弹簧压力过低；换向器污垢严重；电枢线圈局部短路；水泵压盖过紧。

（3）保险丝熔断。

①故障现象。按下洗涤器按钮，保险丝随即熔断。

②故障原因。

a. 线路故障：洗涤器电机电源线线路短路；控制线线路短路。

b. 洗涤器电机故障：电枢线圈短路；转子卡住不转；电机引线短路。

三、任务实施

此部分内容见《汽车电气设备实训》中“实训项目15　风窗清洗液的检查与添加”。

四、任务小结

1. 风窗清洗装置组成：风窗玻璃清洗器主要由储液罐、洗涤泵、软管、三通管接头、喷嘴及刮水开关等组成。

2. 风窗清洗装置作用：汽车风窗玻璃电动洗涤器是将洗涤液喷射到汽车风窗玻璃上的一种装置，通常要与雨刮配合使用，主要用来清洗各种车辆在行驶途中风窗玻璃表面的灰沙、泥浆及不洁物的污染。

3. 雨刮器常见故障及原因如下。

（1）洗涤器电机不转。

（2）喷水无力或不喷水。

（3）保险丝熔断。

五、课堂练习

1. 填空题

（1）风窗玻璃清洗器由（　　）、（　　）、（　　）软管、三通管接头、喷嘴组成。

（2）风窗玻璃清洗器类型从控制方面分有（　　）、（　　）、（　　）。

2. 单选题

（1）洗涤泵喷嘴一般直接安装在风窗玻璃的下面，其喷嘴方向可以根据使用情况调整，喷水直径一般为（　　），能够使洗涤液喷射在风窗玻璃的适当位置。

A. 0.4～1 mm　　B. 0.8～1.0 mm　　C. 0.5～1.5 mm　　D. 0.6～1.5 mm

（2）洗涤泵的连续工作时间不应超过 1 min，对于刮水和洗涤分别控制的汽车，应先开（　　），再接通刮水器。

A. 软管　　B. 三通管　　C. 刮水开关　　D. 洗涤泵

任务三　电动车窗检修

一、任务目标

通过本任务的学习，应能：

1. 正确描述电动车窗的组成及作用；
2. 了解玻璃升降器的功用及类型；
3. 简单叙述电动车窗的工作原理；
4. 熟练掌握电动车窗常见故障诊断与排除。

二、知识准备

1. 电动车窗的组成

电动车窗就是用伺服电机驱动玻璃的升降，它取代了传统的转动摇柄升降玻璃，使得玻璃的升降更加轻松。装有电动车窗的车，在各个车门都装有玻璃升降开关，向上按玻璃上升，向下按玻璃下降。在驾驶员侧的车门上，还有一个总开关，可以控制各个车门玻璃的升降，并可关闭全车的玻璃升降机构。

电动车窗主要由车窗玻璃、车窗玻璃升降器、电动机和控制开关等组成，如图 7-14 所示。

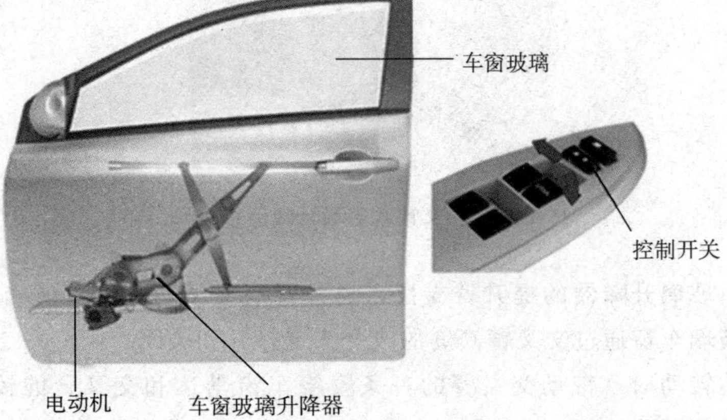

图 7-14　电动车窗的组成

2. 电动车窗功用及各结构组成功用

（1）电动车窗功用。

①能灵活调整车门玻璃开度大小、通风、防风雨。

②能停在任意位置，既不下滑，也不会由于汽车颠簸而上下跳动。

③锁上车门后，能防止外人将车门玻璃强行拉下而进入车内。

（2）电动汽车各部件功用。

①电动机。电动车窗上的电动机的作用是为车窗玻璃的升降提供动力。它是双向的，有永磁型和双绕组型两种。每个车门各有一个电动机，通过开关控制电动机中的电流方向从而控制玻璃的升降。

②控制开关。控制开关一般有两套，一套为总开关，装在仪表盘或驾驶员侧的车门上，使驾驶员可以控制每个车窗的升降；另一套为分开关，分别安装在每个车窗上，使乘客也可以对各个车窗进行升降控制。由于所有车窗的电动机都要通过总开关搭铁，所以如果总开关断开，分开关就不能起作用。

③升降器。升降器是电动车窗的核心部件，它带动车窗玻璃的升降。常见的电动车窗升降机构有绳轮式、交臂式和软轴式等几种。

3. 玻璃升降器功用及类型

（1）玻璃升降器（车窗调节器）。玻璃升降器的功能是将电动车窗马达的旋转运动转换为上下运动，打开和关闭车窗。一般用到的玻璃升降器有三种：交臂式、绳轮式和软轴式。

（1）交臂式。交臂式玻璃升降器的结构如图 7-15 所示。

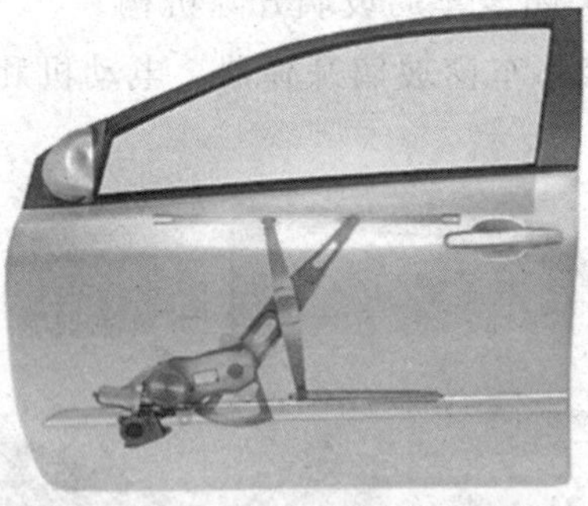

图 7-15　交臂式玻璃升降器结构

车窗玻璃由玻璃升降器的提升臂支撑，提升臂用交叉臂支撑，玻璃升降器均衡器臂与其相连。玻璃车窗通过交叉臂高度的改变实现打开和关闭。

当车窗马达转动时，带动交叉臂的一条臂绕车窗马达和交叉臂的铰接中心旋转，而玻璃升降器平衡臂不动，交叉臂的另一条臂下端在玻璃升降器平衡臂上滑动；同时，交叉臂两条臂的另一端都在玻璃升降器的提升臂上滑动。在交叉臂两条臂的共同作用下，玻璃升降器的提升臂上升，从而带动车窗玻璃上升。

车窗玻璃下降时，由于玻璃自重，车窗马达驱动力较小，而上升时车窗马达驱动力较大，为了使车窗马达驱动力变化不大，一般在与车窗马达连接的交叉臂铰链处安装有平衡簧，该弹簧在玻璃下降的时候吸收能量被拉紧，玻璃上升时释放能量松开，从而实现车窗马达驱动力的平衡。

（2）绳轮式。绳轮式玻璃升降器如图 7-16 所示。齿扇上连有螺旋弹簧。当车窗上升时，弹簧伸展，放出能量，以减轻车窗马达负荷；当车窗下降时，弹簧压缩，吸收能量，从而使车窗无论是上升还是下降，车窗马达负荷基本相同。

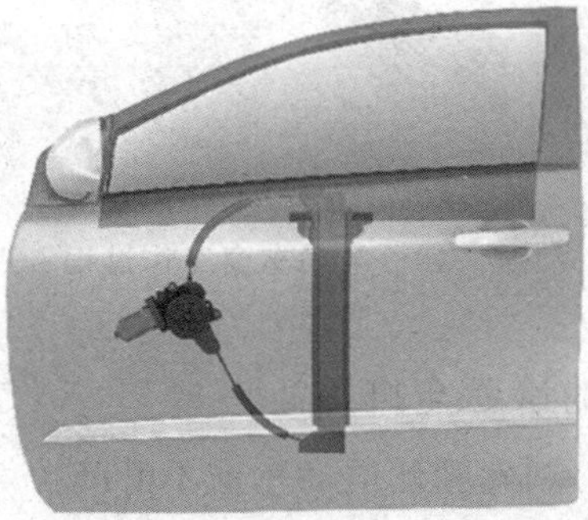

图 7-16　电动车绳轮式升降器

（3）软轴式。软轴式使用柔性软轴和小齿轮，车窗玻璃连在软轴的一端，车窗马达带动轴端小齿轮转动，使软轴移动，以带动车窗玻璃升降。其结构如图 7-17 所示。

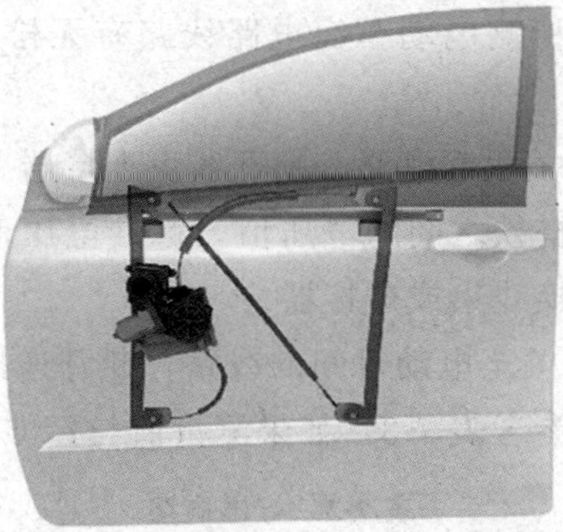

图 7-17　电动车窗软轴式升降器

4. 电动车窗工作原理

当接通点火开关后，门窗继电器触点闭合，电动门电路与电源接通，将组合开关或分开关与“上”位接通，电流流进车窗电动机，电动机旋转带动升降器，使门窗玻璃上升；将组合开关或分开关与“下”位接通，流进车窗电动机的电流改变方向，电动机的旋转方向因而改变，升降器带动门窗玻璃下降。当门窗玻璃上升或下降到终点时，断路开关切断一段时间，然后再恢复到接通状态。

所有车窗都装有两套控制开关，一套装在驾驶座车门上，为总开关，由驾驶员控制，另一套分别装在每个车门上，由乘客进行控制。每个车窗都通过总开关搭铁，所以电流不但通过每个车窗上的分开关，还通过总开关上的相应开关。电动车窗电路如图 7-18 所示。

图 7-18　电动车窗工作过程

5. 电动车窗常见故障的诊断与排除

(1) 电动车窗故障现象：副驾驶侧电动车窗不升降。

(2) 电动车窗故障分析。

①电动车窗电路故障。

②电动车窗开关故障。

③电动机故障。

(2) 电动车窗故障排除。

①电动车窗电路检修。检测电动车窗电路线路有无松动，连接处有无腐蚀，如果异常，及时紧固或修复。

a. 检查右前电动车窗开关电源电路。断开线束连接器 H7，选用数字万用表，检查线束连接器中端子 3 与车身搭铁之间的电压值，标准电压值应为 11～14 V，如果所测得的阻值不符合标准，则更换线束或连接器。

b. 检查右前电动车窗开关至电动机间的线路，断开连接器 H7 和 H8，选用数字万用表进行电阻测量，测量值参考表 7-3，如果测量值与标准不符，则更换线束。

表 7-3　标准电阻

检测仪连接	条件	规定状态
H7－4 (U) －H8－2 (U)	始终	＜1 Ω
H7－1 (D) －H8－1 (D)	始终	＜1 Ω
H7－4 (U) －车身搭铁	始终	10 kΩ 或更大
H7－1 (D) －车身搭铁	始终	10 kΩ 或更大

（2）右前电动车窗开关检修。

①拆卸右前电动车窗开关。

a. 拆卸右前扶手座上板。拆下右前扶手座上板，断开连接器。

b. 拆卸右前电动车窗升降器开关总成。拆下右前电动车窗升降器开关总成。

②检查右前电动车窗开关。选用数字万用表测量 H7 各端子之间的电阻值并记录数据。操作开关时，根据表 7-4 中的数值测量电阻。如果测得的电阻值不符合标准，则更换右前电动车窗开关。

③安装右前电动车窗开关。按拆卸右前电动车窗开关时的相反操作步骤安装右前电动车窗开关。

表 7-4　标准电阻

检测仪连接	开关状态	规定状态
1（D）－2（SD）	UP	小于 1 Ω
3（B）－4（U）		小于 1 Ω
1（D）－2（SD）	OFF	小于 1 Ω
4（U）－5（SU）		小于 1 Ω
4（U）－5（SU）	DOWN	小于 1 Ω
1（D）－3（B）		小于 1 Ω

（3）右前电动车窗电动机检修。

①检测右前电动机。根据表 7-5，向电动机连接器施加蓄电池电压。观察电动机减速机构输出轴旋转情况，如果异常，则需更换电动机。

②注意事项。不要对除端子 1 和 2 外的任何端子施加蓄电池电压。

表 7-5　检测电动机

测量条件	规定状态
蓄电池正极（＋）接端子 2	电动机齿轮顺时针旋转
蓄电池负极（－）接端子 1	
蓄电池正极（＋）接端子 1	电动机齿轮逆时针旋转
蓄电池负极（－）接端子 2	

三、任务实施

此部分内容见《汽车电气设备实训》中“实训项目 16　车窗升降器的拆装”。

四、任务小结

1. 电动车窗的组成

电动车窗主要由车窗玻璃、车窗玻璃升降器、电动机和控制开关等组成。

2. 电动车窗功用

（1）能灵活调整车门玻璃开度大小、通风、防风雨。

（2）应能停在任意位置，既不下滑，也不会由于汽车颠簸而上下跳动。

（3）锁上车门后，能防止外人将车门玻璃强行拉下而进入车内。

3. 玻璃升降器功能

玻璃升降器的功能是将电动车窗马达的旋转运动转换为上下运动，打开和关闭车窗。

4. 玻璃升降器类型

一般用的玻璃升降器有三种：交臂式、绳轮式和拉索型。

5. 电动车窗常见故障如下

（1）电动车窗电路故障。

（2）电动车窗开关故障。

（3）电动机故障。

6. 电动车窗故障排除步骤如下

（1）电动车窗电路检修。

（2）电动车窗开关故障。

（3）电动机故障。

五、课堂练习

1. 填空题

（1）电动天窗一般由（　　）、（　　）、（　　）、继电器、开关等装置组成。

（2）电动车窗只升不降的故障是（　　）的线路断路。

2. 单选题

（1）德国大众型乘用车常用的玻璃升降器是（　　）式的。

A. 齿轮式　　B. 交叉臂式　　C. 绳轮式　　D. 拉索式

（2）汽车电动天窗是利用（　　）原理进行换气的。

A. 气流流动　　B. 负压　　C. 增压　　D. 气流恒稳

项目八
中央门锁与防盗系统

项目导入

随着人们生活水平的不断提高，汽车逐渐成为人们生活中不可或缺的一部分。随着汽车数量的增多，车辆被盗事件的发生数量也逐年上升，这给社会带来了极大的不安定因素，担心车辆被盗，成为困扰每一位用户的难题。随着科学技术的进步，为应对不断升级的盗车的手段，人们开发了不同方式结构的汽车防盗系统，而遥控防盗系统就是其中之一。

本项目主要通过对遥控防盗系统的实物拆装，从而实现对其结构及工作原理的认知并掌握相应的检修方法。

项目目标

通过本次项目的学习，应能：

1. 了解中央门锁及防盗系统的组成；
2. 了解中央门锁防盗系统的工作原理及检测。

任务一　汽车中央门检修

一、任务目标

通过本次任务的学习，应能：

1. 了解中央门锁的控制功能及类型；
2. 简单描述典型电动控制中央门锁控制系统结构组成及工作过程；
3. 正确进行典型电动控制中央门锁控制系统控制电路分析及故障检测；
4. 熟练进行门锁控制开关、门锁保险丝、门锁继电器、电动机性能检测判断；

6. 了解电动门锁执行机构性能检测及拆装步骤；

7. 了解气动控制中央门锁控制系统结构组成及工作过程；

8. 了解气动控制中央门锁控制系统控制电路分析及故障检测步骤。

二、知识准备

1. 中控门锁的控制组成及功能

（1）中控门锁组成。汽车中央门锁系统包括门锁控制开关、点火开关、门锁总成、集成继电器、钥匙未锁警告开关、驾驶员侧的门控开关等。中央门锁系统各部件的安装位置如图 8-1 所示。

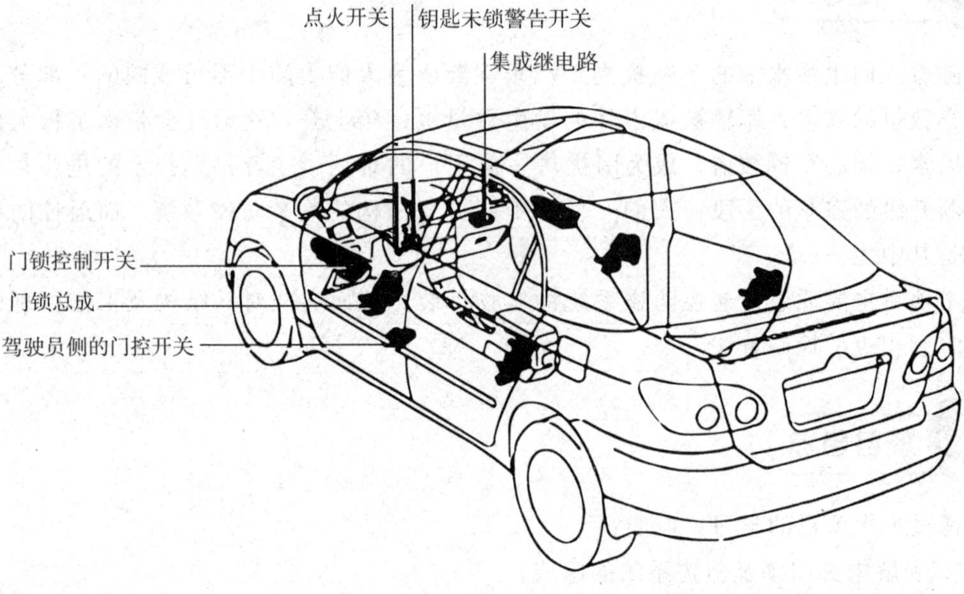

图 8-1　中控门锁组成

①门锁开关。大多数中控门锁的开关都是由总开关和分开关组成，总开关装在驾驶员身旁车门上，如图 8-2 所示，驾驶员操作总开关可将全车所有车门锁住或打开；分开关装在其他各个车门上，可单独控制一个车门。

②门锁执行机构。门锁执行机构的作用是根据电路中电流方向的不同而实现闭锁或开锁。常见的门锁执行机构有电磁线圈、直流电动机或永磁式旋转电动机。两种结构都是通过改变极性转换其运动方向来实现门锁的开、关动作。

a. 电磁式门锁执行机构。这种汽车电控门锁的开启和锁闭均由电磁铁驱动。其结构如图 8-3 所示。它内设两个线圈，分别用来开启、锁闭门锁。门锁集中操作按钮平时处于中间位置，用手按压即可开启或锁闭车门。

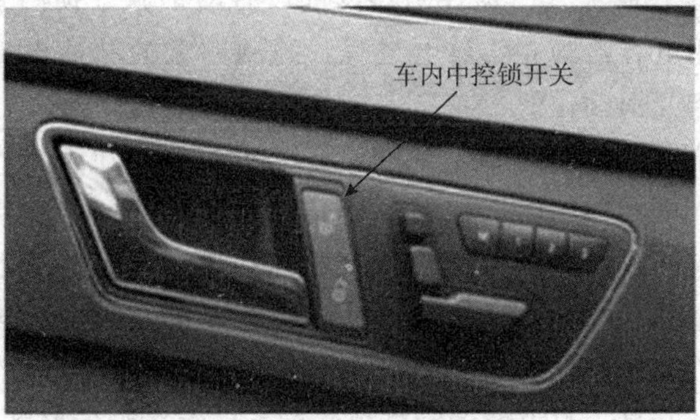

图 8-2　中控门锁开关

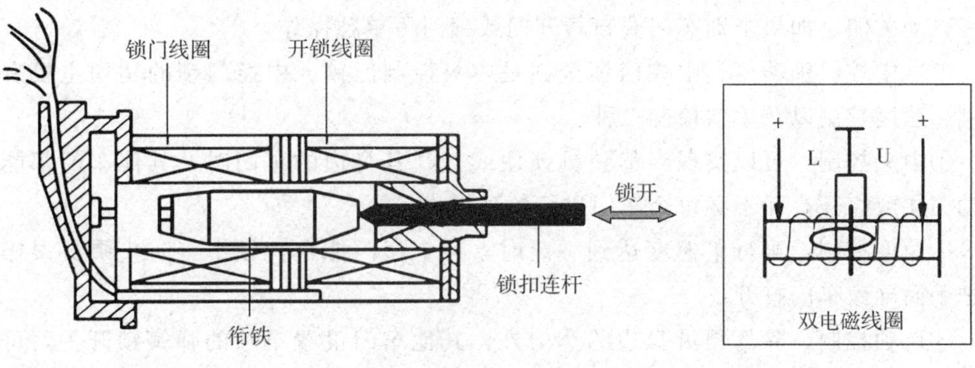

图 8-3　电磁式门锁执行机构

b. 电动机式门锁执行机构。电动机式门锁由可逆式电动机、传动装置及锁体总成构成。其工作原理为：由电动机带动齿轮齿条副或螺杆螺母副进而驱动锁体总成，实现车门的锁闭或开启动作，如图 8-4 所示。

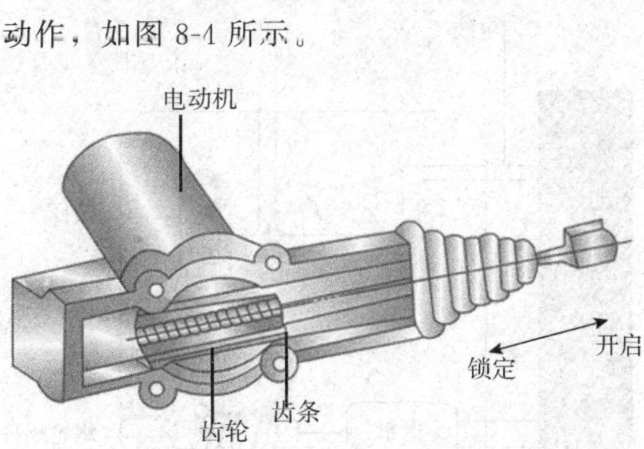

图 8-4　电动机式门锁执行机构

③中央门锁控制器。中央门锁控制器为门锁执行机构提供开锁和闭锁脉冲电流，有晶体管式门锁控制器、电容式门锁控制器和车速感应式门锁控制器。

a. 晶体管式门锁控制器。门锁控制器内部设有闭锁和开锁两个继电器，由晶体管开关电路控制，利用电容器的充、放电过程，控制一定的脉冲电流持续时间，使门锁执行机构完成闭锁和开锁动作。

b. 电容式门锁控制器。该系统利用充足电的电容器，在工作时继电器（开锁或闭锁继电器）串联接入电容器的放电回路，使其触点短时间闭合。当（正向或反向）转动车门钥匙时，相应的电路开关（闭锁或开锁）接通，电容器放电电流通过继电器线圈（开锁或闭锁继电器）搭铁，线圈产生电磁吸力，触点闭合，接通执行机构电磁线圈的电路，完成闭锁或开锁的动作。当电容器放电完毕后，继电器触点打开，中央门锁系统停止工作。此时另一只电容器被充电，为下一次操纵做好准备。

c. 车速感应式门锁控制器。在中央门锁系统中加装一车速（10 km/h）感应开关，当汽车行驶速度达 10 km/h 以上时候，若车门未闭锁，不需要驾驶员操纵，门锁控制器将自动关闭。如果个别车门要自行开门或锁门可单独操作。

(2) 中控门锁功用。中控门锁全称是中央控制门锁。中控门锁的功用主要有中央控制、速度控制以及单独控制三种。

①中央控制。可以实现当驾驶员锁住或打开其身边的车门时，其他车门都能同时自动锁住或打开，而不必每个车门进行单独操作。

②速度控制。当行车速度达到一定时，各个车门能自行锁上，防止乘员误操作车门把手而导致车门打开。

③单独控制。除驾驶员身边的车门外，其他车门设置单独的弹簧锁开关，可独立的控制一个车门的打开和锁住。

2. 典型电动控制中央门锁控制系统结构组成及工作过程

(1) 门锁控制系统结构的组成。门锁控制系统结构的组成，如图 8-5 所示。

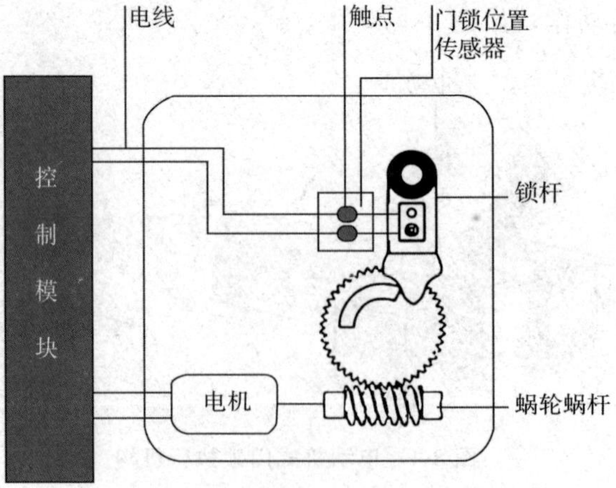

图 8-5　门锁控制系统结构的组成

(2) 门锁控制系统结构的工作原理。

①门锁打开状态，如图 8-6 所示。

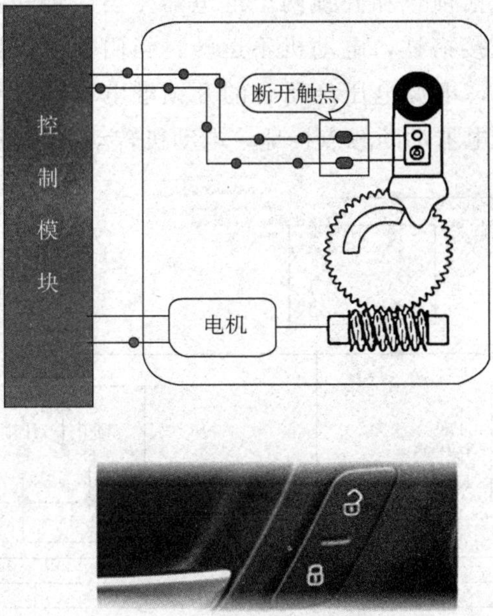

图 8-6　门锁打开状态

②门锁锁止状态，如图 8-7 所示。

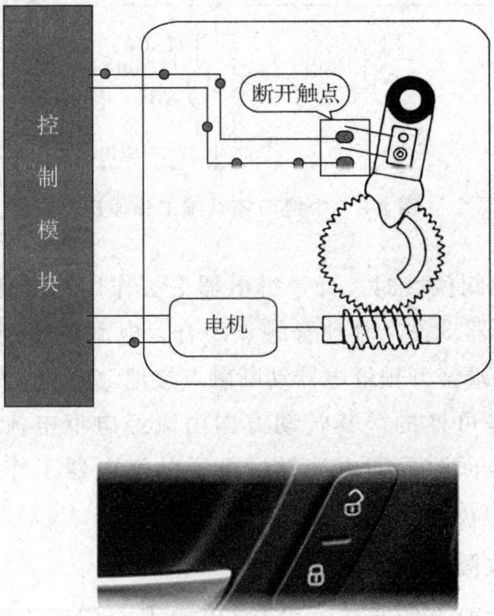

图 8-7　门锁锁止状态

3. 典型电动控制中央门锁控制系统控制电路分析

中控门锁工作原理如图 8-8 所示。驾驶人员或乘客可以通过门锁开关接通或断开门锁继电器，门锁继电器包括锁止和开锁两个继电器。当门锁开关都不闭合时，所有电动机两端都通过继电器直接搭铁，电动机不运转；当门锁开关接通开锁时，开锁继电器线圈通电，继电器吸合，电源电压经闭合的开锁继电器动合触点施加于电动机，电动机电枢另一端经锁定继电器动断触点接地，电动机转动，门锁打开。

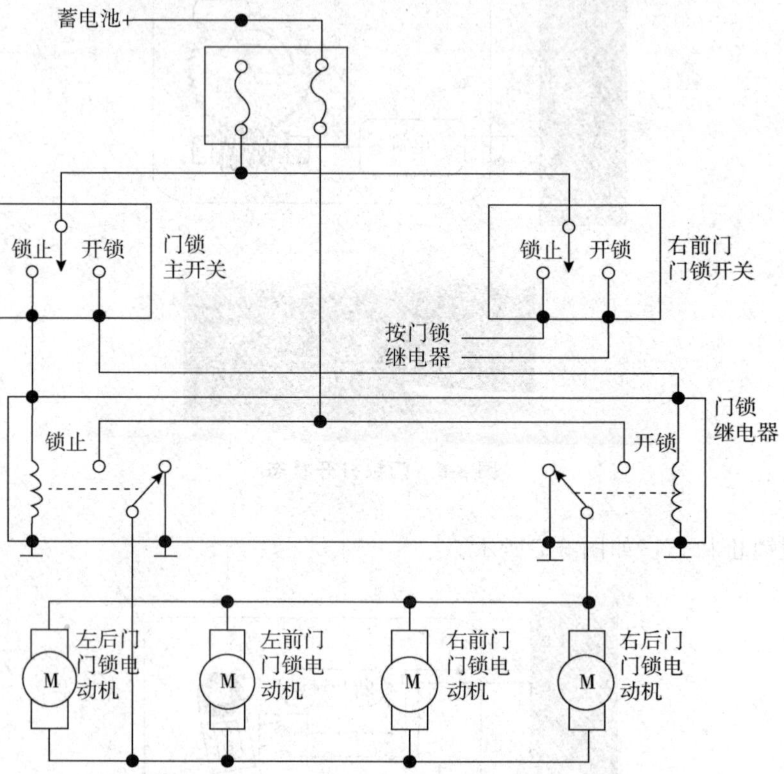

图 8-8　中控门锁系统工作原理

当开关断开，回到中间位置时，开锁继电器失去作用。当开关在锁定位置时，电源给锁定继电器供电，继电器动作，其动合触点闭合，电源电压经此触点施加给所有门锁电动机。电动机电枢另一端经开锁继电器动断触点接地，电动机旋转并将车门锁住。

门锁电动机的转向是可逆的，其转动方向由流经电枢电流的方向决定，电动机通过两个继电器和电源构成回路而通电运转。不同的继电器工作可以改变电动机中电流的方向，使门锁电动机的转向改变，实现开锁和锁定。

4. 中央门锁常见故障检测判断

中控门锁常见故障主要有所有门锁均不工作和某个门锁不能工作。

（1）所有门锁均不工作。

①故障原因分析。

a. 熔断器断路。

b. 继电器故障。

c. 门控开关触点烧蚀。

d. 搭铁点锈蚀或松动和连接线路断路等。

②排除故障过程。首先检查熔断器是否良好，将门控开关接通，检查电动机接线极柱上的电压是否正常。若电压为零，应检查继电器和电源线路；如电压正常，则应检查搭铁线是否良好。若搭铁良好，应对开关和电动机进行检测。

(2) 某个门锁不能工作。检查该门锁电动机是否损坏或对应开关、连接电缆线的线路是否正常，再检查开关和电动机。

5. 门锁电动机性能检测判断

检查门锁电机

①断开门锁连接器，如图 8-9 所示。

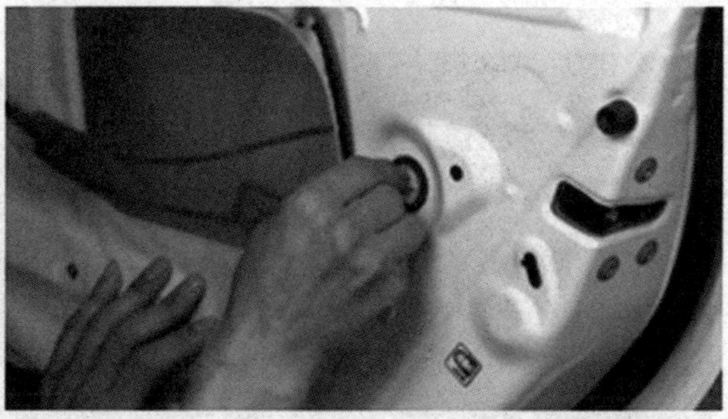

图 8-9　断开门锁连接器

②将万用表表笔连接线束 1 号端子，另一支表笔连接车门搭铁。按下“LOCK”键，观察电压升序变化，如图 8-10 所示。

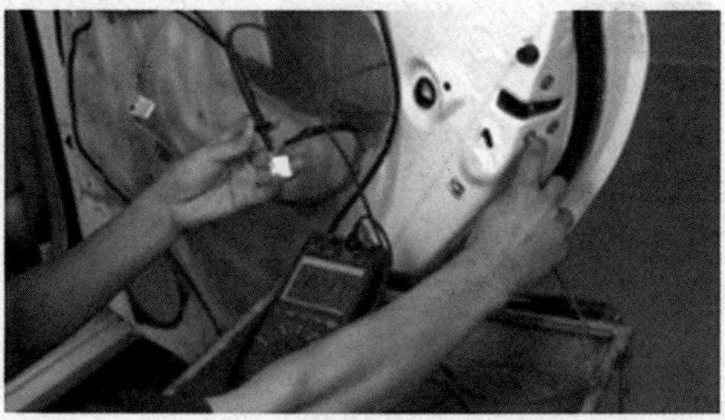

图 8-10　观察电压升序变化

③松开开关，观察电压降序变化。根据电压变化判断门锁电机控制电路是否损坏，

如图 8-11 所示。

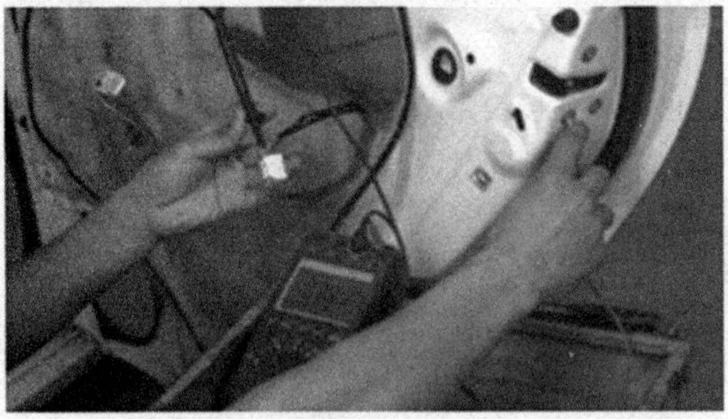

图 8-11　观察电压降序变化

④按下开关“UNLOCK”键，以同样的方法测量另外一个线束端子，如图 8-12 所示。

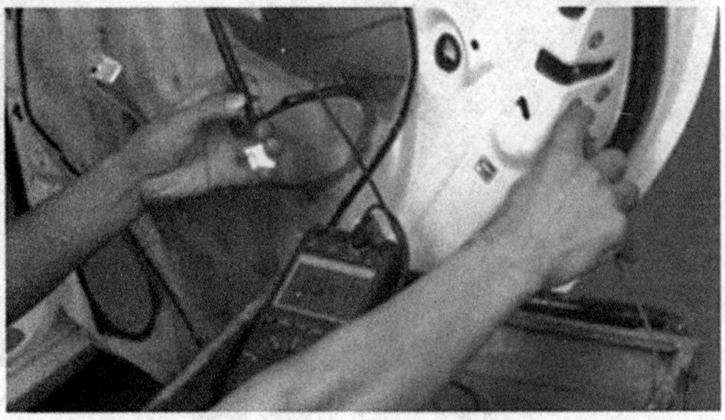

图 8-12　测量另外一个线束端子

⑤万用表的红黑表笔分别连接门锁电机的两个端子，如图 8-13 所示。

图 8-13　连接门锁电机的两个端子

⑥量门锁电机的电阻值，检查门锁电机是否损坏，如图 8-14 所示。

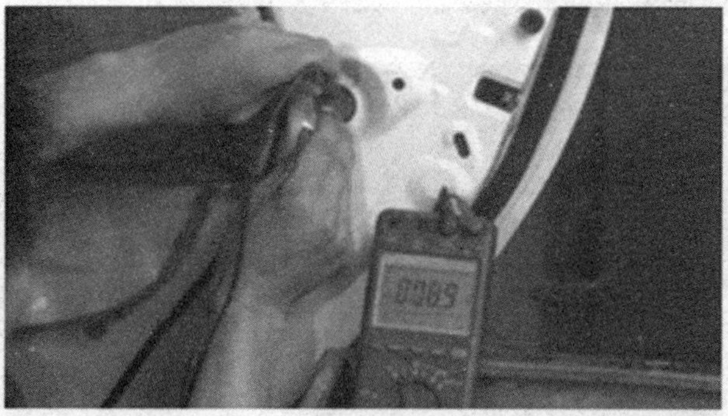

图 8-14　检查门锁电机是否损坏

6. 车门装饰板拆卸与安装

（1）拆卸门板。

①拆下扶手面板，如图 8-15 所示。

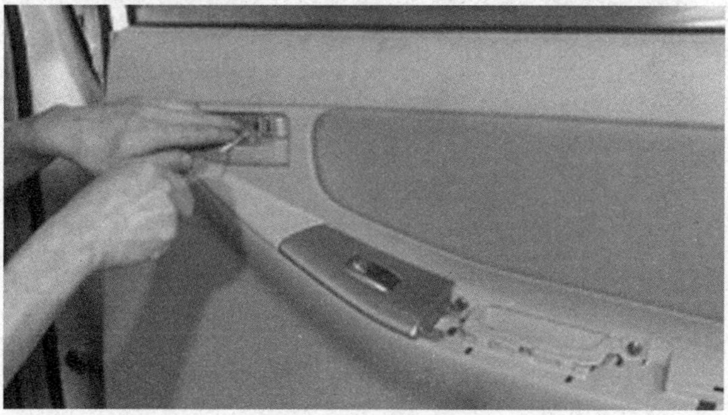

图 8-15　拆下扶手面板

②撬开螺栓装饰盖，如图 8-16 所示。

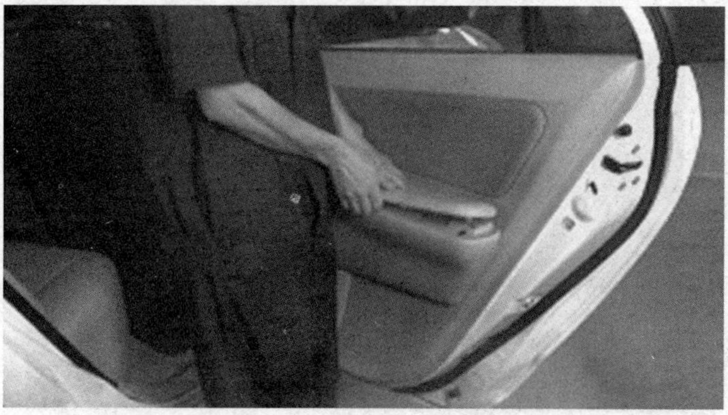

图 8-16　撬开螺栓装饰盖

③拆下玻璃升降开关并断开连接器，如图 8-17 所示；

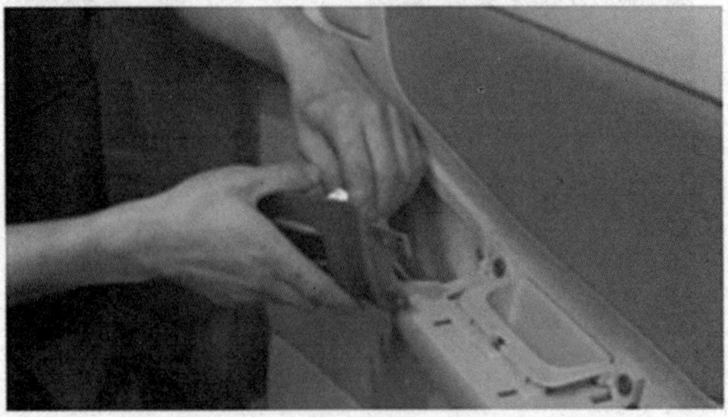

图 8-17　拆下玻璃升降开关并断开连接器

④选用十字螺丝刀，拆下三颗门板固定螺栓，如图 8-18 所示；

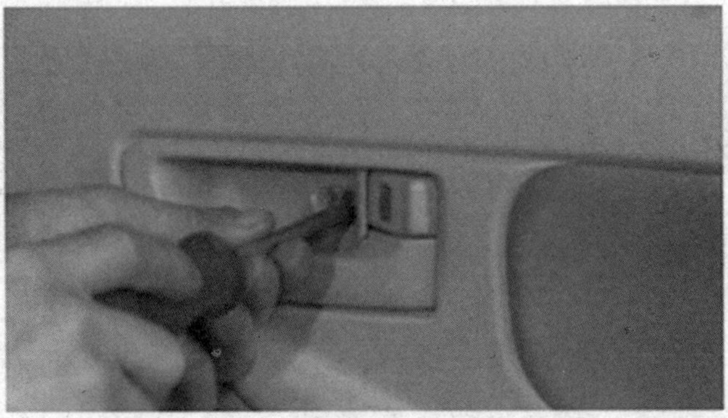

图 8-18　拆下三颗门板固定螺栓

⑤开门板，使门板卡扣与车门分离，取下门板并放好。

（2）安装门板。

①将门板安装到车门上，确保位置正确，如图 8-19 所示。

图 8-19

②将门板卡扣安装到车门上，并确保安装牢固，如图 8-20 所示。

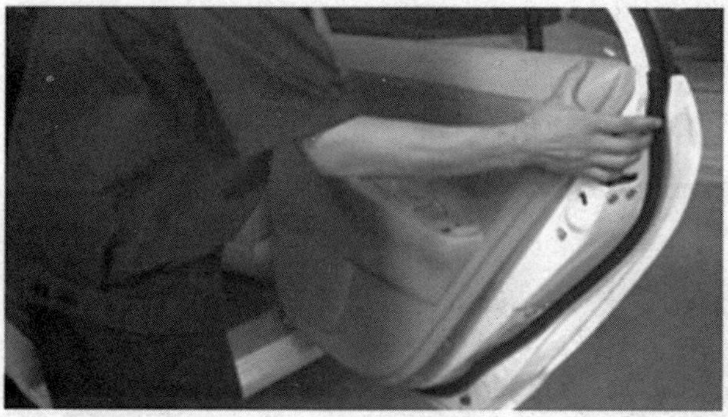

图 8-20

③安装 3 颗门板固定螺栓，并确保紧固，如图 8-21 所示。

图 8-21　安装 3 颗门板固定螺栓

④安装螺栓装饰盖，如图 8-22 所示。

图 8-22　安装螺栓装饰盖

⑤正确安装玻璃升降器开关并连接插接器。

⑥安装扶手面板，并确保安装牢固。

7. 电动门锁机械结构性能检测

检查门锁机械结构步骤如下。

（1）选用十字螺丝刀锁止门锁锁舌。

（2）拉起内拉手，观察门锁锁舌是否正常工作，如图 8-23 所示。

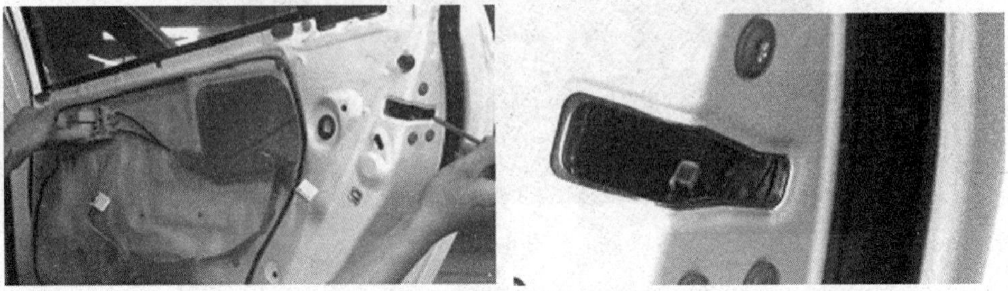

图 8-23　观察门锁锁舌是否正常工作

（3）按下儿童锁，检查内拉手无法开启门锁。

（4）松开儿童锁，拉起外拉手，检查外拉手工作是否正常，如图 8-24 所示。

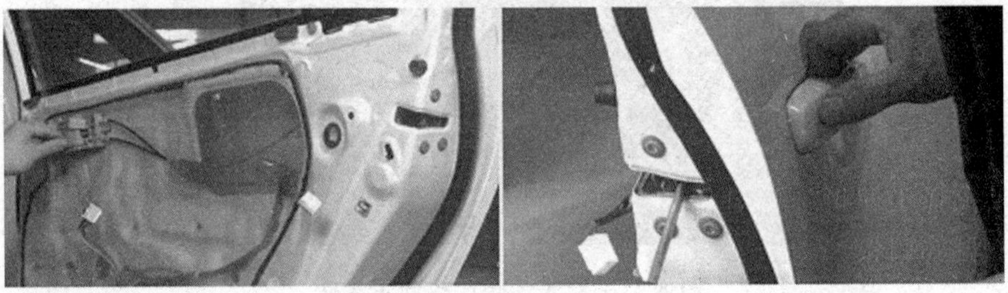

图 8-24　检查外拉手工作是否正常

连接门锁电机连接器，确保牢固，如图 8-25 所示。

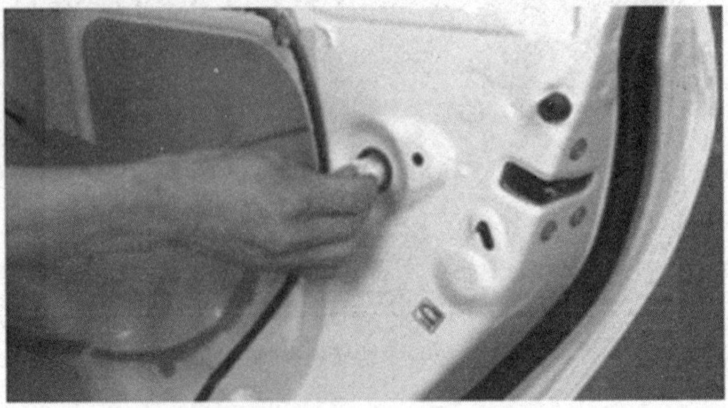

图 8-25　连接门锁电机连接器

三、任务实施

此部分内容见《汽车电气设备实训》中“实训项目 18　门锁总成的拆装”。

四、任务小结

1. 汽车中央门锁系统包括门锁控制开关、钥匙控制开关、门锁总成、门锁控制单元、钥匙未锁警告开关、门控开关等。

2. 中控门锁全称是中央控制门锁。中控门锁的功用主要有中央控制、速度控制以及单独控制三种。

3. 中控门锁常见故障主要有所有门锁均不工作和某个门锁不能工作。

（1）所有门锁均不工作。

①故障原因分析。

a. 熔断器断路。

b. 继电器故障。

c. 门控开关触点烧蚀。

d. 搭铁点锈蚀或松动和连接线路断路等。

②排除故障过程。首先检查熔断器是否良好，将门控开关接通，检查电动机接线极柱上的电压是否正常。若电压为零，应检查继电器和电源线路；如电压正常，则应检查搭铁线是否良好。若搭铁良好，应对开关和电动机进行检测。

（2）某个门锁不能工作。

检查该门锁电动机是否损坏或对应开关、连接电缆线的线路是否正常，再检查开关和电动机。

4. 检查门锁电机

（1）断开门锁连接器。

（2）将万用表表笔连接线束 1 号端子，另一支表笔连接车门搭铁。按下“LOCK”键，观察电压升序变化。

（3）松开开关，观察电压降序变化。根据电压变化判断门锁电机控制电路是否损坏。

（4）按下开关“UNLOCK”键，以同样的方法测量另外一个线束端子。

（5）万用表的红黑表笔分别连接门锁电机的两个端子。

（6）测量门锁电机的电阻值，检查门锁电机是否损坏。

五、课堂练习

1. 判断题

（1）汽车门锁的发展趋势是由纯机械式向机电一体化演变。（　　）

（2）一般情况下，如果丢失 1 把车钥匙，只要将剩下的钥匙重新匹配一次，丢失

的钥匙就无法开启车门锁了。(　　)

2. 单选题

(1) 门锁电路配有定时装置的目的是(　　)。

A. 减小工作电流　　B. 缩短工作时间

C. A 和 B 都不正确

(2) 遥控接收器出现故障时，其故障特点是(　　)。

A. 所有的门锁都不能控制　　B. 个别车门锁不能控制

C. 没规律

(3) 一般情况下，中央门锁出现机械故障的特点是(　　)。

A. 所有门锁工作不正常　　B. 半边车门锁动作不正常

C. 个别门锁工作不正常

(4) 桑塔纳 2000GSi 的防盗系统中，其组成包括有(　　)等部分。

A. 防盗喇叭　　B. 带识读线圈的点火锁

C. 防盗控制器　　D. 遥控钥匙

E. 带转发器的钥匙

(5) 新型防盗点火锁系统采用(　　)，并以此确定是否允许发动机 ECU 工作。

A. 电子应答的方法来判断使用的钥匙是否合法

B. 采用带密码锁的遥控系统，通过校验密码，确定是否允许接通启动机、点火电路

C. 卫星定位系统来跟踪被盗的汽车

(6) 高挡车采用的自动门锁式中控门锁可以根据(　　)自动锁死车门。

A. 汽车车速　　B. 发动机转速　　C. 关闭车门的时间

(7) 当给车门上锁时，门锁均不工作。当上锁时，经检查门锁继电器线圈电压为 12 V。以下哪个是故障的原因？(　　)

A. 门锁继电器触点接地断路　　B. 左前门锁电动机电枢断路

C. 主电源继电器绕组之间断路　　D. 与门锁开关相接的熔断丝熔断

(8) 中控门锁系统的门锁控制开关用于控制所有车门锁的开关，安装在(　　)

A. 仪表板上　　B. 每个车门上

C. 门锁总成中　　D. 驾驶员侧们内侧扶手上

任务二　汽车防盗系统检修

一、任务目标

通过本任务的学习，应能：

1. 了解汽车防盗系统的功能与组成；
2. 熟练进行遥控器电池更换及设定；
3. 正确进行典型遥控门锁控制系统控制电路分析及故障检测判断；
4. 熟练进行点火开关锁的拆装；
5. 进行简易遥控防盗系统的加装。

二、知识准备

1. 汽车防盗系统的功能与组成

（1）遥控防盗报警系统的一般组成。遥控防盗报警系统一般由各种开关、ECU 和报警装置等组成，如图 8-27 所示。

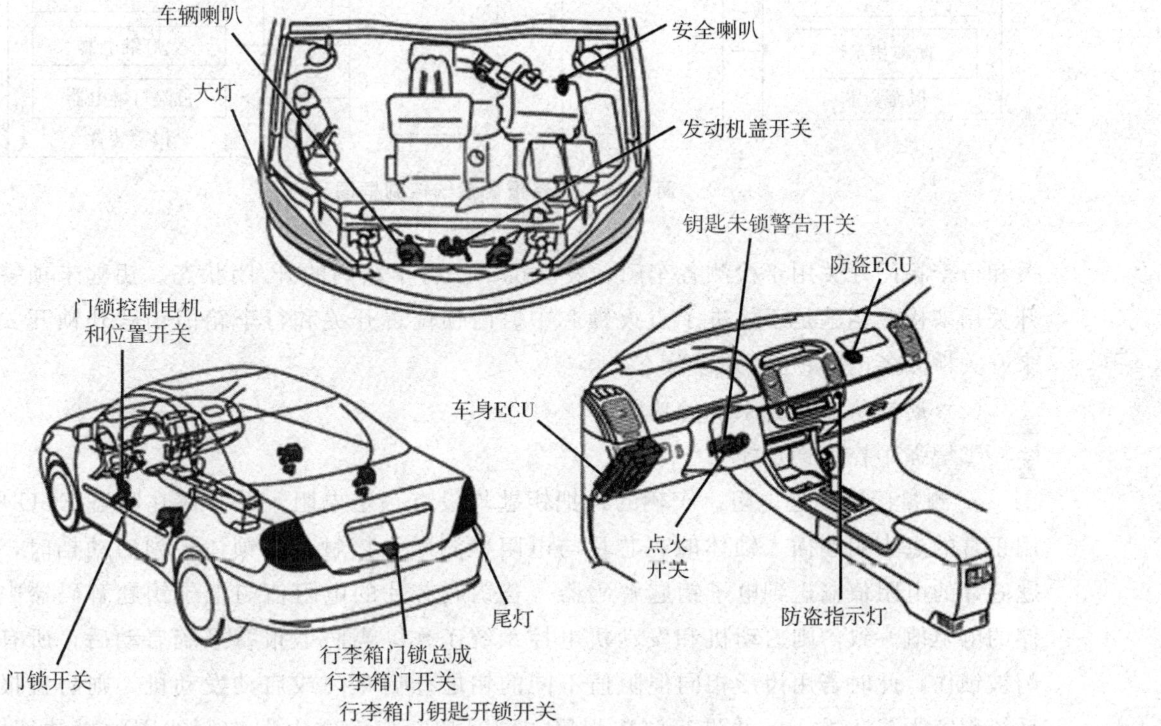

图 8-27　遥控防盗报警系统的组成

①ECU。ECU 包括防盗 ECU 和车身 ECU，当 ECU 接收到各开关的信号和检测到汽车被盗情况时，报警装置发出报警信号，系统控制框图如图 8-28 所示。

②报警装置。包括安全喇叭、车辆喇叭、大灯、尾灯、防盗指示灯等。其中防盗指示灯用来指示系统是否处于警戒状态。当系统处于有警戒态时，指示灯闪烁，通知汽车周围的人，此车装有防盗报警系统。

③各种开关。包括门控开关、发动机罩开关、行李箱门开关、点火开关、钥匙未锁警告开关、门锁位置开关、行李箱门钥匙开锁开关等。其中门控开关、发动机罩开

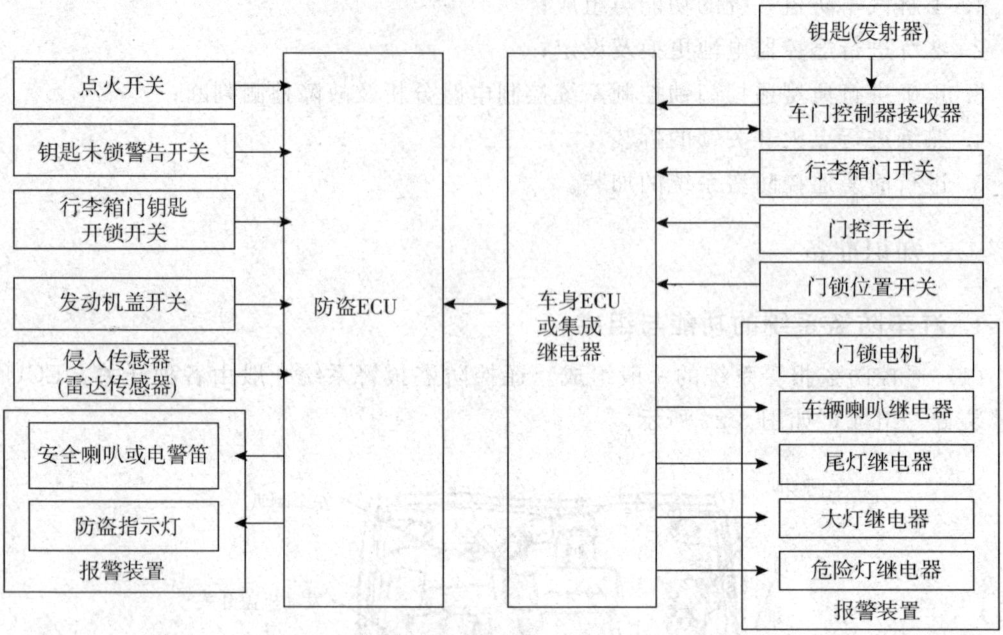

图 8-28　防盗报警系统控制框图

关和行李箱门开关用于检测各车门、发动机罩、行李箱门的开/闭状态。钥匙未锁警告开关用来检测钥匙是否插进了点火锁芯中。门锁位置开关和行李箱门钥匙开锁开关用来开关检测各门的锁止/开锁状态。

（2）遥控防盗报警系统的功能。

①增强中控门锁功能

a. 测量门锁钥匙电阻。车辆的每把钥匙均设有一定电阻，并存储在防盗 ECU 中。用正常的点火钥匙插入锁体时，芯片与电阻检测触头接触。当锁体转到启动挡时，钥匙芯片的电阻值输送到电子钥匙解码器。若钥匙芯片的电阻值与电子钥匙解码器中存储的电阻值一致，则启动机和发动机电控系统工作。当防盗报警系统启动后，所有车门被锁住，此时若用齿形相同但阻值不同的钥匙开启车门或启动发动机，则防盗报警系统判定为非法进入，并进行防盗报警，同时切断启动继电器控制线圈的搭铁回路，使启动机不能工作或向发动机 ECU 通信，控制喷油器不喷油。该方法防盗效果好，但缺点是拆下蓄电池电缆后，需向防盗 ECU 重新输入钥匙中设定的电阻值，因此需要维修人员了解重新设定技术，也给防盗报警系统留下了漏洞。

b. 加装密码锁。车用密码锁的功能与钥匙、遥控器处于同一地位，即用其中任何一种方法都可以打开车门，这样，加装密码锁后，车主就无须为保管好钥匙或遥控器以免丢失而头疼。密码锁有十位键，而密码则一般取五位数。也就是说，密码共有十万种组合。已设定的密码也可以由车主任意改变，所以车主不必担心密码被窃取。

c. 遥控器增加保险功能。即使复制不了钥匙，破译不了密码，对于窃贼来说只要能复制遥控器就可以轻松打开车门。普通遥控器的复制对于专业人士来说并不是难事，只要用一台示波器测出遥控器发出的无线电信号频率即可。

为防止遥控器被复制，有些车采用一种新的遥控器，它与防盗 ECU 配合，由固定程序设定频率，即每次车主重新锁门后，遥控器与接收器均按事先设定的程序同时改变另一频率，这样遥控器便无法复制。

d. 意外振动报警器。在车辆内部加装一个振动传感器，防盗报警系统启动后，若汽车受到意外移动、碰撞，使传感器反馈信号大于设定值时，有阻吓功能的灯光、喇叭同时工作，并提醒车主注意。

②增强汽车锁止功能。

a. 使启动机无法工作。使用这种方法的汽车上，采用防盗 ECU 控制启动继电器线圈的搭铁电路，从而控制启动机是否工作。若通过正常途径解除防盗警戒，则启动机、喇叭和灯光处于正常工作状态。若未解除防盗警戒，即使短接钥匙孔后部的启动线，也无法启动发动机。

b. 使发动机无法工作。防盗 ECU 不仅控制启动机线路，也可切断燃油泵继电器控制线路，使发动机处于不供油状态。同时还可控制自动变速器继电器控制线路，使自动变速器液压油路控制电磁阀无法工作，达到即使启动发动机，也无法使变速器运转的目的。同时还可切断 ECU 中的某些搭铁线路，使点火系统不工作或喷油器处于切断位置，从而使发动机无法工作。

c. 使发动机 ECU 处于非工作状态。防盗警戒解除后，防盗 ECU 将某一特定频率的信号送至发动机 ECU，发动机 ECU 正常工作。若未解除防盗警戒或直接切断防盗 ECU 电源，则该信号不存在，发动机 ECU 停止工作。

2. 遥控门锁系统的功能与工作原理

(1) 遥控门锁系统的功能。遥控门锁系统是车门控制接收机接收从遥控钥匙（发射器或者遥控钥匙）发送信号用来锁定/解锁车门的系统。如图 8-29 所示。

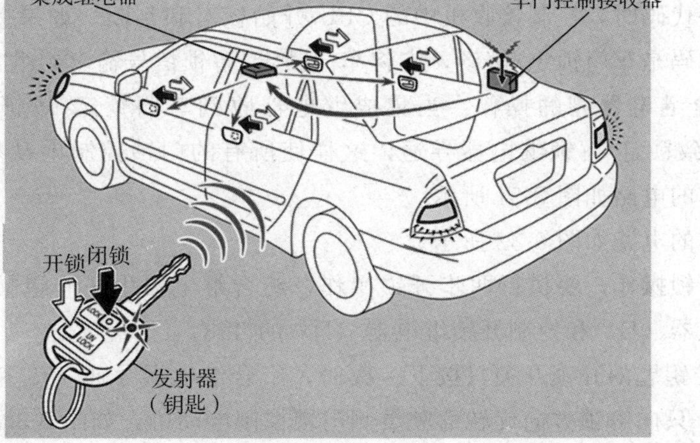

图 8-29　遥控门锁系统

汽车的接收此遥控钥匙发出的信号，并将操作信号送到集成继电器。集成继电器收到操作信号时控制门锁电动机。除这一功能外，集成继电器有自动锁定功能、重复功能、应答及其他功能。

（2）遥控门锁系统的工作原理。遥控门锁电路图如图 8-30 所示。

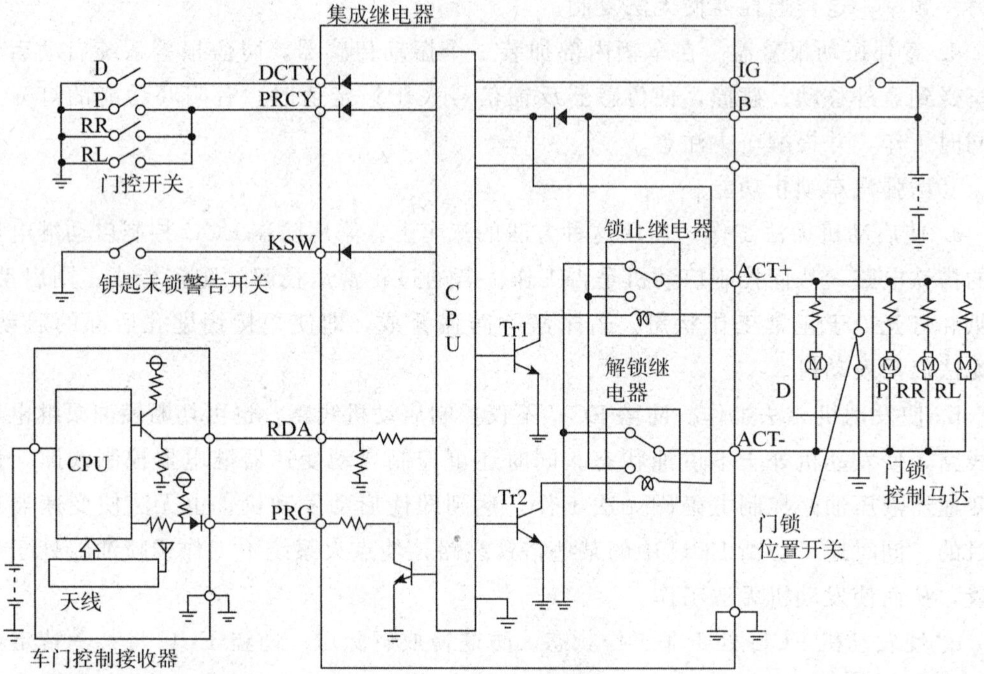

图 8-30　遥控门锁电路

其工作原理如下：

①所有车门的锁定/解锁操作。

a. 传送和判断操作：钥匙没有被插入点火开关锁芯中时所有车门锁闭。当按下遥控钥匙的锁定/解锁开关时，车辆自己的识别密码和功能码被发送出去。当车门控制接收机收到这些代码时，控制接收机中的 CPU 开始核对和判断。如果接收器识别出收到的本车识别代码是车门锁定/解锁，它将车门锁定/解锁信号输出到组合继电器。

b. 在组合继电器侧的操作：当集成继电器收到车门锁定/解锁信号时，它导通 Tr1/Tr2，导致锁定/解锁继电器导通，这样使所有的门锁控制电动机开到锁定/解锁侧。锁止操作的电路如图 8-31 所示。

开锁操作的电路如图 8-32 所示。

②两步开锁操作。要执行两步开锁操作，组合继电器中还有包括专用于驾驶员车门的开锁继电器（D）和控制开锁继电器（D）的 Tr3。

a. 当遥控钥匙的开锁开关只按下一次时，组合继电器导通 Tr3 和驾驶员车门开锁继电器（D），只向解锁方向旋转驾驶员侧门锁控制电动机，如图 8-33 所示。

b. 如果在三秒钟之内连续按下遥控钥匙的开锁开关两次，组合继电器导通 Tr3 和

Tr2，导通驾驶员和乘员车门的开锁继电器（D）和（P），并将所有的门锁电动机开到开锁侧，如图 8-34 所示。

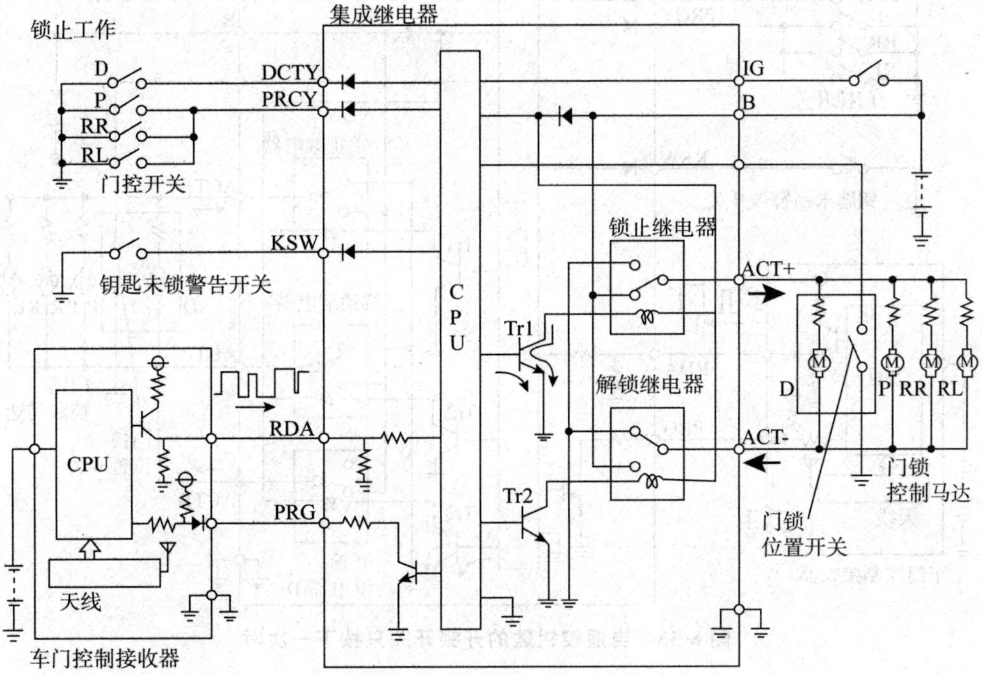

图 8-31　锁止操作的电路

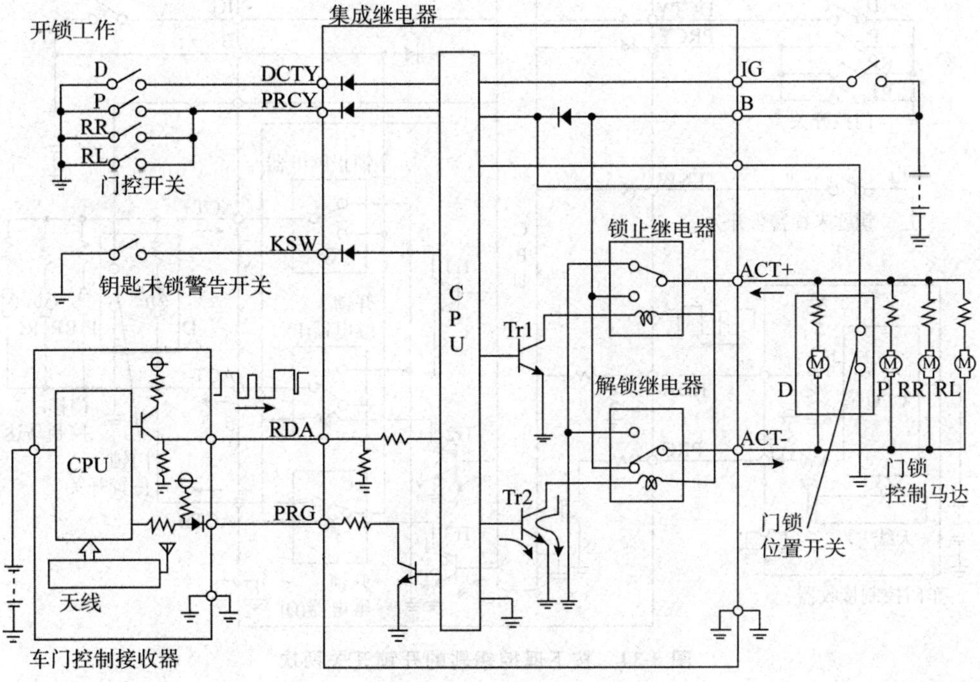

图 8-32　开锁操作的电路

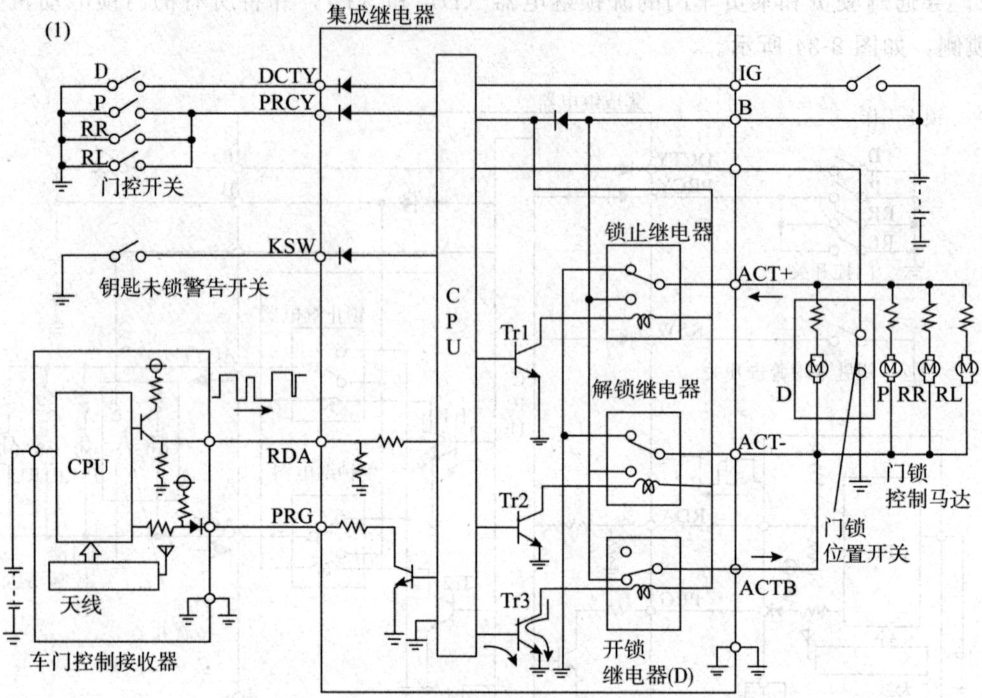

图 8-33　当遥控钥匙的开锁开关只按下一次时

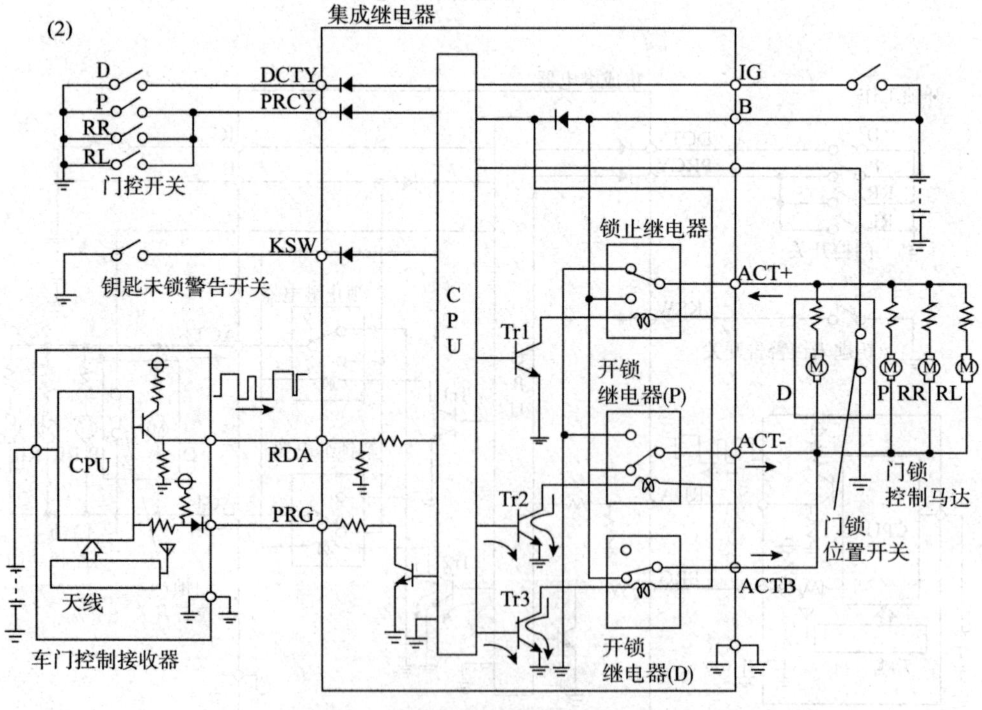

图 8-34　按下遥控钥匙的开锁开关两次

3. 典型防盗系统工作性能检查及设定

（1）设定条件。

①从点火开关上拔出点火钥匙。

②关闭所有车门，关闭发动机罩和行李箱门。

（2）设定操作步骤。

①关闭所有车门。

②关闭发动机罩盖和行李箱盖。

③从点火开关锁芯中拔出点火钥匙。

④当完成下列任何一项操作时，防盗指示灯开始闪烁，并在执行操作后约 30 s 完成防盗系统设定。

a. 用钥匙锁住左侧或右侧前门。

b. 用门锁无线控制系统锁住所有车门。

c. 保持所有后门锁住及一扇前门锁住，不用钥匙锁住另一扇前门（无钥匙门锁）。

防盗指示灯闪烁规律如表 8-1 所示。

表 8-1　防盗指示灯闪烁规律

设定工作后消逝时间	指示灯
约 30 s 内	亮
约 30 s 后	闪烁（亮 1 s，灭 1 s）

注：防盗系统设定后，车门不能用门锁控制开关锁定或打开，行李箱盖不能用他的开启器开关打开。

（3）防盗系统工作性能的检查。防盗系统功能是否正常有效，可按以下 5 个步骤进行。

①打开全部车窗。

②按上述方法设定防盗系统。用点火钥匙锁定前门时，稍待至安全指示灯闪烁。

③伸手从车内开启一道车门，防盗系统将激活报警信号。

④用点火钥匙开启其中一道车门，解除防盗系统。

⑤重复以上操作，检测其他车门和发动机罩盖。

（4）防盗系统功能的实现。在系统设定为防盗控制模式并满足下列任一条件时，该系统都要发出报警：

①任何一车门（不含发动机罩盖和行李箱门）被打开或不用钥匙被偷盗者设法打开。

②不用点火钥匙将点火开关接通，即置于 ACC 或 ON 的位置。

③蓄电池电路断开后又被接通（如果蓄电池电路在断开后 1 h 内又被接通，则防盗控制模式又恢复）。

（5）解除已设定的防盗系统。其操作步骤如下。

检查防盗指示灯是否在闪烁。如闪烁，表明防盗控制系统处于防盗状态，此时，下面任何一项操作完成时，防盗系统的防盗功能即被解除，防盗指示灯熄灭。

①用钥匙打开左侧或右侧前门。

②用门锁遥控控制系统打开所有车门。

③将点火钥匙插入点火锁芯，并将其转至 ACC 或 ON 位置时（只有在防盗系统从未工作过时，该项工作才可执行）。

④用钥匙打开行李箱，应注意的是，防盗系统仅在行李箱盖打开时临时解除；在行李箱盖关闭约 2 s 后，防盗系统重新设定。

（6）防盗系统正在报警时的解除。当系统被设定，但防盗系统被触发，警报正在发声时，应使用下述方法来解除系统的设定状态。

①用钥匙打开左侧或右侧车门。

②用遥控无钥匙进车系统打开车门锁

③将钥匙插入点火开关，并转至 ON 位置

④在警报发声结束之后等待约 1 min。如果所有车门都关闭，在 1 min 后防盗系统将用 2 s 时间自动进行重新设定。

（7）防盗指示灯使用注意事项。

①指示灯闪烁：说明防盗系统已经设定，此时若开启车门、行李箱盖，必须使用点火钥匙。

②指示灯常亮：说明防盗系统进入预定的自动设定时期，此期间内车门和发动机罩盖用副钥匙也能开启（该指示灯在报警信号触发声响时也发亮）。

③指示灯灭：说明防盗系统不起作用，可按常规操作开启任何一车门等。

4. 遥控器电池更换

（1）分离型遥控钥匙（发射器）和遥控钥匙电池的更换。

①使用精确十字螺丝起子，拆卸发射器的电池。

②使正极侧朝上，将发射器电池安装在遥控钥匙中。

③检查 O 型圈没有扭曲或错位，并用精确的十字螺丝刀安装盖子。

④在更换遥控钥匙之后，注册识别代码。当更换识别密码不能重写的遥控钥匙时，要同时成套更换车门控制接收机的 ROM。

一体型遥控钥匙的更换步骤与分离型遥控钥匙一样。首先拆卸盖，然后从遥控钥匙拆卸内装的遥控钥匙电池和 O 型圈。因为 O 型圈是一种不可重用的零件（与遥控钥匙电池一起成套提供），在更换遥控钥匙电池时，更换新的 O 型圈。如图 8-35 所示。

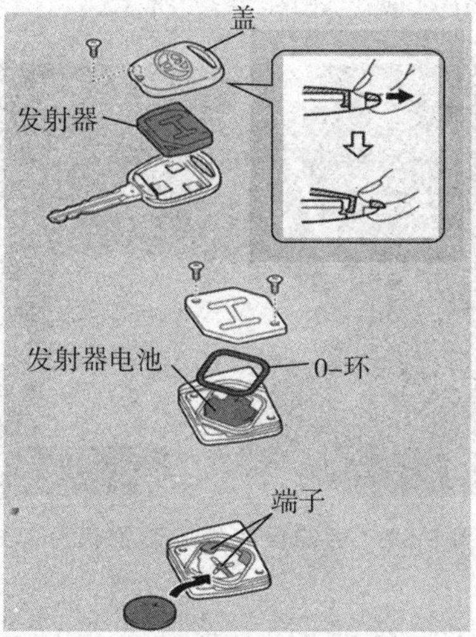

图 8-35 一体型遥控钥匙及电池的更换

（2）钥匙座型遥控钥匙电池更换。钥匙座型遥控钥匙电池更换如图 8-36 所示。

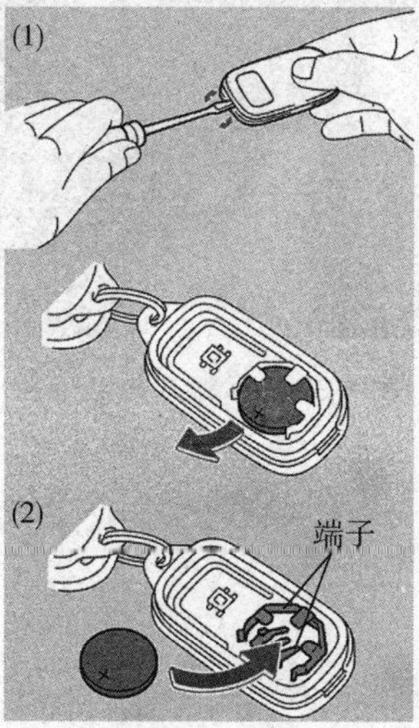

图 8-36 钥匙座型遥控钥匙电池更换

①使用精确螺丝刀拆卸盖，然后拆卸遥控钥匙电池。

②使正极侧朝上，将发射器电池安装在遥控钥匙中。

5. 点火开关的拆装

（1）拆卸点火开关。

①使前轮对准正前位置，用安全带锁止方向盘。

②断开蓄电池负极端子。

③拆卸 1 号仪表板底罩分总成。

④拆卸仪表板下装饰板分总成，如图 8-37 所示。

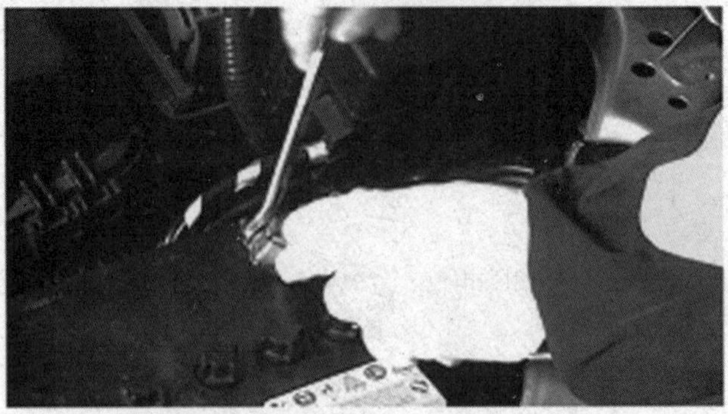

图 8-37　拆卸仪表板下装饰板分总成

⑤拆卸方向盘下盖，如图 8-38 所示。

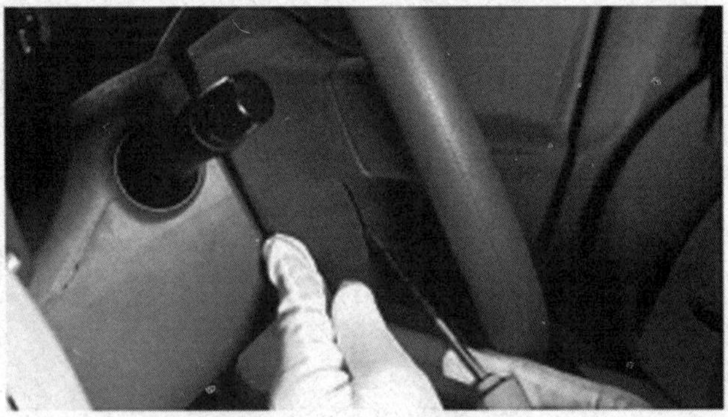

图 8-38　拆卸方向盘下盖

⑥拆卸方向盘装饰盖。
⑦拆卸方向盘总成。
⑧拆卸转向柱罩。
⑨拆卸点火开关总成，如图 8-39 所示。

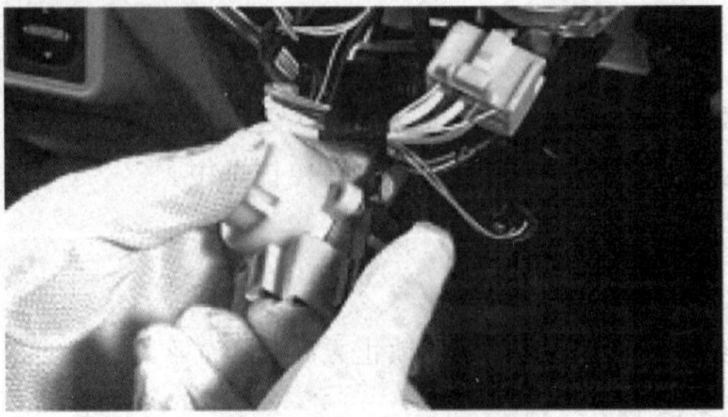

图 8-39　拆卸点火开关总成

a. 拆卸点火开关固定螺钉，并取下点火开关。

b. 断开连接器。

c. 将连接器卡夹从点火开关上断开。

（2）检查点火开关。使用万用表，将万用表置于欧姆（Ω）挡，如图 8-40 所示。根据表 8-2 要求进行检测，记录检测数据并与标准数据进行比对。

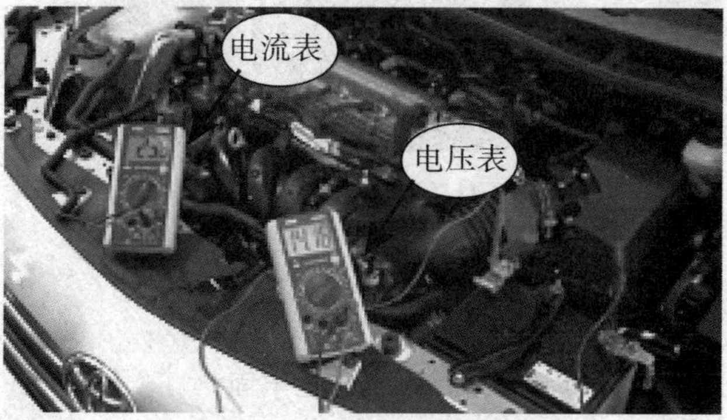

图 8-40　将万用表置于 Ω 档

表 8-2　记录检测数据并与标准数据进行比对

检测端子	检测条件	标准数据
所有端子之间	LOCK	10 kΩ 或更大
AM1（E4－2）－ACC（E4－3）	ACC	小于 1 Ω
AM1（E4－2）－ACC（E4－3）	ON	小于 1 Ω
AM1（E4－2）－IG1（E4－4）		
IG2（E4－6）－AM2（E4－7）		
ST1（E4－1）－AM1（E4－2）	SATRT	小于 1 Ω
ST1（E4－1）－IG1（E4－4）		
IG2（E4－6）－AM2（E4－7）		
IG2（E4－6）－ST2（E4－8）		

若检测结果不符合要求，则需更换点火开关总成。

（3）安装点火开关。

①安装点火开关总成，如图 8-41 所示。

a. 使用固定螺钉安装点火开关。

b. 连接连接器。

c. 将连接器卡夹安装到点火开关上。

②安装转向柱罩。

③调整螺旋电缆。

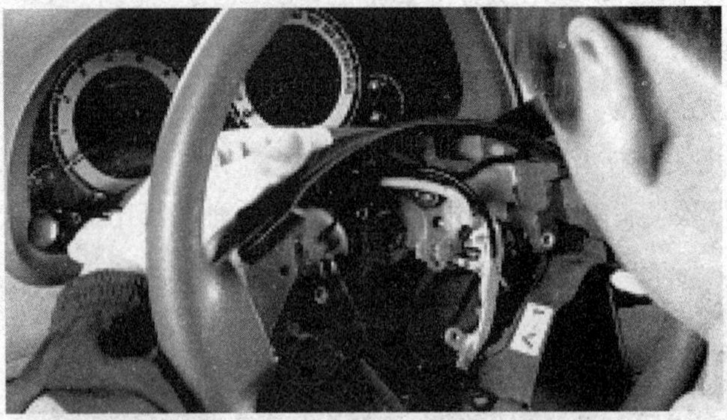

图 8-41　安装点火开关总成

a. 检查并确认点火开关置于 OFF 位置。

b. 检查并确认蓄电池负极电缆已断开。

c. 用手逆时针缓慢旋转螺旋电缆，直至感觉牢固。

d. 顺时针旋转螺旋电缆约 2.5 圈，以对准标记。

④安装方向盘总成，如图 8-42 所示。

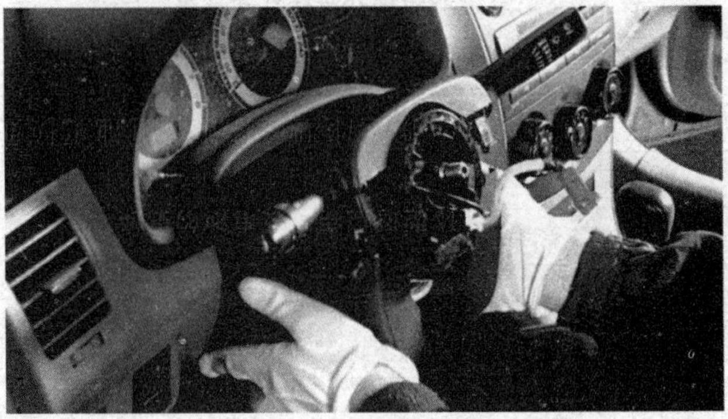

图 8-42　安装方向盘总成

⑤安装方向盘装饰盖。

⑥安装方向盘下盖，如图 8-43 所示。

⑦检查方向盘装饰盖。

⑧检查方向盘中心点。

⑨安装仪表板下装饰板分总成。

⑩安装 1 号仪表板底罩分总成。

a. 连接蓄电池负极端子。

b. 检查方向盘装饰盖。

c. 检查 SRS 警告灯。

图 8-43 安装方向盘下盖

三、任务实施

此部分内容见实训“实训项目 19 防盗系统的拆装”。

四、任务小结

1. 遥控防盗报警系统一般由各种开关、ECU 和报警装置等组成。

2. 当系统被设定，但防盗系统被触发，警报正在发声时，应使用下述方法来解除系统的设定状态。

(1) 用钥匙打开左侧或右侧车门。

(2) 用遥控无钥匙进车系统打开车门锁

(3) 将钥匙插入点火开关，并转至 ON 位置

(4) 在警报发声结束之后等待约 1 min。如果所有车门都关闭，在 1 min 后防盗系统将用 2 s 时间自动进行重新设定。

3. 拆卸点火开关。

(1) 使前轮对准正前位置，用安全带锁止方向盘。

(2) 断开蓄电池负极端子。

(3) 拆卸 1 号仪表板底罩分总成。

(4) 拆卸仪表板下装饰板分总成。

(5) 拆卸方向盘下盖。

(6) 拆卸方向盘装饰盖。

(7) 拆卸方向盘总成。

(8) 拆卸转向柱罩。

(9) 拆卸点火开关总成

①拆卸点火开关固定螺钉，并取下点火开关。

②断开连接器。

③将连接器卡夹从点火开关上断开。

五、课堂练习

1. 判断题

(1) 防止非法进入汽车的防盗系统主要为红外监视系统，在防盗系统启动后，监视是否有移动物体进入车内。(　　)

(2) 防止非法进入汽车的防盗系统主要通过布置在车内的超声波传感器、振动传感器或倾斜传感器等，监测是否有人企图破坏或非法搬运汽车。(　　)

(3) 电控防盗系统可确保车门不被窃贼暴力打开。(　　)

(4) 打开点火开关，防盗警告灯闪亮后熄灭，说明防盗装置有故障。(　　)

2. 单选题

(1) 铁将军 838 防盗器进入防盗状态，且车门锁被撬动时，其车主会感觉遥控(　　)。

A. 有震动　　B. 指示灯闪动　　C. 鸣响　　D. 无反应

(2) 以下哪项不属于汽车防盗装置的类型？(　　)

A. 机械式　　B. 电子式

C. 磁电式　　D. 卫星定位监控

(3) 以下哪项不属于汽车防盗装置的类型？(　　)

A. 机械式　　B. 电子式

C. 磁电式　　D. 卫星定位监控

(4) 下列不是汽车电子防盗报警系统的设定条件是(　　)。

A. 关闭所有车门　　B. 关闭发动机罩盖

C. 从点火开关锁芯拔出点火钥匙　　D. 输入正确的密码

(5) 桑塔纳 2000GSi 的防盗系统中，其组成包括有(　　)部件。

A. 防盗喇叭　　B. 外部防盗报警灯

C. 带识读线圈的点火锁　　D. 带电池的遥控钥匙

(6) 遥控门锁的发射器一般装用(　　)电源。

A. 12 V 蓄电池　　B. 两节 5 号干电池

C. 两节 7 号干电池　　D. 3 V 锂电池

(7) 遥控门锁的遥控器除了控制中控门锁及其他相关行李箱功能外，还能控制(　　)。

A. 灯光和喇叭　　B. 启动发动机

C. 收音机等音响设备　　D. 电动后视镜

(8) 中央门锁控制系统有车外同时开启与锁止车门的功能，它的实现是(　　)。

A. 门锁开关　　B. 门控开关

C. 钥匙控制开关　　D. 中央控制门锁开关